物流系统规划设计与仿真

主　编　　张曙红　初叶萍　毕　娅

中国财富出版社

图书在版编目（CIP）数据

物流系统规划设计与仿真 / 张曙红，初叶萍，毕娅主编 .—北京：中国财富出版社，2013.12
ISBN 978 - 7 - 5047 - 4973 - 4

Ⅰ.①物… Ⅱ.①张… ②初… ③毕… Ⅲ.①物流—系统规划—系统设计 ②物流—计算机仿真 Ⅳ.①F252 ②F253.9

中国版本图书馆 CIP 数据核字（2013）第 263580 号

策划编辑 马 军　　**责任印制** 方朋远
责任编辑 马 军　　**责任校对** 饶莉莉

出版发行 中国财富出版社（原中国物资出版社）
社　　址 北京市丰台区南四环西路 188 号 5 区 20 楼　　**邮政编码** 100070
电　　话 010 - 52227568（发行部）　　010 - 52227588 转 307（总编室）
010 - 68589540（读者服务部）　　010 - 52227588 转 305（质检部）
网　　址 http：//www.cfpress.com.cn
经　　销 新华书店
印　　刷 北京京都六环印刷厂
书　　号 ISBN 978 - 7 - 5047 -4973-4 /F · 2043
开　　本 787mm×1092mm 1/16　　**版　　次** 2013 年12月第 1 版
印　　张 15.75　　**印　　次** 2013 年12月第 1 次印刷
字　　数 380千字　　**定　　价** 32.00元

内容简介

随着物流管理的全球化和信息化，物流系统越来越复杂，时空跨度大，参与主体多，具有集成化、网络化、自动化、信息化、智能化等特征，一个独立的物流单元很难完成物流管理目标，它与系统科学思想结合越来越紧密。系统思想和方法是物流系统规划与设计的重要思想方法体系。本书从多个角度，结合案例分析、模型计算，系统阐述了物流系统规划与设计的基本原理、方法与仿真技术。本书共分为十三章，围绕物流管理与物流企业的实际活动，结合现代物流专业教学的特点，详细地介绍了物流系统规划基本知识、物流系统组织规划、物流系统网络规划、物流系统预测、物流系统选址规划、物流系统库存控制、物流运输规划、物流设施内部布置规划、物流系统预测、物流系统评价、应急物流系统规划、逆向物流系统规划、物流系统仿真等方面的模型、方法与实践应用，坚持理论与实际应用相结合。针对现代物流专业实验教学的需求，本书还系统介绍了物流系统仿真基础理论，并以 Enterprise Dynamics 多媒体物流仿真软件为例，详细阐述了物流系统仿真技术及实际应用，不仅可以很好地调动学生学习的积极性，还能培养学生的实践能力。

本教材可以作为普通高校物流管理、物流工程、工业工程等专业的本科生教材，也可作为高职高专、各层次成人教育、企业培训教材，以及从事物流管理实践的工作者参考阅读。

前　言

随着物流管理的全球化和信息化，物流系统越来越复杂，时空跨度大，参与主体多，具有集成化、网络化、自动化、信息化、智能化等特征。当前企业的竞争已经演变为供应链之间的竞争，任何物流系统的功能和目标很难由一个物流单元或一个物流企业单独完成，因此必须从系统和整体的角度，应用系统科学的模型和方法，对物流系统进行规划与设计。如何建立高效率物流系统、物流系统如何规划与设计已经成为物流业者必须思考的问题。由于物流系统是一个十分复杂的动态系统，涉及面广，包含的内容多，物流系统规划与设计难以一书言尽。本书结合系统科学、系统工程思想，从多个角度详细阐述物流系统规划与设计的原理、方法与仿真技术，旨在为物流业界构建新型物流系统或改造原有物流系统提供思路与方法指导。

本书知识涉及面广、集成度高，在内容安排上包括十三章。第一章从系统概述、物流系统、物流系统规划与设计的原则和内容、物流系统规划与设计方法论等方面对物流系统规划与设计的原理和方法进行了概述，使读者能更好地从宏观上把握物流系统与规划的内涵。第二章为物流系统组织结构，主要从供应链环境下物流系统组织结构的分类、特征及选择物流系统组织结构的影响因素等角度进行阐述和分析。第三章介绍了物流系统的网络结构，主要包括两个方面：物流系统网络结构规划与设计基础知识、物流系统网络结构的常用模式。第四章是物流系统选址问题，从物流节点选址基本概念开始，全面地阐述了选址问题的基本理论及选址方法，重点介绍了交叉中值模型、精确重心法以及盈亏点平衡计算方法。第五章系统阐述了仓储规划与库存控制的相关理论与方法，对目前典型的库存管理方法进行了分析和介绍。第六章详细介绍了物流运输系统规划与设计模型和方法，主要包括：运输方式选择模型、运输线路最短路问题、最大流量问题、最优路线选择问题、最优物资调运问题等。第七章简要地介绍了物流设施内部布置规划与设计及 SLP 方法。第八、第九章分别对物流系统预测及综合评价进行了阐述，从理论基础到具体方法都作了详细的介绍，使读者能很好地理解和运用。第十章介绍了应急物流系统的体系结构与运作机制，重点对应急物流系统的概念、特征、体系结构以及供应链运作模式进行较详细阐述。第十一章系统介绍了逆向物流系统的概念、驱动因素以及废弃产品回收的典型模式，并结合汽车零部件再制造行业对汽车零部件回收再制造的逆向物流系统进行分析和介绍。第十二章、第十三章从物流专业教学的实际出发，联系现代物流企业对物流人才的要求，将理论教学与实验教学有机结合起来，系统介绍了物流系统仿真基础理论，并以 Enterprise Dynamics 仿真软件为例，详细地介绍了物流系统仿真的应用技术。

本教材的编者已从事多年的物流教学工作，在理论研究和实践工作上拥有较丰富的经验。在编著的过程中，引用、参考和借鉴了国内外一些学者的教材、案例、研究成果及管理实践者的经验总结与相关资料，对于所有引用、参考过的文献作者，作者在此表示衷心的感谢。本书的编写还得到初叶萍、毕娅等多位物流专业教师的支持和帮助，此外多届物流管理本科学生积极参与了相关资料的收集和整理工作，他们是谭支雄、周坤龙、胡沛、刘晨、谭梦莹等，特此表示感谢。

本书可以作为普通高校物流管理、物流工程、工业工程等专业的本科生教材，也可作为高职高专、各层次成人教育、企业培训教材，以及从事物流管理实践的工作者参考阅读。

鉴于编者水平有限，书中难免存在不足之处，恳请读者和专家批评指正。

编　者

2013 年 9 月

目　录

1　物流系统规划与设计概述

本章重点

⊙ 了解系统的概念、分类和特征

⊙ 掌握物流系统的概念、特征及模式

⊙ 掌握物流系统规划设计的原则和步骤

引导案例　三峡工程施工设备整体搬迁物流

2009 年，三峡工程进入尾声，曾经为工程建设立下汗马功劳的大型施工设备陆续退场。中国三峡集团公司决定将从三峡工程退场的施工设备调往金沙江向家坝大型水电工地重新投入使用。这是一次时间跨度长、重大件设备多、进度要求严、运输制约因素多的物流“攻坚战”，能否实现物流预定目标，直接影响金沙江水电工程施工进度。长江三峡设备物资有限公司作为中国三峡集团公司下属物流专业公司，承担了转运三峡工程设备退场的任务。

此次退场施工设备主要是多台套、超大件、全链条机械设备，其物流运输是一项复杂的系统工程，面临超大件多、运输距离长、设备退场和安装时间不一致、零散件多等诸多挑战。在退场施工设备“整体搬迁”物流项目中，长江三峡物资有限公司努力克服时间跨度长、重大件设备多、进度要求严、运输制约因素多等困难，对设备转运经过的路桥情况进行实地勘察，对水文气象资料进行反复研究，从设备拆卸、清理、集散、装载、接卸、仓储、安装等角度，统筹兼顾设计方案，精心选择分包队伍，加强对外协调，发挥物流资源优势，精细管理严控风险，实现全物流链运作，在充分论证的基础上，制订了“水运为主、陆运为辅、急件直运、辅件配载”的搬迁运输方案，为客户提供物流整体解决方案。

从 2009 年 6 月开始，在长达 15 个月的时间里，三峡设备物资有限公司将包括塔带机、供料线、门机、胎带机等在内的 18 台套大型施工设备安全转运至向家坝工地，并实现数量无差异、安全零事故的转运，安全优质高效完成了 1.2 万吨大型施工设备的物流任务，不仅为集团公司金沙江水电工程建设提供了专业化保障服务，同时也提升了公司自身的核心竞争力，为打造水电行业一流物流企业夯实了基础。

从以上案例可以看出：现代物流系统越来越复杂，参与主体多，时空跨度大，需要统筹兼顾诸多因素来设计物流系统方案，一个独立的物流单元或物流企业很难独立完成物流管理目标。因此，现代物流系统规划与系统科学思想结合越来越紧密，系统思想和方法是物流系统规划与设计的重要思想方法体系。

1.1 系统概述

1.1.1 系统概念

系统普遍存在于我们的周围，例如一个企业就是一个系统。一个企业由几个部门组成，每个部门都是互相区别的个体，但又是互相联系、相互制约的。整个企业有一个共同的目的，就是创造更多的利润。一个企业中，有董事长、经理、职员等各种职务层次关系，相互之间是一种管理和被管理、服从与被服从的关系，大家各占其位、各行其责、相互协调、相互合作，形成一个有序、有效的行动整体，这个整体就是一个系统。

一个企业可以根据不同的关系分成几个部门，每个部门可以看成是这个系统的子系统。子系统还可以再往下细分成更小的子系统。企业这个系统往上又可以再合，合成一个更大的系统，如比企业更大一些的企业园系统或开发区系统。从企业这个系统的角度上看，企业园是企业这个系统的外部环境，开发区以及更大的如省市、国家则是企业这个系统更大的外部环境。因此系统是一个往下可以再分、往上可以再合的等级层次结构体。系统所处的更大的系统，则是系统的环境。

系统思想与系统的概念最早出现在古希腊语中，古希腊系统思想的代表是“整体大于部分之和”。中国对系统思想及理论体系的发展作出了巨大贡献，《周易》、《皇帝内经》、《道德经》是中国古代系统思想和理论的代表。中国的《黄帝内经》中，已含有朴素的系统思想。《内经》通过经络、脉象和穴位等的研究，深化了对人体系统的认识。中药的“辨证处方”、《易经》与系统动态循环演化、《道德经》中的“道”或“一”是对中国古代的系统思想高度概括和提炼。中国的都江堰水利工程是我国古代系统工程实践的光辉典范。

小贴士

都江堰水利工程

两千多年前，秦国蜀郡李冰修建了举世瞩目的水利工程——都江堰。都江堰由都江鱼沮、飞沙堰和宝瓶口三大工程配套而成，三项工程浑然一体，巧妙地控制了岷江激流，兼收防洪、灌溉之利。都江堰建成后，成都平原沃野千里，“水旱从人，不知饥馑，时无荒年，谓之天府”。这项两千多年前中国人系统实践的伟大成果，至今仍在发挥其功效。

但是，将朴素的系统思想上升为理论和科学的是美籍奥地利生物学家贝塔朗菲(Ludwig von Betalanffy)。1925 年，贝塔朗菲发表了系统论的思想，于 1937 年提出了一般系统论的原理，出版著作《一般系统论的基础、发展和应用》，为一般系统论奠定了理论基础。这是一门运用逻辑和数学的方法研究一般系统运动规律的理论，是与信息论、控制论几乎同时兴起的一门综合性的横断科学。

系统论的创立者贝塔朗菲把系统定义为：“处于一定的相互关系中并与环境发生联系

的各组成部分（要素）的总体（集合）。”这个定义的主要内涵包括：

(1) 系统是由若干要素（部分）组成的。

(2) 系统有一定的结构。一个系统是其构成要素的集合，这些要素相互联系、相互制约。系统内部各要素之间相对稳定的联系方式、组织秩序及制约关系的内在表现形式，就是系统的结构。

(3) 系统有一定的功能，或者说系统要有一定的目的性。系统的功能是指系统与外部环境相互联系和相互作用中表现出来的性质、能力和功能。

随着系统科学的发展，各个学术流派对系统的定义不尽相同。自从系统科学诞生以来，许多学者都对系统作过研究，分别给系统下过定义。我国系统工程学的开创者钱学森同志给出的系统定义为：

系统是由两个以上互相区别又互相联系的单元结合起来为完成特定功能的有机整体。每个单元可以称为一个子系统，每个子系统又可以分成更小的子系统。系统本身又处在更大的系统之中，这个更大的系统就是系统所处的环境。

1.1.2 系统的特征

系统的特征主要表现为系统的集成性、整体性、层次性、相关性、目的性和环境适应性、稳定性、自组织性等。

(1) 集成性。一个系统都是由两个以上的单元构成的。这些单元可以是人、事、物，也可以是一些其他因素。例如物流系统就是由储存、运输、包装、装卸搬运、流通加工、物流信息等组成的。

(2) 整体性。所谓整体性是说系统的各要素之间存在一定的组合方式，各要素之间是相互统一和协调的，系统整体的功能不是各组成要素功能的简单叠加，而是呈现出各组成要素所没有的新功能，并且一般情况下系统的总体功能大于各组成要素的功能总和。

(3) 层次性。一个系统往下可以分成若干个子系统，子系统还可以往下再分成若干更小的子系统，这样一直分解到最小基本单元，往上可以是一个更大的系统的组成部分。这样在系统内部构成一个等级层次结构，同时又作为一个整体处于外部更大的系统之中。

(4) 相关性。任何一个系统，其各个单元之间都是按一定的相互关系联结起来的一个等级层次结构。这些相互关系主要表现在：各单元之间的关系、各层次之间的等级层次关系、单元和系统之间的关系、单元、系统和环境之间的关系等。

(5) 目的性。任何一个系统都有一个特定的功能，完成这个特定功能就是整个系统的目的。任何系统都是为完成系统功能、达到系统目的而建立和运行的。系统的目的、功能决定系统的结构，系统的目的不同、功能不同，系统的结构也不同。

(6) 环境适应性。任何系统都必然处在一个更大的系统之中，这个更大的系统就是系统的环境。系统的环境，是系统所处的外部条件，环境和系统之间必然存在物质、能源、人员和信息的交换。因此，环境是系统必须接受的外部条件，系统只有适应环境才能生存。当然，系统也不会只是完全消极地适应环境，系统也可以通过自己的努力去能动地改造环境，为自身的生存与发展创造更好的环境。

(7) 稳定性。系统的稳定性指在外界作用下的开放系统有一定的自我稳定能力，能够在一定范围内自我调节，从而保持和恢复原有的状态、结构和功能。

(8) 自组织性。系统的自组织性是指开放系统在内外因素的作用下，自发组织起来，使系统从无序到有序，从低级有序到高级有序。

1.1.3 系统的基本模式

系统的构成：由输入、转换处理、输出三部分组成，加上反馈就构成一个完备的系统。

(1) 系统的输入。是指环境对系统的输入，是系统处理的对象，这是直接输入。例如工厂是一个生产系统，社会向工厂输入原材料，则这些原材料就是工厂这个生产系统的加工对象，加工成产品。

(2) 转换处理。是把系统的输入转化成系统的输出的过程。例如，大学这个高教系统的系统处理，就是采用各种方式手段，对高中水平的中学生进行传授知识、提高能力，使他们变成合格的高等人才的过程。

(3) 系统的输出。是系统对环境的直接输出，是系统处理的结果。例如工厂把原材料加工成产成品，推向社会销售，这些产成品就是工厂这个生产系统加工处理的成果。

(4) 约束和干扰。是指环境对系统处理形成的外部条件，是环境对系统的间接输入、强迫性输入，是系统处理的约束条件。约束主要表现为环境对系统在能源、信息、物资、人员、技术、政策等方面的经常性的间接的输入。具体表现为能源物资条件、政治政策环境、经济技术水平等对于系统的限制程度。干扰，也是一种约束，它与一般约束不同的地方，就在于它是一种偶然的约束，是突然发生、不能够预先估计到的约束，例如天灾人祸、突发事故等，它们突然降临到系统上，强迫性地对系统进行干扰破坏。

从系统本身的立场看，系统处理、系统的输入和系统的输出是构成系统的最基本组成部分，因此，它们合起来，又称作系统三要素，如图 1-1 所示。从图中可以看出，系统的模式由两部分构成：一部分就是系统自身，即系统处理，承担着一个特定的功能，即将环境对它的输入转化为它对环境的输出。另一部分就是系统所处的环境。环境对于系统的作用，包括对系统的直接输入和间接输入两部分，直接输入是输入系统的处理对象，间接输入是系统处理的运行条件和约束条件。这些输入中，有形的物资用实线表示，无形的信息用虚线表示。信息的输入和输出往往是双向的，因此用双向箭头表示。

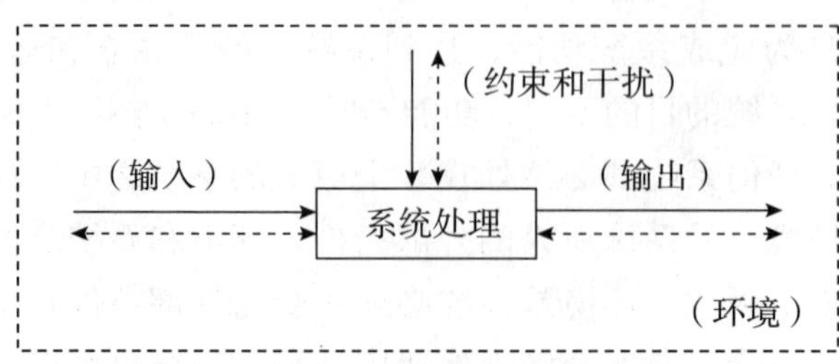

图 1-1 系统的一般模式

1.2　物流系统概述

1.2.1　物流系统的概念

我们先以武汉神龙汽车有限公司（以下简称神龙公司）为例，阐述物流系统的概念。

神龙公司是东风汽车公司和法国雪铁龙汽车公司合资兴建的大型轿车生产企业。1992年，神龙公司在武汉市成立。神龙公司下设生产装备部、产品工程部、制造工程部、质量管理部、采购部、市场营销部、财务部、组织系统部、人事部、公共关系部等十个职能部门和武汉、襄樊两个工厂。神龙富康轿车的总装配线在武汉，但是装配所需要的部件和零件则来自襄樊、武汉以及全国各地供应商，还包括来自法国的进口件。例如装配所需要的车桥、发动机、变速箱等是从襄樊运过来的，再加上在武汉生产的车身、车厢，以及从全国各地包括从法国购进来的一些进口零部件分别上线进行装配，最后安装成一台完整的汽车。生产出来的神龙轿车又要分销到全国各个城市，各个地方。像神龙公司这样，一车涉及全国，甚至整个世界，是一种典型的物流系统，而且是一种典型的大物流系统。

根据上面的案例分析，我们引入物流系统概念。所谓物流系统，是指在一定时间和空间里，由多个既互相区别又互相联系的要素结合起来，以物资为工作对象，以完成物资物质实体流动为目的的有机整体。最基本的物流系统由包装、装卸、运输、储存、加工及信息处理等子系统中的一个或几个有机地结合而成。每个子系统又可以往下分成更小的子系统。物流系统本身又处在更大的系统之中。

1.2.2　物流系统的模式

物流系统同时是社会经济大系统的一个子系统或组成部分，它受到社会经济大系统的影响，物流系统通过输入和输出使系统与社会环境进行交换。

（1）输入。是指环境对物流系统的输入，它是环境对系统的直接输入，主要是通过提供货物、能源、劳动力、设备、资金、信息等手段对物流系统发生作用。

（2）转换处理。从输入到输出之间所进行的物流活动称为物流系统的处理或转换。具体内容有：物流设施设备建设、物流业务活动；信息处理及物流组织管理工作等。

（3）输出。是指物流系统对环境的输出，它是系统输入经过处理后所提供的物流服务。具体内容：货物位移、各种劳务产品（合同的履约）、时间空间效用、信息提供及其他优质服务、污染等。

（4）约束和干扰。物流系统的约束，是指环境对物流系统的输入，是物流系统处理的外部条件和约束条件。外部环境通过对物流系统施加一定的限制和约束来影响物流系统运行。具体包括：资源条件、能源限制、资金与生产运作能力的限制、价格影响，需求变化及政策变化等。

（5）反馈。物流系统在转换处理过程中，由于受到干扰有时不能按照计划执行得到预期结果，因此需要根据输出结果调整输入方式或处理方式。信息反馈的活动包括：各种物流活动分析报告、各种统计报告数据、典型调查结果、国内外市场信息与有关动态等。

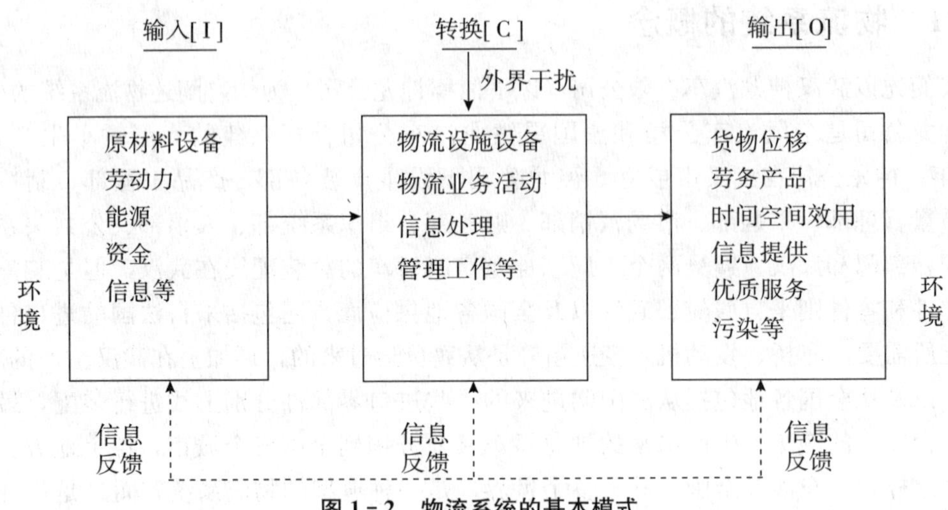

图 1-2　物流系统的基本模式

1.2.3　物流系统的特点

物流系统除具有一般系统所共有的特点外，如整体性、相关性、目的性、环境适应性等，还具有其特有的性质：

(1) 物流系统是一个“人机系统”。物流系统是由人和形成劳动手段的设备、工具所组成。在物流活动中，人是系统的主体。因此，在研究物流系统各方面的问题时，应把人和物有机地结合起来。物流系统中的“机”除了计算机外，还包括物流系统运营中的装备、机械等。

(2) 物流系统是一个大跨度系统。物流系统的大跨度主要体现在空间跨度和时间跨度两个方面。物流系统的空间跨度是指物流系统一般会覆盖一个较大空间区域，甚至全球范围；物流系统的空间跨度是指商品在供需时间上存在的差异。

(3) 物流系统是一个可分系统。物流系统无论其规模多么庞大，都可以分解成若干个相互联系的子系统，如运输系统、仓储系统、信息管理系统等。这些子系统的多少和层次的阶数，是随着人们对物流的认识和研究的深入而不断扩充的。系统与子系统之间、子系统与子系统之间，存在着时间和空间上及资源利用方面的相互联系；也存在总的目标、总的费用及总的运行结果等方面的相互联系。

(4) 物流系统是一个动态系统。物流系统一般联系多个企业与用户，随着需求、供应、渠道、价格的变化，系统内部的要素及系统的运行也经常发生变化。物流系统必须具有适应环境能力，是随环境变化而变化的动态系统。

(5) 物流系统是一个复杂系统。物质资源品种成千上万，从事物流活动的人员队伍庞大，物流系统内的物资占用大量的流动资金，物流网点遍及城乡各地。物质资源多样性、人员队伍庞大、自组织、混沌、耦合性等都是物流系统复杂性的体现。

（6）物流系统是一个多目标系统。物流系统的多目标常常表现出“效益背反”现象。例如，对物流时间，希望最短；对服务质量，希望最好；对物流成本，希望最低等，物流系统恰恰是在这些矛盾中运行。要想达到其中一个目标，必然造成另一目标的损失，在处理时稍有不慎，就会出现总体恶化的结果。可见，要使物流系统在各方面满足人们的要求，显然要在多目标冲突中求得物流系统的最佳效果，这正是需要应用系统科学思想和方法解决的问题。

小贴士

效益背反

所谓“效益背反”是指物流系统的各要素之间存在目标不一致的地方，即一个部门成本的降低或效益的提高会因另一个部门的高成本而抵消的相互作用关系。物流系统的复杂性使系统结构要素间有非常强的“背反”现象，常称之为“交替损益”或“效益背反”现象。

1.2.4　物流系统的目标与构成要素

1. 物流系统的目标

物流系统与其他系统经济效益的区别在于物流系统的经济效益体现在宏观经济效益和微观经济效益两个方面。

物流系统的宏观经济效益：物流系统作为一个社会子系统，对整个社会流通及国民经济效益的贡献和影响。从宏观经济效益来看，物流系统的重要任务是通过优化服务来降低全社会的物流总成本。一般来说，社会经济系统GDP和物流成本都在上升，但上升的幅度后者比前者低，即物流成本在GDP中的比例是下降的，这样的物流系统才是良性发展的。

物流系统的微观经济效益：物流系统本身在运行活动中所获得的企业效益，其直接表现形式是物流系统通过组织“物”的流通，实现本身所消耗与所获得效益之合理比例。主要表现为企业通过物流活动所获得的利润，或为其他系统所提供的服务上。

物流系统要以宏观和微观效益为目标，从企业具体实践来讲，物流系统要实现以下5个目标，简称为5S：服务（Service），快速（Speed），低成本（Saving），规模优化（Scale Optimization），库存控制（Stock Control）。

总之要达到服务好、费用省的目标。

（1）服务好：这里服务好，不是像人们通常所想象的那样只是服务态度热情友好一点，而是包括了很广泛的内容。物流系统是一个服务系统，它的所有活动都是服务活动，为生产服务、为流通服务、为客户服务。这种服务的核心，就是满足客户的需求，如不缺货、保质、保量、及时送货，安全可靠地运输、储存、包装、装卸，做到物流成本低、服务态度好，为客户提供信息支持、技术咨询、技术支持和售后服务等，遍及物流活动各个方面、各个环节。

（2）费用省：费用省是指物流的总费用最省。物流系统是由多个单元构成的，物流活动又由多种类型、多个环节构成，因此各种物流方式、各个物流环节都会发生物流费用。一个物流系统所有的物流方式、物流环节所发生的物流费用的总和，就是这个物流系统的总成本费用。整个物流系统的第二个目标，就是要使得这个物流总费用最小。

要做到物流总费用最小，要求整个物流系统要优化，各个单元也要优化，充分利用各种物流优化技术，节约资源，提高工作效率，降低物流成本。要做到物流总费用最小，还要求整个物流系统各个单元、各个环节都要协调配合，提高工作效率、降低成本。

但是在物流系统的实际运行中，这两个目标往往是互相矛盾的：服务水平越高，物流成本也就越高，服务水平高出一定程度以后，随着服务水平继续提高，则会造成物流成本的急剧上升。因此，必须协调服务与物流成本之间的矛盾，选取一个既能使费用较小，又能使服务水平较满意的方案。

2. 物流系统的构成要素

（1）物流系统的一般要素和所有的系统一样，物流系统的一般基本要素由三方面构成。

①劳动者要素。它是所有系统的核心要素、关键要素。

②资金要素。物流系统建设需要资本投入，离开资金这一要素，物流系统难以实现。

③物的要素。物的要素包括物流系统的运作对象，即各种实物。包括物流对象、物流设施、工具、消耗材料等。

（2）物流系统的功能要素

物流系统的功能要素是指物流系统所具有的基本能力，这些基本能力有效地组合、联结在一起，形成了物流系统的总功能。

物流系统的功能要素一般认为有运输、储存保管、包装、装卸搬运、流通加工、配送、信息处理等。如果从物流活动的实际工作环节来考查，物流功能要素由上述七项具体工作环节构成。功能要素中，运输和保管分别是物流创造“场所效用”及“时间效用”的主要功能要素，因而在物流系统中处于主要功能要素的地位。

（3）物流系统的支撑要素

物流系统处于复杂的社会经济系统中，要确定物流系统的地位，需要许多支撑手段来作保障。物流系统的支撑要素主要有：体制、制度；法律、规章；行政、命令；标准化系统等。

（4）物流系统的物质基础要素

物流系统的顺利实施需要大量技术装备手段的支持，这些技术手段的有机联系对物流系统的运行具有重要意义。这些要素构成了物流系统的物质基础要素，主要包括：物流设施、物流装备、物流工具、信息技术及网络等。

1.2.5 物流系统的分类

从不同角度对物流系统进行分类划分，可以加深我们对物流性质、过程的理解和认识，有利于更好地进行物流系统的规划、设计、运营、组织与管理。

1. 从宏观层面、微观层面分类

从宏观层面、微观层面可以将物流系统分为社会物流系统和企业物流系统。

(1) 社会物流系统是指通过对多种资源的整合，形成服务于一个城市、一个区域甚至一个国家集团的社会基础服务体系，提升全社会物流服务水平，降低物流成本。社会物流系统是国民经济和区域经济发展的动脉，是联系生产与消费的纽带。

(2) 企业物流系统是指某一企业或部门为了满足一定的物流服务需求，实现具体的物流服务目标而构建的物流服务系统，一般包括企业的物流活动与物流企业的活动。

社会物流系统和企业物流系统都是完成各种物流活动不可缺少的资源，它们相互联系、相互衔接、相互补充，共同完成各种物流服务业务。社会物流系统是企业物流系统的基础，是企业物流赖以生存的外部条件，社会物流系统的功效只有通过企业物流系统才能实现。企业物流系统离不开社会物流系统的支持，没有政府投资建设的交通基础设施，任何企业都难以开展物流服务。这就是说，企业物流是社会物流之“源”，又是社会物流之“汇”，只有当企业“流”出很多产品，并流入别的企业或消费者，或者企业所需的原材料从别的企业流入时，社会物流才能运动起来。

2. 按物流发生的位置分类

按物流发生的位置，物流系统可划分为企业内部物流系统和企业外部物流系统。

(1) 企业内部物流系统。它是指企业内部操作层面上的物流，生产流程中的物流占了其中的一大部分。例如，制造企业所需原材料、能源、配套协作件的购进、储存、加工直至形成半成品、成品最终进入成品库的物料、产品流动的全过程。

(2) 企业外部物流系统。主要侧重的是原材料的进厂流程和成品的流通过程。例如产品从成品库到各级经销商，最后送达最终用户的物流过程。

3. 根据物流运行的性质分类

根据物流运行的性质，物流系统可以划分为供应物流系统、生产物流系统、销售物流系统、回收物流系统、废弃物流系统。

(1) 供应物流系统。为企业生产提供原材料、零部件或其他物品时，物品在供应者与需求者之间的物流过程，包括生产物资的采购、进货运输、仓储、库存管理、用料管理和供应管理等。供应物流系统对企业生产的正常运行和高效运作起着重大的作用。

(2) 生产物流系统。指从原材料投入生产起，经过下料、加工、装配、检验、包装等作业直至成品入库为止的物流过程。生产物流的运作过程基本上是在企业内部完成。

(3) 销售物流系统。指产品由成品库向外部用户直接出售，或经过各级经销商直到最终消费者为止的物流过程。从事销售物流运作的经营主体可以是销售者、生产者，也可以是第三方物流经营者。

(4) 回收物流系统。指物品运输、配送、安装等过程中所使用的包装容器、装载器具、工具及其他可以再利用的废旧物资的回收过程中发生的物流。

(5) 废弃物流系统。指对废弃杂物的收集、运输、分类、处理等过程中产生的物流。废弃杂物一般包括生产过程中产生的副产品、废弃物，以及生活消费过程中产生的废弃物等。

4. 按物流活动的范围分类

以物流活动的范围进行分类，物流系统可以划分为企业物流系统、区域物流系统和国际物流系统。

(1) 企业物流系统。它是指围绕某一企业或企业集团产生的物流活动。它包括企业或企业集团内部物流活动，也涉及相关的外部物流活动，如原材料供应物流和产品销售物流。企业物流活动往往需要考虑供应物流、生产物流和销售物流之间的协调，及相应的一体化规划、运作和经营。

(2) 区域物流系统。指以某一经济特区或特定地域为主要活动范围的社会物流活动。区域物流一般表现为通过一定地域范围内的多个企业间的合作、协作、共同组织大范围专项或综合物流活动，以实现区域物流的合理化。区域物流系统又可以细分为国家级物流系统、省市或区域级物流规划。区域物流系统布局一般按照“经济区域”而不是按“行政区域”。目前我国比较成熟的区域物流系统有：

①环渤海物流圈。以北京、天津、沈阳、大连和青岛为中心；

②长江三角洲物流圈。以上海、南京、杭州和宁波为中心；

③环台湾海峡物流圈。以厦门和福州为中心；

④珠江三角洲物流圈。以广州和深圳为中心。

(3) 国际物流系统。它是指在国家（或地区）与国家（或地区）之间的国际贸易活动中发生的商品从一个国家或地区流转到另一国家或地区的物流活动。国际物流涉及国际贸易、多式联运和通关方式等多种问题。它需要国际间的合作，国内各方的重视和积极配合参与，比一般国内物流复杂得多。

小贴士

保税物流

保税物流特指在海关监管区域内，包括保税区、保税仓、海关监管仓等，从事仓储、配送、运输、流通加工、装卸搬运、物流信息、方案设计等相关业务，企业享受海关实行的“境内关外”制度以及其他税收、外汇、通关方面的特殊政策。

5. 按物流构成的内容分类

我们可以根据物流构成的内容，把物流系统划分为专项物流系统和综合物流系统。

(1) 专项物流系统。是指以某一产品或物料为核心内容的物流活动系统。专项物流往往需要专用设施、专用设备与相应物流过程的配套运作才能完成。

(2) 综合物流系统。是包括社会多方经营主体及多种类产品、物料构成的复合物流系统。

6. 按照企业类型分类

从企业范围和性质来看，物流系统可以分为工业制造企业物流系统、商业企业物流系统、第三方物流企业物流系统等类型。

1.3 物流系统规划与设计概述

1.3.1 系统工程

1. 系统工程概念

20 世纪 30 年代末，英国面临德国的侵略，一批科学家研究雷达系统的运用问题，创造了"运筹学"（Operatlng research）一词来命名这个应用科学的新分支。在第二次世界大战中，运筹学获得了迅速的发展，并显示了巨大的威力。

最早使用系统工程这个名词的是美国电话电报公司属下的贝尔研究所。20 世纪 40 年代，贝尔研究所在发展美国微波通信网络时，管理人员发现仅仅有一流的科学家、新设备、新技术，不一定能取得好的效果，而将资源、设备、经济、技术、社会等因素有机结合在一起通盘考虑，普通的科研人员、设备、研发条件能取得好的效果。当时，人们把这样一套科研管理的方法称为系统工程。以后，贝尔公司和丹麦哥本哈根电话公司在电话自动交换机的工程设计中也运用了系统工程方法。20 世纪 70 年代，系统工程得到了迅速的普及和发展。许多国家在系统工程理论与实践领域作出了突出的贡献，产生了大量著名工程项目，如美国的阿波罗登月计划、苏联的米格战斗机设计、中国的三峡工程、神舟载人航天工程等。

系统工程就是用科学的方法组织管理系统的规划、研究、设计、制造、试验和使用，规划和组织人力、物力、财力，通过最优途径的选择，使我们的工作在一定期限内收到最合理、最经济、最有效的成果。

系统工程的核心内容主要包括三个方面：

（1）系统管理理论。系统管理理论，既把研究的对象看做一个系统整体，又把研究过程看做为一个整体。这就是说，一方面对于任何一个研究对象，即使它是由各个不相同的结构和功能部分所组成的，都要把它看成是一个为完成特定目标而由若干个要素有机结合的整体来处理，并且还应把这个整体看做是它所从属的更大系统的组成部分来考察和研究；另一方面，对于研究过程也作为一个整体来对待，即以系统的规划、研究、设计、制造、试验和使用作为整个过程，分析这些工作环节的组成和联系，从整体出发来掌握各个工作环节之间的信息以及信息传递路线，从而建立系统分析全过程的模型，全面地看待和改善整个研究过程，以实现整体最优化。

（2）运筹学管理数学模型。有很多学者把数量化看做是系统工程的特点，即运用数学模型来加强管理工作的定量分析。在管理科学中运用数学方法是由来已久的，泰勒（F. Taylor）就提出了制定工时定额的定量分析方法，著名的库存数量模型威尔逊公式早在 1915 年以前就产生了。但是系统工程中运用的数学方法比以前的管理数学方法更加深化，它以运筹学作为核心的定量分析手段。运筹学管理数学模型是系统工程的第二个核心内容。

(3) 综合应用方法。系统工程强调综合运用各个学科和各个技术领域内所获得的成就和方法，使得各种方法相互配合，达到系统整体最优化。随着研究对象的复杂，单一的方法很难解决问题，强调多学科交叉融合，而不是简单叠加，应该将各种方法协调配合、相互渗透、相互融合、综合运用。由于系统工程研究的对象在规模、结构、层次、相互联系等方面高度复杂，综合应用日益广泛，综合应用方法得到了广泛应用。这是系统工程的第三个核心内容。

小贴士

物流系统工程

物流系统工程（Logistics System Engineering）是指在物流管理中，从物流系统整体出发，运用系统工程的理论和方法进行物流系统的规划、设计、管理和控制，选择最优方案，以最低的物流费用、高的物流效率、好的顾客服务，达到提高社会经济效益和企业经济效益目标的综合性组织管理活动。

2. 系统工程的方法论

系统工程方法论是指运用系统工程研究问题的一套程序化方法，即是为了达到系统的预期目标，运用系统工程的思想及其技术解决问题的工作步骤，是一种立足整体、统筹全局的科学方法体系。

自20世纪60年代以来，许多学者对系统工程方法进行了大量的研究。但是，系统工程的研究和管理对象是千差万别的，因此找到一个对所有的系统都适合的标准程序是不可能的，但是还是可以找到一种适应面较宽的，能供给不同系统参考的基本模型。目前，论证比较全面而又有较大影响的是美国贝尔研究所工程师系统工程学者霍尔（A. D. Hall）在1969年提出的系统工程三维结构。1969年霍尔在《系统工程的三维形态》一文中把系统工程活动大略分为7个阶段，而每个阶段要完成7个步骤，同时又考虑到为完成各阶段和步骤所需要的各种专业知识，构成了系统工程方法论的三维结构。霍尔三维结构为解决规模较大、结构复杂、涉及因素众多的大系统提供了一个统一的思想方法。霍尔三维结构是由时间维、逻辑维和知识维组成的立体空间结构，包括：

(1) 时间维。三维结构中的时间维，表示系统工程活动从规划阶段到更新阶段按时间排列的顺序，可分为7个工作阶段：

①规划阶段。谋求系统工程活动的规划和战略。

②拟订方案阶段。提出具体的计划方案。

③系统研制阶段。实现系统的研制方案，并制订生产计划。

④生产阶段。生产出系统的构件及整个系统，并提出装配计划。

⑤装配阶段。将系统安装完毕，并完成系统的运行计划。

⑥运行阶段。系统按照预期的用途服务。

⑦更新阶段。取消旧系统代之以新系统或改进原系统，使之更有效地运行工作。

（2）逻辑维。三维结构中的逻辑维，是对每一工作阶段在使用系统工程方法来思考和解决问题时的思维过程，可分为 7 步骤：

①明确问题。通过系统调查全面收集和提供有关要解决问题的历史、现状及发展趋势的资料和数据。

②指标设计。明确问题后，应该选择具体的评价系统功能的指标，以利于衡量所有供选择的系统方案。提出所要达到的预期目标，并制定衡量是否达到这些目标的标准。

③方案综合。主要是按照问题的性质及总的目标要求，形成一组可供选择的系统方案，方案中要明确所选系统的结构和相应参数。

④系统分析。对可能入选的所有方案，通过比较进行精简，并对精简后的方案进一步说明其性能和特点，以及与整个系统的相互关系。

⑤系统选择。在一定的限制条件下，对各入选方案选出最优方案。在备选的方案个数不多时，容易从中确定最优者。而当备选方案数很多，评价目标又有多个，并且彼此之间又有矛盾时，很难选出一个对所有指标都为最优的方案，一般是能均衡满足系统各指标的方案，即满意方案，一般只能选择可以均衡满足系统各指标的方案，即满意方案。

⑥方案决定。由决策者根据更全面的要求，最后选定一个或少数方案予以试行。

⑦实施计划。根据最后选定的方案，对系统具体实施。如果实施过程进行的比较顺利，或者遇到的困难不大，对方案略加修改和完善即可确定下来。如果问题较多，则需要不断修改、完善上述 6 个步骤，以保证顺利进入系统工程活动的下一阶段。

（3）知识维。三维结构中的知识维是指为完成上述各阶段、各步骤所需要的知识和各种专业技术。霍尔把这些知识分为工程、医药、建筑、商业、法律、管理、社会科学和艺术等。随着经济社会的发展、科学技术的进步，系统工程已经非常广泛地涉及各种理论、行业及专业技术知识，远远超出了霍尔知识维的范畴。

3. 软系统方法论

霍尔三维结构方法论的特点是强调明确目标，核心内容是模型化和定量化。在 20 世纪 60 年代期间，系统工程主要用来寻求各种战术问题的最优策略，或用来组织与管理大型工程建设项目，这最适合应用霍尔的三维结构方法论。这是由于工程项目的任务一般比较明确，问题的结构一般是清楚的，属于有结构性问题，可以充分运用自然科学和工程技术方面的知识和经验。但是从 20 世纪 70 年代开始，系统工程面临的问题有三个特点：一是与人的因素越来越密切；二是与社会、政治、经济、生态等众多复杂的因素纠缠在一起，属于非结构性或半结构性问题；三是本身的定义并不清楚，难以用逻辑严谨的数学模型进行定量描述。因此，国内外不少系统工程学者对霍尔的三维结构方法论提出了修正意见，其中英国兰卡斯特大学切克兰德（P. Checkland）提出的一种系统工程方法论，受到了系统工程学界的重视。

切克兰德把霍尔系统工程方法论称为“硬系统”方法论，他认为完全按照解决工程问题的思路来解决社会问题和软科学问题，将遇到很多困难。对于社会问题和软科学问题，由于人们的立场、利益各异，判断价值观不同，就很难取得一致的看法，很难获得系统最优解，因此，“可行”、“满意”、“非劣”的概念逐渐代替了“最优”的概念。这类问题一般只有通过概念模型的讨论和分析，才使得人们对问题的本质有进一步的认识，经过不断磋商，再经过不断地反馈，逐步弄清问题，得出满意的可行解。切克兰德根据以上思路提出他的方法论，称之为“软系统方法论”。软系统方法论的逻辑思维和内容如图 1－3 所示。

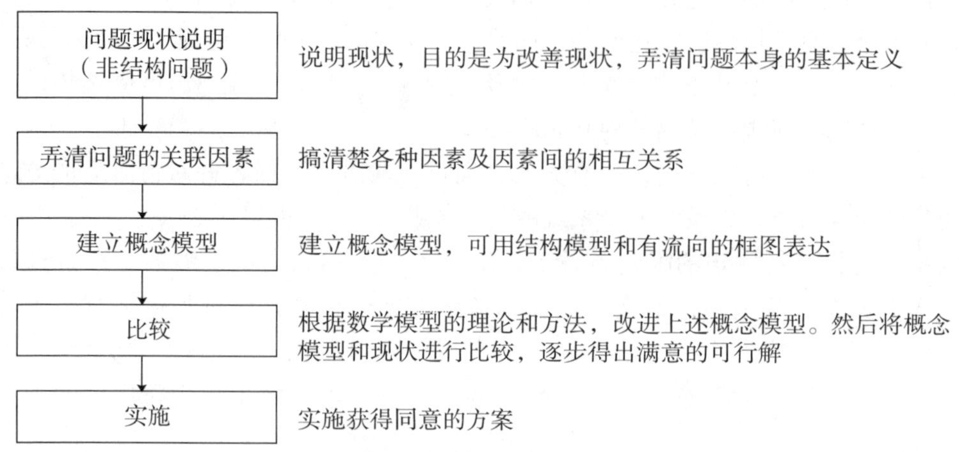

图 1－3　软系统方法论

软系统方法论的核心不是“最优化”，而是进行“比较”，强调找出可行满意的结果。“比较”这一过程要组织讨论，听取各方面有关人员意见，为了寻求可行满意的结果，不断地进行多次反馈，因此它是一个“学习”的过程。这种软系统方法论在目前的管理科学相关领域得到广泛应用。如在研究绿色产品的市场前景时，要分析定价策略、顾客消费认知、消费意愿、消费行为、广告宣传等因素之间的内在关系，很难用霍尔三维结构体系解决，需要构建概念模型，然后通过收集大量调研数据，应用结构方程模型、统计模型等工具进行实证分析，得出相关结论，作为决策的依据。

小贴士

结构方程模型

结构方程模型（Structural Equation Modeling，SEM）是一种融合了多元回归分析、因素分析和路径分析的多元统计技术，是基于变量的协方差矩阵来分析变量之间关系的一种统计方法，也称为协方差结构分析。它的强势在于对多变量间交互影响关系的定量研究。SEM 广泛应用于社会科学及行为科学等领域，是社会科学研究中的一个非常好的方法。

1.3.2　物流系统规划与设计的原则与主要内容

1. 物流系统规划设计的基本原则

（1）经济效益与社会效益相结合。在物流系统规划与设计时，要求经济上优秀、社会效益杰出，倡导循环经济、绿色物流，要求考虑环境污染、可持续发展、社会资源节约等。

（2）局部利益与整体相结合。

（3）当前利益与长远利益相结合。在物流系统规划与设计时，既要考虑当前利益，又要考虑长远利益，如果所采用的方案对当前和长远都有利，这样当然最为理想。

（4）定量分析与定性分析相结合。

2. 物流系统规划与设计的主要内容

一般来说，物流系统规划与设计的目标是采用合适的运具和包装，选择便捷的联运和最短运距，用高效的信息沟通和仓储周转，在用户满意的条件下降低物流成本而创造价值。为达到以上目标，物流系统规划与设计的主要内容包括：客户服务、库存计划、运输及选址决策等四个部分：

（1）客户服务水平的规划与设计

客户服务是一切物流活动的最终目标。对于物流系统而言，客户是物流的最终目的地。在制定物流战略时，必须明确客户服务水平，企业要充分认识到物流系统必须满足客户的需求，即在合适的地点、合适的时间以合适的方式、合适的价格将合适的产品、服务或信息送达客户方。客户服务水平一般包括：产品可得性、产品交货周期、送货速度、订单履约速度和准确性等。

（2）库存系统的规划与设计

在物流系统中，库存控制是非常关键的。库存不仅会消耗物理空间、人力资源的时间和资产，还占用了资金。企业的库存战略是指在满足客户服务目标的基础上，确定和维持可能的最小库存水平，确定合适的库存水平，确定订货周期、订货点等，以及库存的分布情况，从而制定相应的库存管理和控制的方法。一般来说，库存系统规划与设计的主要任务为明确推动式管理还是拉动式管理、确定安全库存水平及建立库存补充策略等。

（3）运输系统的规划与设计

运输系统的目标是在客户服务目标决定的响应时间内，用最低的成本限制下的运输设备连接物流系统的网络结构。衡量运输系统的三个标准分别为成本、速度和服务的稳定性。运输系统的规划与设计主要包括：运输方式选择、运输批量、运输路线选择、车辆时间安排、货物拼装等内容。

（4）物流节点选址的规划与设计

物流节点选址的规划与设计是指寻求成本最低或利润最高的物流节点选址分配方案，构建物流系统网络体系，确定产品从原材料起点到市场需求终点的整个流通渠道的结构，涉及节点数量、类型、地理位置、规模、服务范围、物流体系网络功能与布局规划等。

以上物流系统规划与设计的主要内容可以构建如下物流系统决策三角形（如图1—4所示）。

1.3.3 物流系统规划与设计的影响因素

在物流系统规划与设计过程会受到许多因素的影响，主要有：

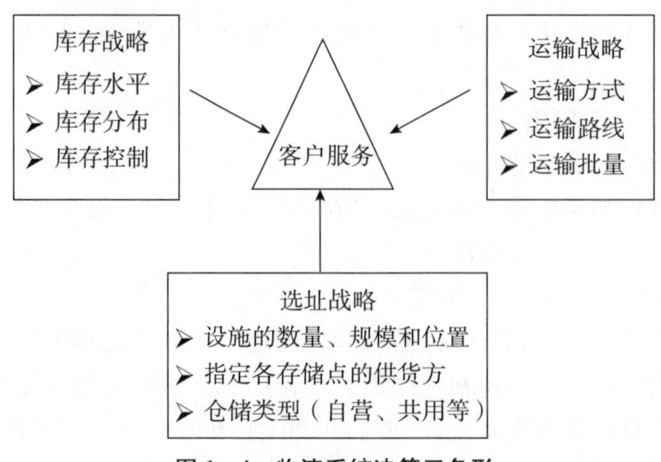

图1－4　物流系统决策三角形

（1）物流服务需求。物流服务需求是物流系统规划与设计的基础依据，包括服务水平、服务地点、服务时间、产品特征等多项因素。

（2）行业竞争力。物流系统规划与设计就是要寻求最大的竞争优势，为了成为有效的市场参与者，应该对竞争对手的物流竞争力做详细分析，寻求自身市场定位，在此基础上规划合理的物流系统。

（3）地区市场差异。物流系统规划直接同市场情况有关，如人口密集度、交通状况、经济发展水平等因素会影响物流系统规划与决策。

（4）物流技术发展。信息和网络技术等对物流发展具有重要影响，及时、快速、准确的信息交换不但可以随时掌握物流动态，还可以用来改进物流系统的实时管理控制及决策，为实现物流作业一体化、提高物流效率奠定基础。

（5）流通渠道结构。一个企业必须在流通渠道结构中建立企业间的商务关系，而物流活动是伴随着一定的商务关系而产生的。

（6）经济发展。经济发展水平、居民消费水平、产业结构直接影响着物流服务需求的内容、数量和质量，影响物流发展水平。

（7）法规、财政、工业标准等。运输法规、保税物流、环保法规、物流标准等都将影响物流系统的规划与设计。

案例分析　“菜鸟”物流系统如何搭建

自从马云宣布用3000亿元打造菜鸟网络（又称中国智能物流骨干网）以来，立即引起物流业界的热议和关注。先来盘点数据：菜鸟平台注册资本50亿元，天猫是最大股东，出资21.5亿元占股43%；银泰投16亿元占股32%；富春集团投5亿元占股10%；复星集团投5亿元占股10%；顺丰、圆通、中通、韵达、申通各出资5000万元，各仅占股1%。菜鸟平台首期注入1000亿元，二期达2000亿元。有人说阿里巴巴要自建快递公司了，也有人说阿里巴巴是借机圈地，还有人说的很玄乎说什么天地网合一之类的。按照马云的话讲，菜鸟网络计划在5～8年内打造一个全国性的超级物流网。这个网络能在24小时内将货物运到国内任何地区。那么，菜鸟网络到底是什么？真正的菜鸟物流系统究竟应该怎么建？

1. 中国智能物流骨干网

什么叫“中国智能物流骨干网”？从阿里巴巴的定义来说可以理解成“地网”，也就是在线上交易过后，线下落地的一切运营服务都在这张网上。所谓的“智能”，则是实现高效、协同、可视、数据化的物流供应链运营。为什么要拉“三通一达”＋顺丰？马云抓住这五家公司，本质上是在菜鸟身上打上“物流”的烙印。试想，如果没有这几家公司，马云说菜鸟物流是干物流的，谁相信？

2. 菜鸟物流园区

抓住“三通一达”＋顺丰就能建立起来吗？作为网购买家来说，你可能看到的唯一物流服务就是快递，其实快递仅仅是最后一公里，整个后台为这个包裹服务的还涉及信息系统、仓储物流中心、区域调拨、干线运输、中转、末端配送等物流动作。所以如果没有物流园区、没有干线支线物流支撑、没有物流信息化平台的协同，仅仅有“三通一达”＋顺丰肯定是不行的。早在2011年，马云就已经启动物流园区战略。2011年12月阿里巴巴在天津武清总投资30亿元，建阿里巴巴华北电子商务物流中心，主要从事电子商务交易配送、仓储、结算解决方案。两年过去了，武清的仓库是建立起来了，但有很少淘宝和天猫的品牌入驻。原因在于：大商家需要的不仅仅是仓库，而是一体化的物流供应链综合服务，阿里物流体系提供不出这一体化的服务。同时，大商家发展到一定程度过后，会陆续选择自建物流体系；而中小型商家目前尚未达到需要进驻物流园区的必要条件，这就导致了阿里的物流园区目前处于尴尬的格局。

未来的菜鸟，一个园区仅仅是一个点，马云织的是一张地网，因此需要全国各地建物流园区，铺开的过程中首选肯定是核心物流节点城市。菜鸟宣布在武汉江夏区投资80亿元，打造中国智能物流骨干网的关键节点。未来的菜鸟，将是核心物流节点为基础，渗透二级、三级物流节点，形成一张立体的地网。

3. 菜鸟网络的支持系统

2013年6月30日央视《对话》节目中，菜鸟股东之一、申通快递董事长陈德军例举的未来菜鸟平台的一个例子：义乌的商家在网上卖商品，东北顾客有需求，下单就后直接从沈阳的仓库发货，24小时配送到位。这个例子表面上看是订单处理、物流的过程，实际上需要基于科学的供应链系统支持。

(1) 需求预测：必须要经过大数据对东北这个片区市场的需求分析，预测该地区顾客的主流品类，销量预测，商品上架之前就必须铺货到沈阳库。否则顾客下单后根本不可能在沈阳有需求对应的商品发货。所以，未来菜鸟的物流平台一定是基于大数据为核心，帮助商家实现精准的预测。

(2) 库存计划：沈阳库究竟铺多少？如果限期铺货过多，品类不对，一定会产生过多的库存，导致商品积压，为了一个需求去铺货10个库存，那一定是失败的结局。所以，基于商家市场需求，科学的库存计划，将是菜鸟智能物流骨干网的关键。

(3) 物流计划驱动：物流计划的驱动源于顾客的订单需求，义乌的商家得到顾客的订单确认后，如何驱动沈阳仓物流作业，这是一个跨企业的作业驱动。这里有三层的关系，订单系统在卖家手上，物流作业将在菜鸟物流平台的沈阳仓，沈阳仓不是菜鸟自有的物流员工运营的，一定是第三方物流，这样跨平台协同将对系统挑战巨大。

(4) 末端配送：马云宣布菜鸟将做到全国任何一个城市24小时送达。当然北上广等一线城市24小时配送不用争议，而对于三线、四线城市、农村顾客的订单来说，将是一个重要挑战。几个核心问题：配送和仓储大多是不同的合作伙伴，如何实现无缝的协同；配送流量是否支撑运营成本，在偏远地区，订单稀少，如果追求24小时配送到位，单位订单的物流成本将不可估量，这个成本谁埋单呢？快递公司、菜鸟、商家还是最终的买家？所以说，24小时配送看起来很美，规则的定义有待争议。

(5) 客户服务：菜鸟会建立客服系统吗？目前天猫体系的客服是由卖家承担的，很大的一个问题就是卖家在物流服务商面前是很被动的，特别是中小卖家，快递公司不可能听你的。所以，未来的菜鸟平台必须要通过信息化，打通仓储、快递的信息通道，真正帮助商家建立客服的信息通路。

(6) 供应链可视化：未来的菜鸟平台的系统，理想状态下是一个综合的供应链服务平台，最终是实现从需求开始到库存计划、从订单下达到仓储运营、从干线调拨到末端配送、从线下运营到线上协同的全供应链可视化服务，只有这样才能体现出智能骨干网的真正的价值。

所以，从以上6个角度看，菜鸟需要建立的不仅仅是简单的物流系统，而是前端基于大数据的精准数据挖掘，科学的供应链计划，订单驱动的供应链可视化运营，这套体系在中国尚未有任何企业建立。

4. 未来菜鸟平台的体系架构

前面已经分析到，仅仅有快递末端网络肯定支撑不起整个菜鸟平台，物流园区也仅仅是一个点，最终的菜鸟平台将是协同线上、线下的立体式结构。分为四大层次：①最前端的是24小时的快递配送网络；②物流园区与干线整合；③打造可视化的供应链运营平台；④基于大数据的物流供应链数据服务。菜鸟平台的体系架构概念如下图：

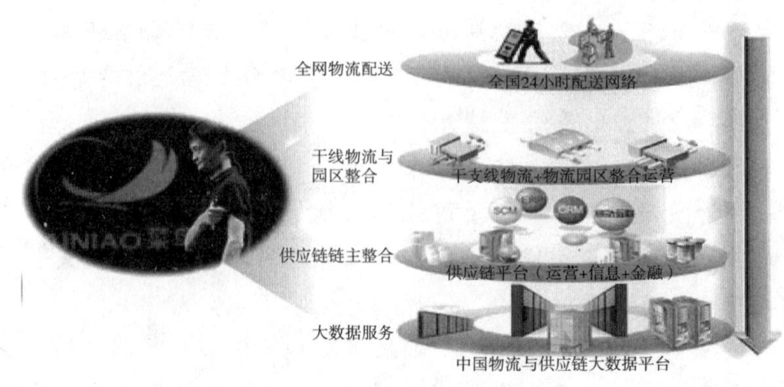

图1-5 菜鸟平台的体系架构

5. 菜鸟和电商自建物流体系融合

未来不管是电商物流还是整个物流，一定是开放的。马云的菜鸟启动，加速了京东等其他电商物流平台的社会化进度。以京东为代表的电商自建物流平台和以马云为代表的社会资源整合的菜鸟网络将是两股重要的力量。试想，京东、亚马逊、凡客、1号店、唯品会等自建物流平台会愿意融入菜鸟吗？目前看来应该是No。所以，菜鸟基本不能够整合电商自建物流平台，整合的是社会物流第三方的平台。打个比喻，菜鸟与电商自建物流就像吸铁石一样，N极和S极都能吸到铁，但彼此是排斥的。目前菜鸟平台还不是绝对垄断的中国电商物流平台，可能是第一，也可能是前三。

6. 菜鸟网络的挑战

大家都以为马云是神，没有整合不了的资源，有钱没有做不好的事。其实不一定，阿里曾尝试自己投资过快递公司，也就是后来成为著名失败案例的星辰急便。因此有必要来盘点菜鸟平台接下来可能遇到的挑战：

(1) 人才缺乏。整个菜鸟平台的运营，人才需求是一项庞大的工程。目前看来菜鸟尚不具备这样专业的团队，坦率地讲中国国内这样的人才也缺乏，基于电商物流、供应链的人才需求将是菜鸟面临的重大短板。

(2) 菜鸟的成败还在于如何整合各利益集团。从快递整合可以看出，仅联合快递公司就并非易事。各快递公司都有自己完整的仓储、分拨中心和信息网络。申通董事长、菜鸟网络股东之一陈德军就公开表示，并不会与阿里巴巴共享仓库。数据平台更是物流公司商业核心所在，利益整合成为阿里巴巴的难题之一。

(3) 卖家是否愿意将自己的商品放进菜鸟物流园区？中国人的信任度是很难建立的。

7. 菜鸟平台的应用前景与战略价值

(1) 提升阿里巴巴电商用户体验。阿里巴巴目前在电商中绝对领先，要想在10年后继续保持霸主地位，那改善物流，提升用户体验成为重中之重。“菜鸟网络”计划建立在全国任何地区做到24小时内送达的物流网络体系，将极大提升了电商客户的体验满意度。马云在菜鸟启动时曾经说过，“物流是国家没有干好的，我来干!”所以马云整合物流，其中原因是迫于无奈。

(2) 阿里巴巴战略布局需要。伴随着阿里巴巴的逐步壮大，前端的商流、中间的资金流、信息流都控制在其手心，最终的物流问题成了大难题。如果说淘宝+天猫控制的是商流，支付宝和阿里金融控制的是资金流，菜鸟平台则控制的是物流与物流大数据。马云要做的是真正的电商供应链的平台链主。入股新浪微博，是供应链前端基于大数据的需求挖掘；收购高德地图，对架起中国智能物流网有着重要战略价值。

(3) 拓展电子商务领域。农产品电商战略一直是电子商务领域中的短板和难题，也是马云的重要布局。以生鲜冷链物流为例，由于生鲜产品保鲜困难、损耗率高达10%～30%、物流成本平均在15%～20%，甚至更高。假如菜鸟网络成功建立，生鲜产品的冷链物流问题就迎刃而解。

思考问题

（1）基于以上案例分析，菜鸟物流网络系统的复杂性主要体现在哪几个方面？

（2）菜鸟网络的目标是什么？你认为菜鸟网络的前景如何？

（3）菜鸟网络平台中，阿里巴巴与速递物流公司相互关联、相互制约的关系体现在哪些方面？

（4）结合以上案例，谈谈你对物流系统的认识。

本章习题

（1）简述系统的概念。

（2）简述物流系统的目标及主要特征。

（3）简述系统工程方法论的霍尔三维结构体系。

（4）试阐述物流系统的一般模式。

（5）试举例说明社会物流系统与企业物流系统的关系。

（6）试举例说明物流系统中的制约关系与目标冲突？

2　物流系统组织结构的分析与设计

本章重点

⊙ 了解供应链环境下物流系统组织的概念、特征

⊙ 掌握物流系统组织的内涵、分类和主要特点

⊙ 熟悉物流系统组织选择的影响因素

引导案例　香港利丰供应链的虚拟整合

香港利丰（贸易）有限公司于1906年在广州由冯柏燎先生和李道明先生创立，是首批从事出口贸易的华资企业，经过将近一百年的奋斗，目前，已经成为全球最大的消费品贸易跨国集团，享誉全球，成为世界500强企业。20世纪70年代，利丰集团的经营和管理传至冯氏家族第三代，即冯国经博士和冯国纶博士。目前，利丰集团已经在40个国家和地区设有70个分公司和办事处，业务网络遍布全球。雇用员工超过18000名，每年在中国的采购超过150亿元人民币。利丰以顾客需求为中心，提供高效率的产品供应，以达到“为世界各地企业和消费者提供合适、合时、合格的消费产品”的目标。1992年，利丰旗下经营出口贸易业务的利丰有限公司在香港联交所上市，现为香港恒生指数及美国摩根斯坦利香港指数成分股。

经过一百年及三代管理层的刻意经营，利丰集团已经演变成为国际性大型跨国商贸集团，经营出口贸易、零售和经销批发三大核心业务。世界著名的《财富》杂志评选的全球最佳创意、最具有竞争力公司，整个亚洲只有15个，香港只有2个，它不是和记黄埔，也不是新鸿基地产，而是很多人还不熟悉但是是香港最大的贸易公司利丰集团和ESPRIT公司。目前沃尔玛等全球大企业越来越离不开香港利丰集团，哈佛商学院有四则案例研究利丰集团。

1. 香港利丰的虚拟供应链整合

2001年，可口可乐公司找到一家香港的合作伙伴，要求生产一款用于在圣诞节期间促销可乐的圣诞树玩具。这棵聚乙烯制成的圣诞树约1英尺高，消费者积攒一定数目的可乐瓶便可兑换此赠品。这个任务看起来多少有些“疯狂”，因为可口可乐市场部人员提供给这家香港公司的只是一个初步的想法和一张草图。要知道，从草图变成质量过关的产品要经过设计、塑造模具、生产、质检等多个环节。此外，产品生产出来之后还要坐船35～40天，方可从香港运输到可口可乐总部。最终，这家香港公司还是出色的完成了任务。10月，两百万棵圣诞树分成七个集装箱运至可口可乐公司，促销获得了巨大成功。从设计到生产最后送到客户手中只用了10周时间，该案例被业界奉为供应链管理的

经典课程。这家让可口可乐公司在圣诞节促销中非常成功的公司便是利丰集团。

尽管利丰集团能为客户生产各种各样的产品，但它自己却没有一家工厂。利丰将工作的重点放在整个供应链流程设计和关键点的控制上，而将生产、仓储、物流等外包给供应商，从而打造一条虚拟的供应链。利丰虚拟供应链是如何构建的？利丰在这中间扮演什么样的角色？在虚拟供应链中，如何把控和管理供应商？

（1）虚拟生产模式

以上案例中，可口可乐公司定制的圣诞树工艺颇为复杂：圣诞树的底座有辆小火车，树上点缀着的彩灯，以及可乐瓶、圣诞老人和北极熊做装饰。当电源开启后，圣诞树会响起音乐，树干中会有一盏白色小灯旋转发光，灯光通过装饰物将舞动的星星、可乐瓶、圣诞老人等形象投射到墙上，圣诞树底部的火车也将环绕运行。从生产角度，这棵圣诞树涉及塑料模具的开发和电子元件的采购，仅塑料的配件需要上百种模具。按照正常的生产速度，至少要一年时间才能生产出这样的产品，而客户需要在圣诞节的前一个月抵达目的地，再加上路上的运输过程，留给利丰的时间不多。

为了极大程度降低客户的成本，利丰迅速将此项目进行了分解：在中国香港进行圣诞树的加工，因为这里有熟悉的工厂和合作默契的供应商；在中国台湾进行电子元件的采购，因为那里有中国最好的芯片制造商。为了节省时间，利丰找了香港三家毗邻的工厂进行圣诞树的生产，便于相互共享技术和物料。三家工厂开足马力同时生产，提前了进度。而利丰集团自己做的工作就是生产管理，密切监督三家工厂生产的品质、进度，为的是让三家工厂生产的产品一模一样，“就像一家工厂生产出来的一样”。这个案例能反映出利丰供应链管理模式的特点，它没有自己的工厂，而是通过将订单分解到不同的供应商来完成产品的制造，利丰把控整个供应链的关键环节。

（2）虚拟供应链整合

利丰集团在全球 40 多个国家和地区拥有 15000 多家合规供应商，它们是生产商、运输商，甚至是设计公司和市场营销公司。这 15000 多家供应商形成了利丰的供应商网络，平时它们各行其是，一旦利丰有需求，它们立即响应，构成利丰供应链的环节。所以称之为虚拟供应链，是因为平时这条供应链是不存在的。一旦利丰集团接到订单，利丰会根据客户的需求，在 15000 多家供应商中选择合适的合作者来构成供应链，帮助客户完成目标。而随着项目结束，这条供应链也随之消失。在整个供应链管理中，利丰集团充当“网络协调员”的角色，仿佛乐队中的指挥，协调每一个成员的节奏。

为何利丰能够让如此庞大的供应商网络运作自如？哈佛商学院做了这样的总结：“利丰与众多供应商的所有者和管理层有着密切的联系，它对各个供应商的生产能力和业务习惯全面了解。利丰把从供应商网络中所带来的利益传递给客户，并且重视与供应商之间建立信誉。因此，供应商通常会优先处理利丰的订单。”对于利丰这种虚拟供应链，哈佛商学院认为其核心是“轻资产营运”。该模式的好处是不用将巨额资金投在厂房、机器等固定资产上，而把资金用于扩大经营规模，务求以最少的资源，做最多的生意。例如，把投资用于推进可为客户创造更高价值的信息技术或者员工培训。

2. 价值链管理

在虚拟生产模式下，利丰公司在香港从事如设计和质量控制等高附加值的业务，而把附加值较低的业务分配到其他最可能的地方进行生产，使产品实现真正的全球化。正如利丰公司主席冯国经先生所说，利丰公司并不寻求哪个国家可以生产最好的产品，而是利丰公司对价值链进行分解，然后对每一步进行优化，并在全球范围内进行生产。

2009 年 5 月 30 日，利丰集团接到一家美国零售商的订单。对方订购 30 万条男式斜纹布工装短裤。接到订单后，利丰集团在自己的供应商网络中，迅速找到了最合适的供应商，并将这一订单进行分解，外包给不同供应商，并组建一条虚拟供应链。一个月后，30 万条男士斜纹短裤按要求出货了。为了实现客户利益最大化，利丰将订单进行了如下的分解：纽扣来自中国内地的供应商；拉链来自日本的供应商；在巴基斯坦进行纺纱，在中国内地织成布，并进行染色；最后由孟加拉国的供应商缝制完成。上述案例可以反映出利丰供应链管理的另一特征，以客户利益最大化为核心，将订单分包给在某方面有专长的供应商，从而实现成本最低，品质最优。对此，利丰将其解读为“价值链的分解”。

“利丰并不拥有供应链的任何一个部分，我们更愿意在一个更高的层次上管理和协调。要创造价值，就要了解价值链的整体概念。”利丰集团主席冯国经表示。事实上，利丰遍布在全球 40 多个国家的供应商网络使得它有足够的资源，在全球分解和重组价值链。

再以利丰为一个加拿大客户制作羊毛大衣的供应链为例。基于全球供应商网络，这件大衣的组成如下：羊毛线来自新西兰；染料来自瑞士；织布来自杭州；衬里布来自韩国；口袋布来自湖南；滚边、纽扣、金属配件来自深圳，最后在深圳完成大衣的制造。利丰集团将订单分为如此多个内容，其“价值链分解”的依据何在？利丰研究中心对此案例做了如此解读：“如果只重视价格因素，不把客户的需求及最终消费者的感受作为组织供应链的核心考虑，这家大衣的原材料便不会来自各个不同的国家与地区。由于大衣供应加拿大市场，定位为中高档服装，所以选择在新西兰采购羊毛，而瑞士的染料配合新西兰的羊毛才能有最好的效果。大衣内的里布选择了韩国料子，是因为它比中国内地提供的里布轻，配合羊毛的质感，可令整件大衣轻柔舒适。大衣其余部分在中国内地采购，是因为那里能够提供最佳的技术和价格。从这件大衣的组合，可以看到利丰对客户需求的重视，整条供应链都是围绕着客户利益组织的。”

3. 供应商管控

利丰集团的核心竞争力在于庞大的供应商网络，它们就像守卫在秦陵里的兵马俑一样，随时准备响应利丰的号召。可问题是，利丰的供应商有 15000 家之多，分布在全球 40 多个国家，员工总数多达 200 万人，如何管理好它们？

利丰有三个途径来管理供应商。首先是订单控制。利丰分配订单的原则是占到该供应商 30%～70%的产能。一方面，订单量之大使得供应商不得不对利丰的订单尤为重视，另一方面，利丰给予它的订单在它能力范围之内，其质量和速度完全跟得上利丰的需求，此外，利丰留给供应商空间接纳其他订单，从而有机会学习新的技术与能力，最后为利丰服务。其次是协助供应商升级。由于利丰集团客户群广泛，供应商与利丰合作，有机会从制造低档产品升级到制造高级产品。利丰提供重要的激励措施给供应商，使得它们改进自身现有的技术标准。利丰员工为每一类产品提供了详细、可测量的标准，并且严密监测供应商的产能水平和产品质量。在这样的要求下，供应商水平不断提高。最后是日常监控。利丰集团质检员经常直接进入供应商的工厂，检查供应商是否严格按照利丰客户的标准进行生产。如果发现不按照协议生产，利丰就会与供应商进行协商改善，如果供应商还是不能达标，利丰则放弃与该工厂的合约。

可见，利丰集团采用所谓"大棒+胡萝卜"的策略来管理供应商。一方面，给它提供订单，让它赚到钱，另一方面，又给它规定严格的纪律。利丰集团设立了一套供应商守则，其遍布全球的供应商必须遵守。利丰集团在全球雇用了超过100名内部监察员，对利丰的供应商进行评估并监控其是否遵守各项规则。利丰集团将不合格的供应商分为"持续改善"、"立即行动"和"零容忍"，情况依次严峻。一旦某家供应商被评为"零容忍"，这意味着它将被利丰逐出其供应商体系之外。

从以上案例可以看出：随着供应链竞争时代的到来，物流业务活动已经越来越多地突破了传统的企业边界，参与主体日趋多元化和复杂化。显然，如何围绕企业或供应链竞争力的改善，通过有效的物流组织战略重构过程，合理划分物流业务职能，实现物流资源的有效整合，已成为当前供应链物流管理战略过程面临的核心问题之一。

2.1 供应链环境下物流系统组织类型及内涵

2.1.1 供应链环境下物流系统组织的概念及特点

伴随着第三方物流企业的成长和核心竞争力理论的广泛应用，由若干企业围绕物流业务的分工与合作而组成的供应链，来共同承担或完成某项物流业务已是非常普遍。遍布在整个供应链上的每一个行为主体都可以凭自己的核心优势灵活地共享相关产业环节的果实。在供应链环境下，灵活的物流系统组织形式可以将各行为主体的单个核心能力从僵化的组织形式中解放出来，借助网络关系和信息平台在更大的范围内将整个供应链的各个节点的核心竞争力连接起来。

小贴士

物流系统组织

组织是人和其他各种物资所组成的，以达到某种目的的正式集合，而以物流经营和管理活动为核心内容的实体性组织，称为物流系统组织。物流系统组织是企业一切物流经营活动的载体。

供应链环境下的物流系统组织概念可以归纳为：围绕供应链物流业务的整体优化，按照一定的规则、制度和利益分配安排而形成的、包括多个企业实体的合作性组织群体。

供应链环境下物流系统组织可分为外包组织和自营组织。外包组织：跨越了单个企业组织边界的物流系统组织；自营组织：单个企业组织边界范围内的物流系统组织。

供应链环境下物流系统组织具有以下特征：

（1）集成性。供应链环境下的物流系统组织涉及多个具有独立法人资格，且相互之间不存在行政隶属关系的企业组织。因此，集成性的目标是不相互有隶属关系的企业组织的协调、组织和融合。

（2）整体性。根据“木桶原理”，供应链上任何一个成员物流效率的降低都会降低整个供应链的竞争力。供应链环境下的物流系统组织，跨越了单一企业边界，强调从供应链整体出发，站在全局的角度来规划和组织整个供应链的物流活动。

（3）规范性。供应链环境下物流系统组织要求不同合作企业内部物流业务流程和企业之间的相互协作流程具有较高的规范性，规范性主要体现：协作流程规范、制度规范、业务流程标准化，有利于一体化发展。

2.1.2　供应链环境下物流外包组织

根据物流外包组织形式中各物流合作企业之间的关系紧密程度因素，物流系统的外包组织形态可以进一步划分为内部外包组织、业务外购组织、战术外包组织和战略外包组织四类物流系统组织形式，具体表述如下：

1. 内部外包组织

内部外包组织，即由物流业务委托方独立出资或以控股方式与其他企业合资成立一个具有独立法人资格的物流子公司，由该子公司来承担委托方所需物流服务的组织。就职能分工而言，该模式中委托方几乎将主要的物流职能都剥离出来委托给子公司，以精干主业；而子公司除与委托企业存在产权联系外，拥有一个同类的独立法人所应该具备的一切职能或权力，具有比现有物流系统组织中物流事业部更大的独立性。该类组织往往比较适合于在行业内具有较高知名度、物流业务量较大，且其主要物流业务类型相对成熟，具有较好外部推广性的委托企业。凭借以产权联系为基础的长期契约，该模式能够达到普通业务合作所无法达到的深度和广度，合作关系非常稳定。

2. 业务外购组织

业务外购组织即在由委托方采取直线职能型、事业部型等自营组织管理部分物流业务的同时，采取临时性采购方式，将自己能力范围以外的，或者自营成本较高的，或者自营与外包在成本或服务质量方面都差异不大的、比较成熟的部分物流业务，临时性委托给外部专业物流企业，由其提供物流服务的组织，如许多生产企业在销售旺季时常常会临时性的雇用企业外的车队或者租借仓库等。就职能分工而言，该模式中委托方将外部专业物流企业引入其物流组织体系的目的在于，借助外部物流资源来弥补自身在物流设施能力或资金投入上的不足。外部物流企业作为参与方，仅承担了作业层面的部分物流具体作业职能，物流管理的战略、战术层业务职能仍然主要是由委托方来承担。业务外购组织常常是通过签订短期的项目合同来明确合作过程中彼此应当承担的责任和权利，以及利益分配。

3. 战术外包组织

战术外包组织，即委托方以长期合作的形式将所需物流服务委托给由其选择的第三方物流合作伙伴，由其来负责战略物流职能以外的绝大多数职能的组织。就职能分工而言，区别于业务外购组织中侧重引进或借助外部物流资源以弥补能力不足，战术外包组织侧重在引进物流资源的同时，借助其丰富经验与专业技能来实现成本或服务竞争力的改善。除涉及物流网络规划、物流绩效控制等部分物流战略职能外，外部专业物流企业承担了委托目标要求下的其他一切物流职能。

4. 战略外包组织

战略外包组织，即委托方将物流业务整体委托给第四方物流企业，由其根据委托方的物流服务目标，整合第三方物流企业资源来提供物流一体化解决方案的组织形式。第四方物流的概念，是1998年美国埃森哲咨询公司率先提出的。他们对“第四方物流”是这样定义的：“第四方物流（4PL）供应商是一个供应链的集成商，它对公司内部和具有互补性的服务供应商所拥有的不同资源、能力和技术进行整合和管理，提供一套供应链解决方案。”

2.1.3 典型的物流系统组织

1. 海尔物流系统——自营物流组织

自营物流系统的企业中，国内最典型的是海尔集团。海尔是中国物流觉醒第一人，海尔物流特色可总结为，借助物流专业公司力量，在自营基础上小外包。1999年，海尔自建了现代化物流中心，使平均库存时间从原来的30天降到2000年的12天，再降到2001年的7天。海尔实施以“市场链”为纽带的业务流程再造，以订单信息流为中心，带动物流、商流、资金流的运作，其物流运作模式日益引起人们的关注。对海尔来讲，物流首先是使其实现三个“零”的目标，即零库存、零距离和零营运资本；其次，是使其能够获得在市场竞争中取胜的核心竞争力。

2. 美的物流系统——内部外包组织

如果说海尔是把物流作为降低成本的机器，美的集团则把物流作为一个赚钱机器。2000年1月美的集团成立了安得物流公司，把物流业务剥离出来。安得物流公司作为美的集团一个独立的事业部，成为美的其他产品事业部的第三方物流公司，一方面能为美的生产、制造、销售提供最快捷的物流服务，同时也作为专业物流公司向外发展业务。美的的其他事业部可以使用安得物流，也可以选择其他的物流公司。

3. 伊莱克斯物流系统——战术外包组织

伊莱克斯将物流完全外包给第三方物流企业，第三方物流商为他们提供整个或部分供应链的物流服务，以获取一定的利润。1995年，伊莱克斯合资组建伊莱克斯中意电冰箱有限公司时，明确了责任分工，伊莱克斯只负责产品生产，而中意冰箱厂全权负责产品的销售与售后服务工作。随后，伊莱克斯又将物流外包给了专业的物流公司。目前伊莱克斯将物流交由包括宝供物流企业集团在内的三家物流公司负责。

4. 宝供物流系统——战术外包组织

战术外包组织最典型的案例当推广州宝供物流和美国宝洁中国公司的物流合作。

1993年，进入中国的美国宝洁公司把其在中国市场的物流业务交给宝供物流的货物转运站。全世界最大的日用消费品生产企业的加盟促使宝供的物流服务迅速登上了一个国际水准的高台阶。按照宝洁物流业务的要求，凭借自身多年的市场经验，宝供物流制定了与之业务特点相匹配的严格流程管理制度和规范化操作规程，在国内物流业中第一个全面推行GMP质量保证体系，从而成功地使自己成为宝洁庞大的产业链的一段链条。目前，宝供为宝洁公司提供的服务领域已经从储运延伸到原料质检、库存查询、库存补充及各种形式的流通加工服务、提供运输方案和各种配套服务等，构筑起覆盖中国并已跻身于国际市场的物流运作网络。

5. 安泰达物流系统——战略外包组织

安泰达物流公司是由冰箱行业领头企业科龙集团、物流巨头中远集团（COSCO）以及洗衣机行业龙头企业小天鹅共同联手打造的家电物流平台，其中中远集团投资占股60%，科龙和小天鹅各投资占股20%。三方组建物流公司的目的在于：对科龙、小天鹅的产品供应链进行一体化改造，将物流业务从两家企业的主体业务中剥离出去，最大限度地降低物流成本，并使科龙、小天鹅集中精力进行技术开发和市场开发，以提升企业的核心竞争力。安泰达物流公司组建运行后，全面接管了科龙集团在顺德的成品库和全国47个中转库的库存管理和所有的全国干线配送服务，并接管了小天鹅在无锡的成品库和全国干线配送业务，但是安泰达物流公司并没有做固定资产的再投入，而是组建了一支专业的物流信息系统研发团队。在物流信息平台的强力支撑下，以整体解决方案提供商的方式为科龙等家电企业提供物流服务。

2.2 物流系统组织选择的影响因素

根据物流组织是否跨越了企业边界，物流系统组织可以划分为自营物流组织和外包物流组织两大类，而自营物流组织可以进一步划分为：直线式物流组织、参谋式物流组织、事业部物流组织、矩阵式物流、组织自营物流组织等。外包物流组织又可以分为：内部外包组织、业务外购组织、战术外包组织、战略外包组织等。面对众多的物流组织形式，企业根据何种因素或标准来作出选择是一个非常值得研究和关注的问题。根据相关资料的整理，当前影响物流系统组织形式选择的因素大致可以分为三大类。

2.2.1 竞争战略因素

物流业务对于企业核心竞争力构筑的重要性程度是委托方在物流自营与外包组织策略选择决策时考虑的首要因素。从核心竞争力的内涵和特征出发，物流业务的竞争战略因素可以从“独特性、关键性、价值优越性”三个决策维度来考察：

（1）独特性。即该物流业务是否能够使委托方区别于竞争对手，具有较强的不可替代性和难以模仿性。从这一维度出发，物流业务或系统可以划分为独特和非独特两大类业务类型。

（2）关键性。即该物流业务在企业竞争战略中的地位和重要程度如何。按照这一标准，物流业务可以进一步划分为关键业务和一般业务两类。

（3）价值优越性。即该物流业务能否帮助委托方构筑竞争优势，使其在成本或服务方面比竞争对手更为有利。

2.2.2　经济因素

除应考虑竞争战略因素外，企业是否具备该物流业务要求的设施资源、与该业务成功运作相匹配的管理能力，以及是否达到业务规模效应点等因素，也是委托方在合理选择物流组织策略时必须考虑的因素。

（1）内部规模效应因素。即委托方内部物流业务是否达到临界规模点。一般而言，在达到临界规模前，委托方的物流成本较高。随着物流业务规模的扩展，委托方的物流成本随之下降，而在达到临界点后，规模经济效应不再有明显变化。

（2）外部规模效应因素。即委托方物流设施等资产的专用性程度。一般而言，资产的专用性程度越低，委托方物流业务的外部规模效应越显著。

（3）物流管理能力因素。即委托方对相关物流业务管理能力的强弱程度，以及自身不拥有资产或者拥有不足够资产时，能够通过自己的管理能力，以高效率、低成本整合社会资源的能力。

（4）设施或资金能力因素。即委托方是否拥有物流业务运作所需要的足够设施、资金等资源能力。

2.2.3　技术因素

业务成熟度和业务关联度是确定委托方物流组织策略的主要技术性影响因素。

业务成熟度是指物流业务的市场化程度，物流业务成熟度越高，越有利于外包。从市场化运作的角度来看，成熟的物流业务类型应该具备：

（1）业务目标和特征能够被清晰、完整地描述，并通过完善的合同得到规范。

（2）业务内容及所需技术发展相对成熟，呈标准化、模块化状态，具有通用性。

（3）市场上存在相当数量具有较强竞争力的、提供同类业务服务的专业物流企业。

业务关联度是指物流业务与企业内部的其他业务过程，尤其是核心业务过程之间相关程度的高低。业务关联程度的高低反映了委托方采取物流外包组织策略时，所承受风险程度的高低。通常而言，若物流业务关联度较高，则采用外包组织策略时，风险往往较大。

案例分析　长桥物流药品直供配送服务模式

将药品配送直供至病房？这或许是一个不可思议的问题，因为国内医药配送能够做到这样末端环节的案例较为鲜见。然而，长桥物流与药业、医院的合作，却实现了将医药配送变“到医院”为“进病房”的梦想，成为医药配送行业的佼佼者。上海长桥物流有限公司同世界500强企业——美资BT药业自2006年起战略合作，在长桥基地建立该企业华东地区配送中心。2008 年 4 月，长桥物流公司在为 BT 药业提供药品全过程仓储物流服务的基础上，根据客户需要，把药品配送服务延伸到医院内部，为上海某三甲医院提供医院内的输液药品仓库管理和配送服务，将输液药品从医院仓库配送至各个医疗病区、医院输液配置中心，以及将相关药品从医院输液配置中心配送至各个医疗病区的全天候配送服务。这种创新的物流服务模式，降低了医药供应链的物流成本，确保了医院药品送达的安全、及时、准确，延伸了长桥的供应链物流服务，获得医疗用品企业、医院、物流企业三赢。

1. 公司背景

美资 BT 药业是一家全球性多样化经营的医疗用品公司，致力于开发、生产和销售治疗血友病、免疫系统疾病、传染病、癌症、肾科疾病，以及深度创伤等复杂重症的产品。20 世纪 80 年代，该企业进入中国，是最早进入中国医疗市场的大型跨国公司之一。上海为该公司中国的总部，该公司在北京、广州、杭州、南京、天津等 9 个城市设有办事处，还在上海、苏州、广州、天津建立了 5 家大规模的合资及独资工厂。2006 年年初，BT 亚太地区总部迁至上海，并宣布将在中国逐步投资 6000 万美元，扩大中国四家工厂的产能，以满足中国市场对药物输注、肾科、肠外营养等方面产品的需求。为此，该公司原有的物流供应商已不能满足业务发展的需要。

2006 年 3 月，BT 确定要重新选择一家地区配送中心级别（RDC）的仓储物流服务供应商，以合理控制物流成本，改善和提高目前上海地区配送中心的管理质量与运作效率，提高最终市场客户的产品可得率和及时率。于是，决定采取招投标方式来确定上海地区配送中心仓储服务项目的实施。长桥物流得知这个信息后，决定参与这个项目的竞标。当时，长桥物流的主要竞争对手是世界知名物流企业——DHL。长桥物流通过前期充分地研究 BT 的招标文件和相关背景资料以及该企业药品仓储业务的详尽需求，设计了一套与 BT 品牌相适应的具备国际化标准和国际化水平，同时适应本地化运作的物流管理方案。长桥物流向该公司承诺：将其华东地区配送中心仓储服务项目作为公司的重点项目，以使客户能够更好地控制物流管理成本，并持续支持客户业务不断扩张的供应商管理的需要，在激烈的竞争中，最终长桥物流脱颖而出，赢得了 BT 的信任，成为这个世界 500 强的医疗用品企业的物流供应商。

2. 长桥医药配送的传统模式

BT 公司要求长桥物流作为其华东地区的 RDC，提供自月台收货至月台发货止的全过程仓储物流服务。项目涉及货物入库、上架、库存管理、贴标、再包装、盖隐形章、打包、拣货、配货、发货等过程。

(1) 所有货物入库后的状态均为“待检”，且必须放在“待检区”中，待接收到该批货物的《检验报告》及《放行通知单》后，再将货物转移到专门的“成品合格区”中，凭《检验报告》严格地按批号管理货物。

(2) 约 50%的进口货物必须进行拆箱贴标，且标签数量严格控制，如贴标完成后标签多余或短缺，都必须返工。

(3) 部分发往特定客户的货物必须遵循严格的程序进行换包打包。

（4）每种产品都有9种状态，分别代表置留、包装受损、待检、贴标、退货、过可发期、销毁品、过期品等，必须根据不同情况进行随时更改。

（5）必须遵守药品管理GMP规范，如严格的温湿度控制、虫害控制、批号控制、成品检验、状态控制、运作区域的物理划分等。

长桥物流在对项目要求及特点充分调研的基础上，制订出了详尽的SOP，并向客户作出了以下关键绩效指标（Key Performance Indication，KPI）承诺：

①库存准确率达100%；

②出入库及时率达100%；

③出入库准确率达100%；

④产品破损率小于0.005%（产品破损率=当月破损产品箱数÷当月入库箱数×100%）；

⑤托盘破损比率小于0.005%（托盘破损比率=当月破损需维修或报废托盘数÷当月入库托盘数×100%）；

⑥SOP执行率100%。

除了常规运作外，长桥物流在作业现场架设了无线AP—RF—BARCODE的作业环境，以无线射频终端RF指导仓管人员处理入库、上架、查询、盘点、移仓等作业；整理出严格的区域规划库位安排策略，由系统通过RF设备发出指令实时准确的完成入库、上架动作；梳理出库订单的数据规则，拟定波次（Wave）拣货标准和原则，以拟定的策略原则指导出库；盘点根据有动必对原则，每天安排循环盘点，每月提交全面盘点报表，盘点以现场盲盘为唯一方法；及时准确地以电子或纸面方式进行数据交换，完成相关单证的交接流程。同时，长桥物流公司在每月10日向BT提交KPI报告。总之，所有运作项目组都依照SOP严格执行，以确保项目在受控状态下进行。运作两年多来，最高月库存近6000托（折合25万箱，共699万件单品）；每天吞吐量平均2万箱（共60万件单品），最高吞吐量峰值为1600托（折合6万箱，共170万件单品），各项KPI指标均符合既定目标。

3. 长桥医药配送的模式创新

随着BT业务发展，该公司的葡萄糖、生理盐水等大量输液产品在上海地区总体市场占有率接近90%。其服务供应对象主要是上海市内各大医院，其中某三级甲等医院，为BT最大的客户之一。BT帮助该医院建立了国内第一个输液产品医院内的配置中心，并探索药品直供的商务模式。

药品直供的关键为医院内库存控制与信息传输，这需要一个专业的第三方物流企业作为必要的支撑。长桥物流经过近1年的对该医院的实地调研，与BT大客户经理和医院的相关领导三方多次沟通，拟订了为该项运作的具体方案。在做好充分准备后，长桥参加了对BT的项目招标，并最终取得了该医院院内药品仓储配送WIN—WIN服务项目的管理运作权。

从2008年4月开始，由长桥物流为BT药业提供该医院内的输液药品仓库的辅助管理、输液药品自医院内仓库至各个医疗病区（含医院输液配置中心）的配送，以及自医院输液配置中心相关药品至各个医疗病区的配送工作。长桥医药直供配送模式的特征如下：

(1) 创新的运营模式

①由外部第三方承担医院内的物流管理职能相关作业流程及交接程序需要三方配合重新梳理；

②配送准确性以及时限性要求非常高（该医院50多个病区分布在医院近13万平方米范围内，配送点分散，距离较远，而且配置中心发出的药品必须在1个小时内送达，仓库配送至病医的药品需要拆零处理等）；

③药品管理有特殊要求，比如，温湿度控制、清洁等；

④信息系统：依据BT、医院、长桥三方所达成的共识，仓储与配送管理的信息系统由长海医院HIS系统支持完成，而相应的物流管理运作系统则需要长桥公司不断完善；

⑤人员配备和成本控制。根据现场调研的配送距离与时效，设定最合理的人员配备方案，以降低成本。

(2) 运作实施流程

该项目在签订商务合同前，合作三方先期将项目的细化的标准作业流程SOP以书面签署形式固化下来，该SOP涉及每一个具体动作和每张单据的操作。长桥物流运用信息化管理技术，将医院原来的手工做账改为预出库、预入库计算机化操作，加强了与医院科室之间的实时互动，保证了药品的快速、准确送达；库存管理由原来的CS（箱数）管理，精确到EA（最小单位件数）管理，库存控制更精细化，实施了隔天配货，改变了原来当天配货的运作方法，使第二天早上的送货时间提前1小时，明显提高了工作效率，并能应对应急配送；实行药品配送的分类置放，方便清点交接，保证药品送达的安全、及时、准确实现了配送零差错；配送效率及质量明显提高，得到了院方的认可。

(3) 应用效果

长桥物流与BT药业、医院的三方合作，创新了物流模式，优化了药品的物流配送，由原先的仓库“到医院”到现在的“进医院”，把供应链管理延伸到医院内部，由物流企业承担医院内部的医药用品管理和配送服务，突破了传统的经营管理模式。通过管理和服务的输出支持医院后勤保障体系的改革，是优化院内药品配送流程的一种新的尝试。结合医院输液配置中心的设置，该项目的运作模式在目前国内医疗系统尚属首例。目前，BT药业也将继续扩大在中国的经营规模，预计今后的运作量将大幅上升，长桥物流公司正在探索进一步拓展同BT药业合作内容，延伸各种物流增值服务，加大合作面，争取与BT中国旗下全国各分公司开展全面合作。

长桥物流医疗用品供应链管理服务项目的运作，体现了增值服务与物流输出服务的延伸，项目的综合收益每年均有大幅的提高，年项目经济收入同比增幅在20%以上。由于该项目的可复制性，为将来引进同类业务打好了坚实的基础。本案例值得第三方物流企业在开展物流服务创新，特别是配送服务创新中予以借鉴。

（资料来源：2011年《中国物流管理优秀案例集》）

思考问题

(1) 长桥物流与 BT 药业、医院的三方合作，采用的是什么类型的物流系统组织，原因是什么?

(2) 上海长桥公司药品直供配送模式有什么特点和优势?

本章习题

(1) 什么是战术外包组织?

(2) 试分析供应链环境下物流系统组织选择的影响因素。

(3) 试阐述供应链环境下物流系统组织的集成性、整体性和规范性。

(4) 举例说明哪些物流业务属于成熟型物流业务，哪些属于非成熟型物流业务?

3 物流系统网络结构的分析与设计

本章重点

- ⊙ 物流网络的含义
- ⊙ 物流节点的概念、功能和分类
- ⊙ 物流系统网络结构的基本形式
- ⊙ 物流网络结构的常见模式
- ⊙ 物流网络规划的内容与影响因素

引导案例 京东商城物流配送网络

京东商城是中国B2C市场最大的3C（3C是指Computer；通信Communication；消费电子产品Consumer electronic）产品购物网站，是中国电子商务领域最受消费者欢迎和最具有影响力的电子商务网站之一。京东商城目前拥有遍及全国各地2500万注册用户，近6000家供应商，在线销售家电、数码通信、电脑、家居百货、服装服饰、母婴、图书、食品等11大类数万个品牌百万种优质商品，日订单处理量超过30万单，网站日均PV超过5000万。2010年，京东商城跃升为中国首家规模超过百亿元的网络零售企业，连续六年增长率均超过200%，现占据中国网络零售市场份额35.6%，连续10个季度蝉联行业头名，已经发展成为年营业额超百亿元的大型购物网站。京东商城能够在几年内跻身于国内B2C市场前列的主要原因要归功于其物流配送网络。

2004—2007年的三年时间内，京东陆续在北京、上海、广州设立物流配送中心，辐射范围内80%均可做到24小时送货上门。2009年3月，京东网上商城斥资2000万元人民币成立了上海圆迈快递公司，上海及华东地区乃至全国的物流配送速度、服务质量得以全面提升。2009年，京东网上商城陆续在天津、苏州、杭州、济南等23座重点城市建立了城市配送站，最终，配送网络将覆盖全国200座城市，均由自建快递公司提供物流配送、货到付款、移动POS刷卡、上门取换件等服务。此外，京、沪、粤三地仓储中心也已扩容至8万平方米，仓储吞吐量全面提升。目前，分布在华北、华东、华南的三大物流中心覆盖了全国各大城市。随着互联网应用的深入，京东业务阵营已经扩展到二级城市或三级城市。由于二级城市的利润不足以维持物流中心的运营，因此在北京、上海、广州三座城市之外的其他城市，京东和当地的快递公司合作，完成产品的配送。在配送大件商品时，京东选择与厂商合作。因为厂商在各个城市均建有自己的售后服务网点，并且有自己的物流配送合作伙伴，比如海尔在太原就有自己的仓库和合作的物流公司。

3.1 物流系统网络概述

3.1.1 物流系统网络的定义及构成要素

物流系统网络，是物流系统的空间网络结构，是指货物从供应地到需求地的整个流通渠道的结构。从图论的角度看，可以将物流系统网络结构抽象为点和线以及它们之间的联系所构成的网络。随着互联网、电子商务、物联网等信息技术的发展以及交通运输条件的改善，物流系统网络中的节点企业超越了空间的限制，通过在业务上加强合作，共同加速物流、信息流和资金流的协同运作，为各个节点企业创造更多效益，因此物流系统网络具有层次性、多级性、动态性以及跨地域性等特点。

物流系统网络，是物流活动的载体，由厂商、客户、物流节点、运输线路、信息系统和网络组织管理等要素构成，而最主要构成要素是物流节点及运输线路。

3.1.2 物流节点

物流节点是物流系统中货物运往最终消费者过程中临时停靠的地方，如制造商、供应商、仓库、配送中心、零售商等。所有的物流活动都是在运输线路和物流节点上进行的，运输线路上进行的运输活动是物流的主要功能要素。物流功能要素中的其他要素，如仓储、配货、包装、装卸、分货、集货、流通加工等，则是在物流节点上完成的。因此，物流节点是物流系统的重要组成部分，物流效率的发挥依赖于物流节点的位置和功能配置。

物流节点对优化整个物流网络起着重要作用，现代物流系统中的物流节点不仅执行一般的物流职能，而且还越来越多地执行协调管理、调度和信息等职能。因此，有时物流节点也被称为物流据点、物流中枢或物流枢纽。

1. 物流节点的功能

（1）物流处理功能。物流节点是物流系统的重要组成部分，是仓储保管、物流集疏、流通加工、配送、包装等活动的基地和载体，是完成各种物流功能、提供物流服务的重要场所。

（2）衔接功能。物流节点不仅将各条物流线路连接成一个系统，使各条线路通过物流节点形成相互贯通的网络，而且将各种活动有效地联系起来，使各种物流活动通过物流节点的整合实现无缝链接。

物流节点的衔接作用表现在：

①通过物流节点将不同运输方式或同一运输方式连接起来，通过多式联运，实现集疏运输与干线运输、干线运输与干线运输的衔接；

②通过物流节点将运输、仓储、加工、搬运、包装等物流功能联系起来，实现物流作业一体化。

（3）信息功能。物流节点是整个物流系统物流信息收集、处理、传递的集中地。

在现代物流系统中，每一个物流节点都是一个物流信息节点，若干个这种类型的信息点和物流信息中心结合起来，便形成了能指挥、调控、管理、调度整个物流系统的信息网络。

（4）管理功能。物流系统的管理设施和机构基本集中设置于物流节点之中，物流节点是集管理、调度、信息和物流处理于一体的物流综合设施。整个物流系统有序化、合理化、效率化均取决于物流节点的管理水平。

2. 物流节点的种类

在物流发展历史上产生了若干类型的物流节点，它们在物流过程中起着不同的作用。按物流节点的主要功能不同可分为三类：转运型物流节点、储存型物流节点、流通型物流节点。但需要说明的是，在按照物流节点主要功能进行的分类中，物流节点承担的主要功能并不排斥其具有的其他物流功能。例如，转运型物流节点也具有储存功能，只不过转运是其主要功能罢了。

（1）转运型物流节点。它是以连接不同运输方式或相同运输方式为主要功能的节点，是处于运输线路上的节点，如铁路货站、水运的港口码头、航空空港、公路货站等。一般来说，由于这种节点处于运输线路上，以转换不同运输方式或同一运输方式为主，所以货物在这种节点上的停留时间较短。随着物流服务的快速、准时、低成本的发展趋势，转运型物流节点已成为物流服务目标实现与否的关键因素。因为物流系统的运作是以综合运输体系为依托的，多种运输方式之间的转换往往是在转运节点中进行的。常见的转运型物流节点有：

①公路货运站。它是公路运输线上衔接公路运输进行中转换载的设施。

②铁路货运站。它是铁路运输上衔接两段或多段铁路线进行铁路运输货物中转或换载的设施。

③公铁联运站。它是衔接公路、铁路两种不同运输方式的中转站。这种中转站一般有两种中转方式：汽车实行集货，由铁路完成大量运输；铁路运输到站后，由汽车完成小批量配送。

④港口。衔接两种水运方式或同一种水运方式，对水运货物进行重组的转运站，有海运—内河航运转运、海运—海运转运及内河航运—内河航运转运三种转运方式。其实现方法有 3 种：利用码头卸货、重组再重新装船，实现转运；在港湾中两船直接靠接转运；利用港湾船从一船卸货再装至另一船或几船上。

⑤水陆联运站。它是衔接水运及陆运的转运站。货物转运通过码头进行装卸和货物重组，实现陆运与水运的转换。

⑥空运转运站。它是衔接两种空中航线或衔接空运与其他运输方式的转运站，以后者为主要形式，一般称为空港。

⑦综合转运站。它是衔接两种以上运输方式，且结构复杂、功能完善的转运站。

（2）储存型物流节点。它是以存放货物为主要职能的节点，货物在这种节点停滞时间较长。在物流系统中，储备仓库、营业仓库、中转仓库、货栈等都是属于此种类型的节点。尽管不少发达国家的仓库职能在近代发生了大幅度的变化，一大部分仓库转化成不以储备为主要职能的流通仓库甚至流通中心。但是任何一个国家，为了保证社会经济的正常运行、企业经营的正常开展、市场的正常流转，仓库的储备职能将仍然存在。

仓库有多种类型，按照不同的分类方法可有不同的分类。

按照使用对象和权限分类：

①自备仓库。②营业仓库。③公共仓库。

按照所属的职能分类：

①生产仓库。②流通仓库。③储备仓库。

按照结构和构造分类：

①平房仓库。②楼房仓库（楼库）。③高层货架仓库。④罐式仓库。

按照技术处理方式和保管方式分类：

①普通仓库。②冷藏仓库。③恒温仓库。④露天仓库。⑤水上仓库。⑥危险品仓库。⑦散装仓库。⑧地下仓库。

（3）流通型物流节点

流通型物流节点是以组织物流快速流转为主要职能的物流节点。主要形式有：

①流通仓库。它是除了储存功能以外，具有更强的组织货物流通能力的仓库。它和一般仓库的主要不同之处在于：

仓库的位置不同：普通仓库往往位于地价较低的偏远地区，而流通仓库则为了实现货物的快速流转，它往往选址于交通环境条件较好地区；

仓库相对的吞吐能力不同：普通仓库中货物往往长期存放，周转速度较慢。而流通仓库中货物的周转速度较快，货物相对停滞的时间较短；

仓库内部构造及机械装备不同：普通仓库内部规划是以存货场地为主，作业机械较少；流通仓库中进出货及理货工作所占面积相对较大，库内机械设备数量多，运行频率高，通道面积比例大。

②集货中心。它是将一定范围内分散的、小批量的，但总数量较大的货物集中起来，以便进行大批量处理或大批量运输的物流节点。

③分货中心。分货中心是将集中到达的大批量货物进行处理，以满足小批量、多频次物流需求的场所。

④加工中心。它的主要职能是进行流通加工。

⑤配送中心。它是以组织配送性销售或供应，执行实物配送为主要职能的物流节点。

⑥物流中心。物流中心通常是指综合性的物流场所，它可以具备配送中心的功能，又可以具有货物运输中转功能。

⑦物流园区。物流园区是指多个物流（配送）中心在空间上集中布局的场所或指社会物流企业共同使用的物流空间场所，它具有较大规模和综合服务功能的物流集结点，是社会化的公共物流园区，是多种运输方式汇集、物流产业积聚发展的大型物流转运枢纽。

小贴士

物流节点城市

物流节点城市分为全国性物流节点城市、区域性物流节点城市和地区性物流节点城市。全国性和区域性物流节点城市由国家确定，地区性物流节点城市由地方确定。根据我国物流业调整和振兴计划，全国性物流节点城市包括：北京、天津、沈阳、大连、青岛、济南、上海、南京、宁波、杭州、厦门、广州、深圳、郑州、武汉、重庆、成都、南宁、西安、兰州、乌鲁木齐共21个城市。区域性物流节点城市包括：哈尔滨、长春、包头、呼和浩特、石家庄、唐山、太原、合肥、福州、南昌、长沙、昆明、贵阳、海口、西宁、银川、拉萨共17个城市。

3.2 物流网络结构的基本形式

不同的企业需要不同的物流网络结构。将货物从供应地运送到需求地可采用三种基本的物流网络形式，一种是直送形式，一种是经过物流枢纽节点的中转形式，还有一种是回路运输形式。物流网络的其他形式都可视为这三种基本形式的组合或变形，如图3－1所示。

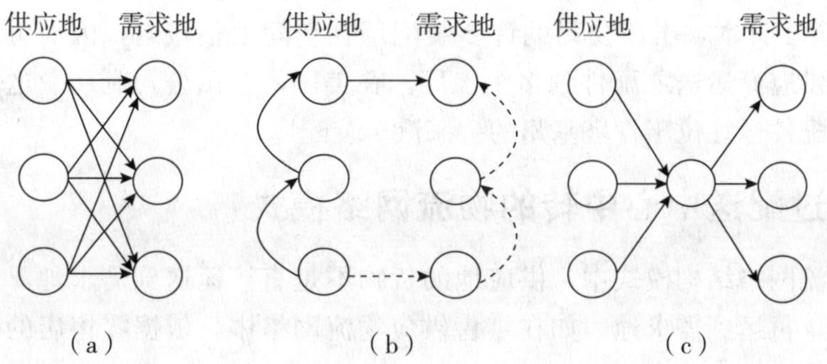

图3－1 物流网络的三种典型结构

图3－1中，(a) 为直送模式，即从一个供应地直送到一个或多个需求地。在直送网络结构中，所有货物都直接从供应地运达到货物需求地。每一次运输的线路是指定的，管理人员只需决定运输的数量并选择运输方式。

直送网络的主要优势在于环节少，无须中转节点，减少物流枢纽节点的建设运营成本，而且在操作和协调上简单易行，效率可能比较高。由于这种运输的规划是局部的，一次运输决策不影响别的货物的运输。同时，由于每次货物的运输都是直接的，因此，总的来说，从供应地到需求地的运输时间较短。缺点是：要求每次运输达到满载，否则会导致较高的运输费用，并且辐射区域较小。要进行这样的决策，物流管理人员必须在运输费用和库存费用之间进行权衡。

(b) 为回路运输模式，即从一个供应地提取的货物连续运送到多个需求地，或从多个供应地连续收集货物后送至一个需求地。这种运送的线路称为“送奶路线”（milk run）网络结构。

（c）为中转模式，即多个供应地通过物流节点中转处理后配送到多个需求地。这是一种可以普遍应用于经济活动的集成物流模式。

3.3 物流网络结构的常见模式

3.3.1 利用“送奶路线”的直送网络结构模式

这种网络结构模式是通过一辆卡车（或其他运输工具）把一个供应地的货物直接向多个需求地运送，或者由一辆卡车从多个供应地装载一个需求地的货物，再直接运送，一旦选择这种物流网络模式，管理者就必须对每条“送奶路线”进行规划。

直接运送具有无须中转仓库的好处，而且“送奶路线”通过多个供应商或零售商的货物装载在一辆卡车上的联合运输降低了运输成本。例如，由于每家零售店的库存补给规模较小，这就要求使用非满载方式进行直接运送，而“送奶路线”使多家零售店的货物运送可以装载于同一辆卡车上进行，从而更好地利用车辆的装载能力，降低了运输成本。如果有规律地进行经常性、小规模的运送，而且多个供应商或零售店在空间上非常接近，“送奶路线”的使用将显著地降低成本。丰田公司利用“送奶路线”运输来实施JIT 制造系统。在日本，丰田公司的许多装配厂在空间上很接近，因而可以使用“送奶路线”从单个供应商运送零配件到多个工厂。在美国，丰田公司利用“送奶路线”将多个供应商的零配件运往位于肯塔基州的一家汽车装配厂。

3.3.2 通过配送中心中转的物流网络模式

在这种物流网络结构模式中，供应地的货物不是直接运送到需求地，而是先运到配送中心中转后，再运到需求地。如在零售供应物流网络中，依据零售店的空间位置将零售店划分成几个区域，并在每个区域建立一个配送中心。供应商将货物送至相应的配送中心，然后由配送中心进行分拣后选择合适的运输方式，再将货物送到零售店。这种物流网络模式中，其核心集中表现在：收集（collection）、交换（exchange）和发送（delivery），简称 CED 模式。配送中心是供应地与需求地之间运输的中间环节，它发挥两种不同的作用：一方面进行货物库存保管与分拣，另一方面则起着各种运输方式转换与货物交换的作用。利用这些特点，配送中心有利于整个物流网络的成本耗费。通过配送中心中转的物流网络模式适用于运输的规模经济要求大批量地进货，而需求地的需求量又偏少的情况。

3.3.3 通过配送中心使用“送奶路线”的物流网络模式

通过配送中心使用“送奶路线”配送与集货的物流网络模式适用于大批量供应，而每个需求地的要货规模较小的情况。目前，生鲜食品送货到居民、B2C 电子商务配送，就是采用通过配送中心使用“送奶路线”配送与集货的物流网络模式。

3.3.4 多枢纽的 LD-CED 物流网络模式

多枢纽的 LD-CED 物流网络模式，就是“物流中心+配送中心”网络结构，通过多级枢纽节点进行货物运送，实现物流规模化处理，降低成本。目前，许多大型工业制造企业的销售与物流网络就是采用多枢纽 LD-CED 物流网络模式。

3.3.5 轴辐式物流网络模式

以上的物流系统网络结构有一个共同的缺点是没有考虑双向运输和回程空载率问题。因此，随着物流系统的不断发展，又产生了轴辐式物流网络模式，主要有以下几个典型结构：①单一枢纽站纯轴辐式网络模式，即 Hub-and-Spoke 网络结构，适用于具有一定规模经济的网络，是干线运输与地方支线运输相结合的网络。单一枢纽站纯轴辐式网络模式特点是支线站点可以同时进行收货和发货，并与转运枢纽站连接。②单一枢纽站复合轴辐网络模式。货物运输可以直接由发送站点运至收货站点，而不通过枢纽站转运。③多枢纽单一分派轴辐式网络模式。多枢纽单一分派轴辐式网络模式中，收发货站点只与其中一个枢纽站点连接。④多枢纽多分派轴辐式网络模式。多枢纽多分派轴辐式网络模式中，收发货站点可以与多个枢纽站点连接，运作灵活，但管理复杂度高。

3.4 物流系统网络的设计原则

为了达到物流网络系统节约社会资源，提高物流效率的目标，在进行物流网络构建时一般要遵循如下原则。

(1) 按经济区域建立网络。物流网络系统的构建必须既要考虑经济效益，也要考虑社会效益。考虑经济效益就是要通过建立物流网络降低综合物流成本，考虑社会效益是指物流网络系统要有利于社会经济发展和资源的节约。在一个经济区域内，各个地区或企业之间经济上的关联性和互补性往往会比较大，经济活动比较频繁，物流规模总量较大，物流成本占整个经济成本的比重就大。因此，在经济关联性较大的经济区域建立物流网络非常必要，要从整个经济区域的发展来考虑构建区域物流网络。

(2) 以城市为中心布局网络。作为厂商和客户的集聚点，城市基础节点建设和相关配套支持比较完备，可以作为物流网络布局的重点，可有效地发挥节省投资和提高效益的作用。因此，在宏观上进行物流网络布局时，要考虑物流网络覆盖经济区域的城市，把它们作为重要的物流节点；在微观上进行物流网络布局时，要考虑把中心城市作为依托，充分发挥中心城市的现有的物流功能。

(3) 以厂商集聚形成网络。经济集聚是现代经济发展的重要特征，厂商集聚不仅降低运营成本，而且将形成巨大的物流市场。物流作为一种实体经济活动，与商流存在明显区别。物流活动对地域、基础节点等依赖性很强，因此，在进行物流网络构建时，需要在厂商集聚地建设物流网络的重要节点，很多企业更是把生产基地设立在物流网络的中心。

(4) 建设信息化的物流网络。物流信息系统作为物流网络的一个重要组成部分，发挥着非常重要的作用。物流网络的要素不仅是指物流中心、仓库、公路、铁路等有形的硬件，因为这些硬件只是保证物流活动能够实现，而不能保证高效率。物流信息系统通过搭建物流网络信息平台，物流信息的及时共享，以及对物流活动的实时控制，能够大大提高物流网络的整体效率。

3.5 物流系统网络规划的影响因素

(1) 市场需求。市场需求增长会要求建造新的仓库或工厂及物流设施，市场需求减慢或萎缩的地区会关闭某些物流设施。

(2) 客户服务。客户服务包括：存货可得率、送货速度、订单履约的速度以及准确性等。如果客户服务水平发生很大的变化，企业物流战略将会调整，物流系统网络也需要重新规划。

(3) 产品特征。产品的重量、数量、体积、价值等发生变化可能会形成新的物流成本平衡点，需重新规划物流网络。

(4) 物流成本。不同区域，如发达城市与农村、东部沿海地区与与西部地区，物流基础设施建设以及物流运作成本是不同的，因此会直接影响物流系统网络规划与建设。物流成本在企业运营成本中的比例也会影响物流系统网络规划。

(5) 价格策略。定价策略会决定卖方/买方是否愿意承担某些物流活动的责任，如运输、仓储等费用的定价策略会在物流系统网络规划中体现，影响物流系统网络的优化。

案例分析　浙江传化公路物流港

传化集团是中国知名的多元化民营企业集团，主要业务领域覆盖化工、物流、农业和投资。2008 年，传化集团实现工业和服务业总收入 141.6 亿元，利润 22.28 亿元，上缴税收 10.22 亿元，各项业绩均实现了有质量的持续增长；集团位列中国大企业集团竞争力 500 强第 71 位，中国民营企业 500 强第 82 位。

在物流领域，传化经过多年的探索与实践，首创了“公路港”物流模式，被誉为中国物流行业最具价值的商业模式创新。浙江传化物流基地有限公司（以下简称传化物流）是传化集团物流业务的战略实施、投融资管理和运营协调中心，除管理运营首个公路港——萧山基地外，还投资建设了“成都传化物流基地”、“苏州传化物流基地”和“宁波（镇海）国际物流商务信息港”等连锁复制项目，形成了多个现代化综合物流基地协同运营的公路港网络雏形。于 2003 年投入运营的萧山基地，其经济指标每年都保持在 40%左右的增长，2008 年全年实现平台营业总额 35 亿元，上缴税款达 1.4 亿元、各连锁复制项目也将陆续投资运营。在 7 年的创新实践中，传化公路港物流服务平台取得了良好的经济效益和社会效益，公路港商业模式的创新，成就了传化物流在业内的领先地位和深远影响力。

1. 公路物流港发展的背景

(1) 公路物流短板抑制我国现代物流业作用的发挥

公路物流具有机动性强、可实现“门到门”服务的特质，公路货运量约占我国国内物流总货运量的70%以上，因此公路物流在现代物流业中居于主体地位。但我国公路物流业与空运、海运、铁路运输相比，不论是在市场主体还是站场平台建设方面都存在不足。作为我国物流经营主体的广大中小型物流企业，它们在现阶段的总体特征是“数量多、规模小、竞争力弱，产业整体水平低”，传统货运市场是“布局散、秩序乱、环境差，市场信用缺失”；车辆等物流设施设备资源更是呈现无组织化状态。公路物流已经成为我国物流业实现整体提升的主要短板，不足以与空运、海运、铁路运输等构成立体集疏运输系统。国内公路物流与国际物流相比，存在巨大的改善空间。

当前，完善的道路建设已为发展公路物流奠定了良好的基础，但连接和发挥道路通行作用的运输枢纽（节点、站场）的建设还没有及时跟上。相对于网点完善、设施先进的客运站建设而言，以货物运输为主的公路港网络建设，在各大城市中几乎还是空白；所以，提升物流效率的重点由过去的线路建设逐步转向枢纽建设。

(2) 传化物流事业发展需要寻找新的经济增长点

在传化储运公司为传化集团和周边众多企业提供物流服务的过程中，传化发现国内的运输业务有绝大部分是靠公路运输来实现的，而公路运输中的绝大部分是通过两个主体来完成的，一个是中小物流企业，另一个是社会货运车辆。中小物流企业从工商企业得到有货运的“货源”信息，将其提供给社会货运车辆，再由社会货运车辆，将货物运送到目的地。面对着整个中国艰巨的公路运输任务，两大主体却仍处于“散兵游勇”式的经营状态。通过调研，传化得知不只是浙江，整个中国范围内，在城乡结合部分布着大量的以夫妻店形式存在的物流企业。而且社会货运车辆的空载率极高。于是，传化开始考虑开拓出一个新的市场领域，即通过建设一个大型的现代物流平台，实现物流资源的集聚，使两大主体能够在平台内进行组织化、标准化、信息化的运营。这样一个构想缔造了“公路港物流模式”，使得传化物流在新的形势下挖掘了企业发展新的经济增长点。

2. 公路港物流服务平台的运营模式

公路港物流服务平台的建设和运营，就是在明确战略定位、目标和使命下，合理地规划公路港的功能，着力整合物流资源，构建一站式服务，推进“组织化、标准化、信息化”的运营。

(1) 明确公路港的战略定位和使命

传化物流定位于“物流平台整合运营商”是一个“以信息交易为核心、以公路运输为依托、以国内物流为基础”的物流企业集群发展平台。传化认为我国物流的短板在公路，公路物流的短板在枢纽，枢纽的短板在服务平台的构建。解决这一问题的关键是，如何依托道路运输枢纽，整合各类创新资源，为众多中小物流企业和社会车辆搭建一个能帮助他们实现“集约化经营、组织化管理”的创新服务平台。通过拉升公路物流这块短板，促进公、铁、水、空立体的高效协同，促进物流对国民经济推动作用的发挥。传化将“整合社会物流资源，培育专业物流企业，提升行业发展水平，促进社会化分工合作，推动区域经济发展”作为物流事业发展的使命。

(2) 设置合理的公路港功能模块

传化物流在大量的调研和研究中发现，传统站场无法改变行业现状的原因有：第一，各个站场功能设置单一，相互之间协同不足。第二，站点规模小、数量多、分布散，服务能力弱。基于这样的市场现状，传化物流开发了平台“6＋1”功能模式。通过“管理服务、信息交易、运输、仓储、配送、零担快运”六大中心及完善的配套服务功能模块，并最终形成专业化运营的公路港物流服务平台。

传化物流在建立“6＋1”功能模式的基础上，在连锁复制过程中还依据当地物流业发展的具体情况，对“公路港”物流平台标准功能模块进行重新组合，设计了“基本功能＋延伸功能”的创新性模板。如在苏州传化物流基地规划中，根据物流基地布局在京杭大运河沿线的特征，针对性设计了“公水联运中心”，有效地推动了公水联运业务的开展，在成都基地新开辟了“展示展销中心”功能，加强了物流与商贸互动。

(3) 公路港信息化支撑体系

传化物流的商业模式是以信息交易功能为核心的规模大、功能全的综合性物流平台模式。传化物流基地的信息交易中心，就是一个物流信息快速交易的超市。在信息化建设上传化物流信息化建设支撑体系主要由“物流交易管理系统、物流企业管理系统、运营管理系统”构成。

物流交易管理系统促进平台内资源有效衔接。物流交易管理系统是根据物流基地运作模式和主要业务形态，搭建为物流企业与工矿企业、物流企业与物流企业、物流企业与运营车辆、物流企业运作过程服务的物流信息电子服务平台。主要包含“信息交易、商务服务、金融服务”三项内容。

通过“信息交易模块”实现物流企业和社会车辆两大核心资源的有效协同。其中，车货信息实时交易系统，实现了货源及车源信息实时一体化交易管理；异地交易预约系统，通过交易平台，实现了异地车辆和3PL间的预约交易，同时还实现了异地车辆和3PL间的业务流、信息流、资金流等信息交互的高效处理；物流代理交易系统，实现了公路物流企业间的合作，促进了多式联运的发展；交易评价系统，实现了物流诚信体系的建设，并进行数据积累。

通过“商务服务模块”实现平台核心客户与工矿企业衔接。其中物流企业与工矿企业信息合作系统，实现了相互间物流信息和交易信息电子化处理；电子招投标管理系统为物流企业和工矿企业搭建了一个业务洽谈的平台，工矿企业可通过平台发布物流招标信息，并促成招投标；其他电子商务网站合作系统，通过与物流电子商务网站建立接口，获取相关的物流信息并进行发布，供物流企业匹配。

通过“金融服务模块”为交易的物流企业、工矿企业、司机提供保险管理业务，传化物流银行卡业务服务；可选择的第三方支付管理系统，实现在线支付管理的服务功能；同时，为资金短缺的物流企业提供短期融资管理服务。

(4) 整合集聚公路港运营的市场资源

传化通过对传统货运场站的大量调研，在客观把握中国物流业发展状况的基础上，提出将“物流服务（中小物流企业）、物流设施设备（社会车辆）、物流需求（货物信息）”三大资源作为公路港平台整合的对象。

①整合集聚中小物流企业资源。中小物流企业是物流市场的主体，平台的资源集聚重点就是这些提供物流服务的中小物流企业的集聚。在公路港内除重点集聚以公路物流业务为主的“干线运输、货代、零担快运、城市配送、快递、仓库”等业务为主的企业以外，还应适当引进水路运输、铁路运输、航空货代企业，以及仓储服务，以形成分工合作。这些资源的集聚，使得物流园区内的物流企业在相互合作的基础上实现为社会提供全方位的物流服务功能。

②整合集聚物流设施设备资源：在物流的设施和设备资源的集聚方面，除建设专业化仓库，引进先进的信息设备、装卸设备、搬运设备以外，其中最为核心的是整合社会车辆资源。我国各项物流资源相当丰富，尤其是货运车辆资源，其总量在 800 万～1000 万辆，关键是要解决如何整合，如何组织化管理的问题。传化物流萧山基地，已经整合社会车辆超过 40 万辆，现在平均吸引社会运输车辆达 3000 余辆/日。

③整合集聚货物信息资源。进港的物流企业，需要通过资源的协偶运作，服务当地及周边地区的工业企业和商贸企业。所以，把物流服务资源集聚并组织起来，是整合物流需求资源的基础，而物流需求资源的集聚，又为吸引物流服务资源的集聚提供了支持。传化物流通过提供招投标代理、传播推荐等方式推动工矿企业物流业务外包，协助进港物流企业整合货物信息资源并形成规模，使得公路港内不同物流企业同一线路上货物资源的整合和运力资源的整合变得非常容易，大大地推进了各种资源间的互补和协同。传化物流萧山基地已经服务于 20000 多家工矿企业，每天整合货源信息超过 5000 条。

(5) 创建公路港连锁复制的标准化体系

传化物流结合行业的发展、经营特点，经过几年的实践，开发了公路港平台从建设到运营的一套标准化体系，改变了传统站场的非标准化运营，采用统一规划、统一管理，实现了基地规划设计、招商隆市、交易方式、服务功能和物业服务等方面全面的专业化、标准化管理。传化物流的标准化主要由“规划建设标准体系”与“运营管理标准体系”两部分构成。

公路港规划建设的标准化体系，主要内容有：公路港的规划布局标准，公路港选址标准，公路港基础设施建设标准，公路港信息化设施建设标准，公路港的配套环境建设标准，公路港电力设施建设标准，公路港供排水建设标准和公路港供热与燃气设施建设标准等。其中，公路港的规划布局标准和选址标准已相对成熟。

公路港运营管理的标准化体系：传化物流基地根据物流平台运营管理经验，依据综合物流园评价指标体系，以有效提升各项水平标准化、规范化为目的，形成了传化物流管理体系。基于公路港单个平台的运营，建立了集“客户管理、财务管理、信息技术管理、安全管理、物业管理、基础管理、旅馆管理”于一体的七大管理体系。公司于 2007 年通过了 ISO 9000 认证、建立了 300 多项标准工作流程。

3. 公路物流港的运营成效

(1) 提升了企业的市场竞争能力

传化物流自1997年成立储运公司至今，经过多年的探索，创造性的建立了公路港物流服务平台。由原先企业的一个辅助业务部门发展形成了传化集团的一个支柱性产业。产值从储运公司1997年的几百万元发展到现在单个萧山基地年产值35亿元。培育形成了一支专业化的公路港建设运营队伍，拥有30多名中高级职称的经营、管理人才，依托传化博士后工作站引进了3名博士后。在公路港信息化方面取得长足发展，已经拥有诚信交易管理系统软件等8项软件著作权。现在浙江传化物流基地有限公司除已运营的萧山基地外，还具备了跨区域连锁发展的能力。

(2) 提升了企业的品牌价值

传化物流自主创新的"公路港"物流模式，以其锐意进取的创新精神和显著的社会效益，得到了行业和政府的广泛认同，被誉为中国物流行业最具价值的商业模式创新，有效提升了传化品牌的价值。公司2007年被评为"国家5A级综合服务型物流企业"、名列"中国物流企业50强"第16位；2008年被授予"最佳物流平台模式创新企业"、"中国物流改革开放30年旗帜企业"。在传化物流的品牌影响力提升的基础上，提升了传化集团的品牌价值。2008年传化集团位列"中国500最具价值品牌"97位，品牌价值70.19亿元，成为中国驰名商标、中国名牌。2009年成为浙江省"部省共建"项目重点扶持示范物流园区，并参与了《物流园区分类与基本要求》、《社会物流统计指标体系》等国家标准的制定。

(3) 促进了城市和区域经济发展

通过公路港的建设与运营，不仅提升了企业自身的竞争力与发展后劲，同时该平台还在孵化和培育物流企业、推动物流业与制造业联动发展、改善运输市场环境、促进城市和区域经济发展等方面起到了显著的促进作用。

传化公路港的建设与运营，促进了地方财政收入的持续增长。以萧山基地为例，自2003年起，公路港物流服务平台持续不断为地方创造税收。上缴地方税收从2003年的3000万元提升到2008年的14亿元。随着公路港物流服务平台连锁复制战略推进，将为更多地区创造财政收入。

传化公路港的建设与运营，可提供大量的就业机会。例如，萧山基地入驻480余家物流企业，为当地富余劳动力扩充了500多个就业岗位。成都基地内入驻1200余家物流企业及其他配套服务企业，可为当地富余劳动力新增近万个就业机会。

传化公路港的建设与运营，不仅可以有效节约和集约化利用城市土地资源，将传统站场占用的10倍于新型公路港的土地资源置换出来，将大量的物流资源集群到位于城市外围交通枢纽的公路港内，同时也有利于减轻道路、交通、环境、能源的压力，优化城市居住和创业环境，推动城市化建设进程。

(资料来源：2010年《中国物流管理优秀案例集》)

思考问题

（1）传化公路港物流运作模式解决了我国公路运输行业中的哪些问题?

（2）为什么说提升公路物流效率的重点应由过去的线路建设逐步转向枢纽建设?

（3）为什么说传化公路港物流运作模式是可以复制的?

本章习题

（1）试分析存储型物流节点、流通型物流节点、转运型物流节点的不同之处。

（2）物流系统网络的组成要素有哪些?

（3）物流网络基本形式有哪些？各有何特点?

（4）轴辐式物流网络结构有什么优点？快递企业为什么要采用轴辐式网络结构进行系统规划?

4　物流系统选址规划设计

本章重点

- ⊙ 物流节点选址的目标
- ⊙ 物流节点选址问题的分类
- ⊙ 物流节点选址的方法
- ⊙ 物流节点选址决策的影响因素

引导案例　武汉阳逻港选址规划

武汉国际集装箱转运有限公司（WIT）系长江中上游首家由外商控股的中外合资港口企业，位处武汉阳逻港（国家一类开放口岸），现拥有两个5000吨级集装箱专用泊位，是长江中上游第一个按国际标准设计的专业化集装箱码头。阳逻港在选址规划时做了充分的考虑，该址具有得天独厚的优越性。首先，码头前沿江宽1600米，岸线平顺，地质结构稳定，不淤不滞，水深常年保持在7米以上。其次，港区交通便捷，京广、京九铁路连线位于阳逻港以北仅30千米，水铁联运十分便捷；公路运输更是四通八达：由汉施公路直达武汉市区并与106、318国道相通；经武汉绕城公路、阳逻长江大桥，与沪蓉、京珠高速公路一线相连。由于高标准的设计，码头平台在百年一遇洪水期仍高出水面1米，因而码头不会受长江枯水、洪水季节影响，常年可停泊5000吨级船舶和宽身浅底的万吨级船舶，能适应长江集装箱船舶大型化的发展趋势，是长江中游最佳的深水良港。

4.1　物流系统选址基本概念

物流系统选址规划就是确定整个物流系统中所需要的节点数量、地理位置，以及服务对象分配方案。在物流系统选址规划设计中，要协调好节点数量、距离、库存等因素之间的矛盾。

在单个企业的物流网络系统中，物流节点的选址决策影响整个企业物流系统的结构和系统中其他要素的决策，如库存、运输等，同时，系统中其他要素的决策也会影响物流节点的选址决策。因此，物流节点的选址与库存、运输成本之间存在着密切的联系。在供应链环境下，一个企业的物流系统的选址决策往往还要受到供应链中其他企业的影响，供应链系统中核心企业的选址决策会影响到所有供应商的物流系统的选址决策。

4.1.1　物流节点选址规划的目标

（1）成本最小化。成本最小化是物流节点选址决策中最常用的目标，与物流节点选址规划有关的成本主要有运输成本和设施成本，其中运输成本主要受运输数量、运输距离、运输单价的影响，设施成本主要由固定成本、存储成本、搬运成本构成。

（2）物流量最大化。物流量是反映物流节点作业能力的指标。而反映物流量的主要指标是吞吐量和周转量，从投资物流节点来看，这两个指标用来测量物流节点的利用率，物流量越大，效益越高。但从整个物流系统来看，吞吐量与周转量无法适应现代物流的多品种、小批量、高频度的趋势。因此，在物流节点选址决策中，通常是在成本最小化的前提下，考虑物流量最大化。

（3）服务最优化。与物流节点选址决策直接相关的服务指标主要是送货时间、距离、速度和准时率。一般来说，物流节点与客户的距离越近，则送货速度越快，订货周期也越短，准时率也就越高。

（4）发展潜力最大化。由于物流节点投资大，服务时间长，因此在选址时不仅要考虑现有条件的成本、服务等目标，还要考虑将来发展的潜力，包括物流节点扩展的可行性及顾客需求增长的潜力。

（5）综合评价满意。在物流节点选址决策中，仅仅从成本、物流量、服务与发展潜力单一目标考虑可能还不能满足物流系统经营的需要，这时，需要采用多目标决策的方法来综合评价，找到满意的选址结果。

4.1.2　物流节点选址问题的分类

选址模型可以分为相应的类型，不同的类型将建立不同的选址模型，进而选择相应的算法进行求解。一般可将选址问题按下面几种方法分类：

1. 按设施对象划分

不同的物流设施其功能不同，选址时所考虑的因素也不相同；在决定设施选址的因素中，通常某一个因素会比其他因素更重要。如在工厂和仓库选址中，最重要的因素通常是经济因素；在服务设施（零售网点、银行等）选址时，顾客到达的难易程度则可能是首要的选址要素。

2. 设施的维数划分

根据被定位设施的维数，可以分为体选址、面选址、线选址和点选址四种类型。

（1）体选址是用来定位三维物体的，例如卡车和飞机的装卸或箱子外货盘负载的堆垛。

（2）面选址是用来定位二维物体的，例如一个制造企业的部门布置。

（3）线选址是用来定位一维物体的，例如在配送中心分拣区域，分拣工人向传递带按照订单拣选所需要的货品。

（4）点选址是用来定位零维设施的。相对于设施的目标位置区域而言，当设施的尺寸可以忽略不计时，可使用点选址模型。大多数选址问题和选址算法都是基于这种情况的。本章主要介绍的是点选址模型。

3. 按设施的数量划分

根据选址设施的数量，可以将选址问题分为单一设施选址问题和多设施选址问题。单一设施的选址与同时对多个设施选址是截然不同的两个问题。单一设施的选址与同时对多个设施选址，复杂程度是截然不同的。

4. 按选址的离散程度划分

按照选址目标区域的特征，选址问题分为连续选址和离散选址两类。

(1) 连续选址问题是指在一个连续空间内所有点都是可选方案，需要从数量是无限的点中选择其中一个最优的点。这种方法称为连续选址法（Continuous Location Methods），常应用于设施的初步定位问题。

(2) 离散选址问题是指目标选址区域是一个离散的候选位置的集合。候选位置的数量通常是有限的，可能事先已经过合理分析和筛选。这种模型是较切合实际的，称为离散选址法（Discrete Location Methods），常应用于设施的详细选址设计问题。

5. 按能力约束划分

根据选址问题的约束种类，可以分为有能力约束的选址问题和无能力约束的选址问题两种，如果新设施的能力可充分满足客户的需求，那么，选址问题就是无能力约束的设施选址问题；反之，若各设施具有所能够满足需求的上限，就是有能力约束的选址问题。

4.1.3 物流节点选址的方法

近年来，选址理论迅速发展，特别是计算机仿真的应用，促进了物流系统选址的理论发展，对不同选址方案的可行性分析提供了强有力的工具。

物流节点选址的方法大体上有以下两类：

1. 定性分析法

定性分析法，又称专家选择法，是以专家为索取信息的对象，运用专家的知识和经验，考虑选址对象的社会环境和客观背景，直观地对选址对象进行综合分析研究，寻求其特性和发展规律并进行选择的一类选址方法。专家选择法中最常用的有因素评分法和德尔菲法两种。

2. 定量分析法

定量分析法是通过数学模型进行物流节点选址计算的方法。采用这种方法首先根据问题的特征、已知条件以及内在的联系建立数学模型或者是图论模型，然后对模型求解，获得最佳布局方案。采用这种方法的优点是能够得到较为精确的最优解，缺点是对一些复杂问题建立恰当的模型比较困难，因而在实际应用中受到很大的限制。

4.1.4 物流节点选址决策的影响因素

在实际选址决策中，不仅要考虑每个选址方案引起运输成本和库存成本的变化，而且还要考虑多方面的因素，主要分为外部影响因素和内部影响因素。

1. 选址决策的外部影响因素

（1）宏观政治及经济因素：政权稳定、法制健全、税收政策、关税、汇率等。

（2）基础设施及环境：交通运输条件、通信设施；自然环境及社会环境，如劳动力成本、素质等。

（3）竞争对手发展情况：要考虑竞争对手的布局情况。

2. 选址决策的内部影响因素

选址决策中内部影响因素也非常重要，选址决策时要使选择的方案与企业发展战略相适应，与生产产品或提供服务的特征相匹配。例如，对于制造业企业，发展实用性产品还是创新性产品，是企业通过对内外环境和自身优势与劣势进行综合分析得到的企业长远发展战略。企业发展战略会影响物流节点选址，如对于生产实用性产品的制造企业，仓库的选址应靠近生产地，而生产创新性产品的制造企业，产品仓库的选址应靠近市场。

4.2　选址问题的基本理论

4.2.1　杜能的地租出价理论

杜能通过对农业生产布局合理化的研究后认为，任何经济开发活动能够支付的最高地租是产品在市场内的价格与产品运输到市场的成本之差。各种经济活动是根据其支付地租的能力分布在市场周围。那些能够支付最高地租的经济活动将分布在距离城市中心最近的地区，以及主要运输枢纽的周边地带。

4.2.2　韦伯的工业区位论

韦伯工业区位理论认为，工厂企业应选择在原料和成品二者总运费最小的地方。因此，运费的大小主要取决于运输距离和货物重量，即运费是运输物的重量和距离的函数。韦伯工业区位理论发现在工业运营中，原材料在生产过程中重量增减对选址具有重要影响，主要有三种情况：

（1）失重（Weight Losing）。如炼钢：原材料的重量之和大于成品的重量，选址趋向于原材料产地。

（2）增重（Weight Gaining）。如罐装软饮料行业生产，将糖浆运至罐装厂，再与水混合，选址应靠近市场。

（3）既不失重，也不增重。如装配线生产：其成品重量是装配线过程中使用的所有零件重量之和，选址可在原料地和市场之间的任何地点定位。

4.2.3　胡佛的运输区位论

胡佛的运输区位论特别重视运输结构的影响，它认为运输距离、运输方向、运输量以及其他交通运输条件的变化，往往会引起经济活动区位选择的变化，从运输费用的角度分析：在什么情况下企业的最佳区位接近市场；什么情况下接近原料地；什么情况下企业布局在二者的中间地点。胡佛的运输区位论影响物流节点选址，主要体现在以下几个方面：

1. 运费率递减律

胡佛的递减运输费率是指运输费率随着距离的增加而下降。考虑到运输费率随距离的增加而下降，如果运输成本是选址的主要因素，则选址就应在原料产地或市场。胡佛认为，运费最根本的问题是随着距离的增长，运费缓慢的增长，每单位产品运输单位距离（如吨千米）的运输价格与距离增加不按比例增长，而是随着距离的增加而递减，即运费率递减律。形成这个规律的原因是：

（1）与运输结构有关。运费可分为站场费和运行费两部分。站场费包括装卸费、保养维修费、经营管理费、仓库码头费等。运行费包括运输工具的折旧、线路的维修与管理、保险费、运行中的职工工资等。这两部分费用中，站场费大小只与托运货物的体积、重量、站场停放时间等有关，与运输距离无关。不论运输距离长短，从站场费看，运输距离越长，每吨千米分摊的站场费越小，运输距离越短，分摊的站场费越高。而运行费的大小与运输距离成正比。因此，每吨千米的运费随着货物运输距离的增加而相对递减。

（2）运行费也不是严格随着运距的增加而成正比例增长的。如铁路运输中，短途运输要用零担列车装载，沿途大量摘车、挂车，运行效率低。较长距离的大量货运，可用直达专列运输，行车效率高，途中费用也相对较低。

（3）许多国家和地区对长距离运输实行优惠政策，对运输距离越长的货物收费越低，使按吨千米计算的平均运费进一步降低。

2. 发挥各种运输方式的优势

运费率递减律对所有各种运输方式都适用，但在不同的运输方式中，站场费和运行费所占的比重有很大差别。

（1）任何一批货物只要进出站场一次，即使运输距离为零，也要付出同样多的站场费用。

（2）站场费用，水运最大，其次是铁路和公路运输。而运行费用则相反，公路最大，其次是铁路和水运。

（3）每种运输方式都有一定的距离运输优势。公路运输在运输距离短时运费最低，但随着距离的增加，运费增加很快，适合短途运输。铁路适合长途运输，水运适合长距离的大批量的货物运输。在交通运输布局时，要根据当地的运输需要建设运输网，充分发挥各种运输方式的优势。

4.3 物流节点选址的基本程序

一般物流节点选址按照以下步骤进行，如图 4－1 所示。

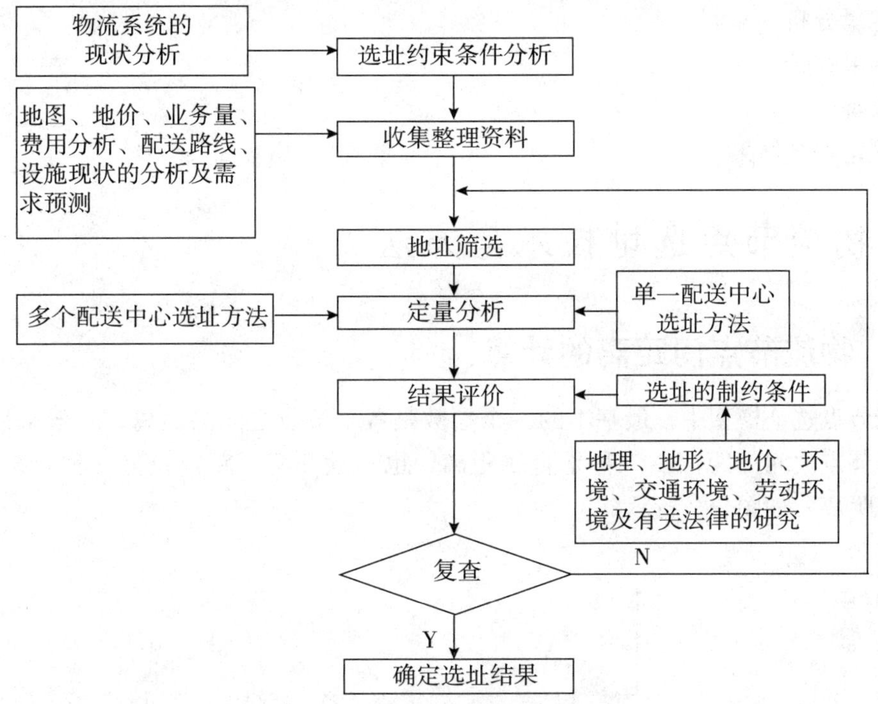

图 4-1 物流节点选址的基本程序

1. 物流设施选址约束条件分析

(1) 需求条件

(2) 运输条件

(3) 配送服务的条件

(4) 用地条件

(5) 法律法规

(6) 流通职能条件

(7) 其他

2. 搜集整理资料

(1) 掌握业务量

①工厂到物流设施之间的运输量

②向顾客配送的货物数量

③物流设施保管的数量

④配送路线上的其他业务量

(2) 掌握费用

①工厂至物流设施之间的运输费

②物流设施到顾客之间的配送费

③与设施、土地有关的费用及人工费、业务费等

3. 地址筛选

4. 定量分析

5. 结果评价

6. 复查

7. 确定选址结果

4.4 物流节点选址技术与方法

4.4.1 物流节点间距离的计算

物流节点选址模型中，最基本的一个参数是各个节点之间的距离。一般采用两种方法来计算节点之间的距离，一种是直线距离，也叫欧几里得距离；另一种是折线距离，也叫城市距离，如图4-2所示。

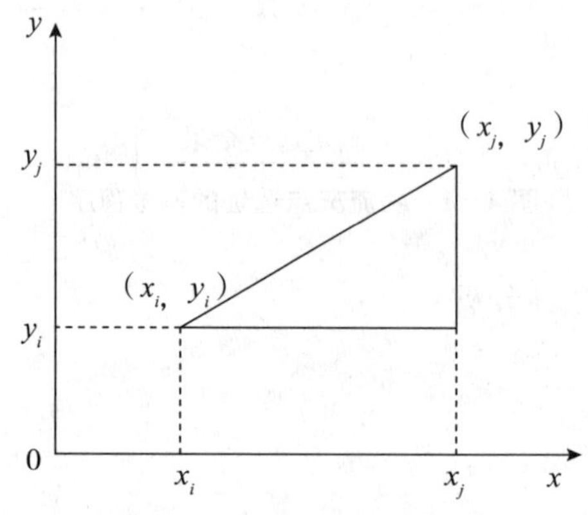

图4-2 直线距离与折线距离

1. 直线距离

当选址区域的范围较大时，节点间的距离常可用直线距离近似代替，或用直线距离乘以一个适当的系数 $\bar{\omega}$ 来近似代替实际距离，如城市间的运输距离、大型物流园区间的间隔距离等都可用直线距离来近似计算。

二维平面区域内两点 (x_i, y_i) 和 (x_j, y_j) 间的直线距离 d_{ij} 的计算公式为：

$$d_{ij} = \bar{\omega}_{ij}\sqrt{(x_i - x_j)^2 + (y_i - y_j)^2}$$

其中，$\bar{\omega}_{ij}$ 称为迂回系数，$\bar{\omega}_{ij} > 0$，一般可取定一个常数，当 $\bar{\omega}_{ij}$ 取为1时，d_{ij} 为平面的几何直线距离。$\bar{\omega}_{ij}$ 取值的大小要视区域内的交通情况，在交通发达地区，$\bar{\omega}_{ij}$ 取的值较小；反之，$\bar{\omega}_{ij}$ 的取值较大。如在美国大陆，$\bar{\omega}_{ij}$ 取1.2，而在南美洲，取1.26。

2. 折线距离

折线距离也称为城市距离，当选址区域的范围较小而且区域内道路较规则时，可用折线距离代替两点间的距离。如城市区的配送问题、具有直线通道的配送中心、工厂及仓库内的布置、物料搬运设备的顺序移动等问题。

折线距离的计算公式如下：

$$d_{ij}=\bar{\omega}_{ij}(|x_i-x_j|+|y_i-y_j|)$$

4.4.2　单个物流节点选址模型

单个物流节点选址是指在规划区域内设置唯一物流设施的选址问题。

1. 交叉中值模型

当节点间距离要求用折线距离计算时，可用如下交叉中值模型进行单节点选址。

（1）问题描述

设有 n 个客户 $P_1,P_2,\cdots,P_n$ 分布在平面上，其坐标分别为 (x_i,y_i)，客户的需求量为 $\bar{\omega}_i$，费用函数为设施与客户之间的城市距离乘以需求量。确定配送服务设施 P_0 的位置 (x_0,y_0)，使总费用（即加权的城市距离和）最小。

（2）建立模型

通过交叉中值的方法可以对单一设施选址问题在平面上的加权城市距离进行最小化，其目标函数为：

$$\min H=\sum_{i=1}^{n}\bar{\omega}_i(|x_i-x_0|+|y_i-y_0|)$$

显然，H 可以分解为两个相互独立的部分之和：

$$H=\sum_{i=1}^{n}\bar{\omega}_i|x_i-x_0|+\sum_{i=1}^{n}\bar{\omega}_i|y_i-y_0|=H_x+H_y$$

其中：$H_x=\sum_{i=1}^{n}\bar{\omega}_i|x_i-x_0|$；$H_y=\sum_{i=1}^{n}\bar{\omega}_i|y_i-y_0|$

因此，求式 $\min H$ 的最优解等价于求式 H_x 和 H_y 的最小值点。

经过调整可得：

$$H_x=\sum_{i=1}^{n}\bar{\omega}_i|x_i-x_0|=\sum_{x_i\geqslant x_0}\bar{\omega}_i(x_i-x_0)+\sum_{x_i<x_0}\bar{\omega}_i(x_0-x_i)$$

求上式的极小值点，由于 x_0 在区域内可连续取值，对上式求微分并令其为零，得 $\frac{\mathrm{d}H_x}{\mathrm{d}x_0}=\sum_{x_i\geqslant x_0}\bar{\omega}_i-\sum_{x_i<x_0}\bar{\omega}_i=0$，即：

$$\sum_{x_i\geqslant x_0}\bar{\omega}_i=\sum_{x_i<x_0}\bar{\omega}_i$$

该结论表明当 x_0 是最优解时，其坐标两方的权重都为 50%，即 H_x 的最优值点是 x_0 在 x 方向对所有的权重 $\bar{\omega}_i$ 的中值点。同理，可得 H_y 的最优值点 y_0 是在 y 方向对所有的权重 $\bar{\omega}_i$ 的中值点，即 y_0 满足：

$$\sum_{y_i\geqslant y_0}\bar{\omega}_i=\sum_{y_i<y_0}\bar{\omega}_i$$

由于 x_0，y_0 两者可能或是唯一的值或某一范围，所以最优的位置也相应可能是某一个点，或者是线段，也可能是一个区域。

例 4.1　一个物流公司计划在一个城市区域开设一个新的物流服务网点，主要的服务对象是附近的 5 个住宿小区的居民，他们是新开设物流服务网点的主要客户源。图

4－3平面坐标系中确切地表达了这些需求点的位置，表4－1是各个需求点对应的权重。这里，权重代表每个月潜在的顾客需求总量，基本可以用每个小区的居民数量来近似。物流公司希望通过这些信息来确定一个合适的物流服务网点的位置，要求每个月顾客到物流服务网点所行走的距离总和为最小。

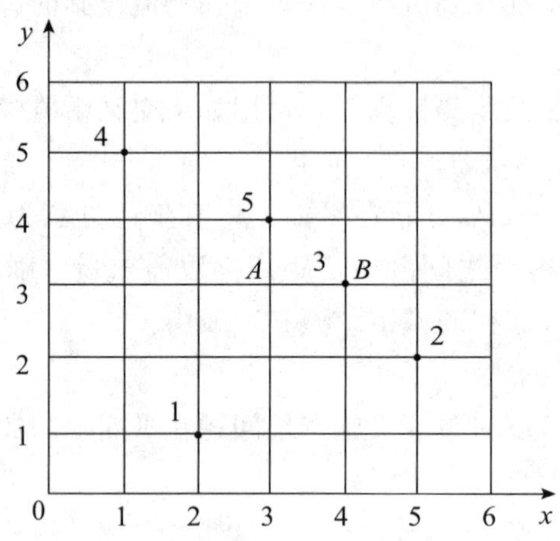

图4－3 物流服务网点选择问题需求点布局

表4－1 需求点对应的权重

需求点	x坐标	y坐标	权重
1	2	1	3
2	5	2	8
3	4	3	4
4	1	5	2
5	3	4	7

解：由于考虑的问题是在一个城市中的选址问题，使用城市距离是合适的。运用本节选址方法中的交叉中值模型来解决这个问题。

首先，需要确定中值。从表4－1中，我们可以得到中值＝（3＋8＋4＋2＋7）/2＝12。

为了找到x方向上的中值点，从左到右将所有权重累加起来，按照升序排列到中值点，见表4－2所示。然后重新再由右到左将所有权重累加起来，按照升序排列到中值点。可以看到，从左边开始到需求点5时刚好达到中值点，表明中值点应该在需求点5的右边；而从右边开始进行权重累加，则是到需求点3时刚好达到中值点，表明中值点应该在需求点3的左边。结合两个方面的限制，需求点3、5之间的范围内对于x轴方向，都是中值点范围，即x方向上的中值点范围为：$x \in [3,4]$。

表 4-2　　x 轴方向中值计算

从左到右			
需求点	沿 x 轴的顺序	权重	权重累加
4	1	2	2=2
1	2	3	2+3=5
5	3	7	7+3+2=12
3	4	4	
2	5	8	
从右到左			
需求点	沿 x 轴的顺序	权重	权重累加
2	5	8	8=8
3	4	4	8+4=12
5	3	7	
1	2	3	
4	1	2	

同理，寻找 y 方向上的中值点。从上到下，逐个累加各个需求点的权重。在考虑 4、5 两个需求点时，权重和为 9，还没有达到中值点 12，加上第三个需求点 3 后，权重和超过中值点，如表 4-3 所示。所以从上向下的方向考虑，选址点不应在需求点 3 以下的位置。然后从下向上，在第 1 和第 2 个需求点之后，权重和达到 11，仍旧不到 12，当加入第 3 个需求点 3 后，权重总和达到 15，超过中值点。这个说明，选址点不应该在需求点 3 点以上的位置。结合两个方面的限制，在 y 方向，只能选择一个中值点坐标：$y=3$。

表 4-3　　y 轴方向中值计算

从上到下			
需求点	沿 y 轴顺序	权重	权重累加
4	5	2	2=2
5	4	7	7+2=9
3	3	4	4+7+2=13
2	2	8	
1	1	3	
从下到上			
需求点	沿 y 轴顺序	权重	权重累加
1	1	3	3=3
2	2	8	3+8=11
3	3	4	4+8+3=15
5	4	7	
4	5	2	

综合考虑 x、y 方向上的中值点坐标范围，物流服务设施的选址坐标范围为图 4-3 中 A、B 之间的一条线段，也就是说，可以根据实际情况，选址 A、B 之间的任何一点。本例中，如果在 y 方向也是一个范围，那么整个可能的选址范围就是一个区域；如果 x 方向也是一个点，那么可选的区域就只有一个坐标点。

2. 精确重心法

精确重心法主要应用解决连续区域的选址问题，并使用直线距离计算物流节点之间的距离，一般适用于较大范围的区域选址。精确重心法建模一般基于以下几个基本假设：①需求量集中于某一点上。②区域内不同地点建设、运行物流设施的成本相同。③运输费用与运输距离成正比。④运输线路为空间直线。

(1) 问题提出

设有 n 个客户 $P_1, P_2, \cdots, P_n$ 分布在平面上，其坐标分别为 (x_i, y_i)，客户的需求量为 $\bar{\omega}_i$，费用函数为物流服务设施与客户之间的直线距离乘以需求量及单位运价。确定物流服务设施 P_0 的位置 (x_0, y_0)，使总运输费用最小。

(2) 建立模型

设：a_j 为设施 P_0 到收货点 P_j 每单位运量、单位距离所需运费；$\bar{\omega}_j$ 为需求点 P_j 的需求量；d_j 为 P_0 到 P_j 的直线距离。

总运输费 H 为：

$$H = \sum_{j=1}^{n} a_j \tilde{\omega}_j d_j = \sum_{j=1}^{n} a_j \tilde{\omega}_j \left[(x_0 - x_i)^2 + (y_0 - y_i)^2\right]^{1/2}$$

P_0 到 P_j 的直线距离为：$d_{ij} = \sqrt{(x_0 - x_j)^2 + (y_0 - y_j)^2}$

求 H 的极小值点 (x_0^*, y_0^*)。

由于总运输费 H 为凸函数，极小值最优解的必要条件为：$\dfrac{\partial H}{\partial x_0} = 0, \dfrac{\partial H}{\partial y_0} = 0$

令 $\dfrac{\partial H}{\partial x_0} = \sum\limits_{j=1}^{n} \dfrac{a_j \tilde{\omega}_j (x_0 - x_j)}{d_j} = 0$，$\dfrac{\partial H}{\partial y_0} = \sum\limits_{j=1}^{n} \dfrac{a_j \tilde{\omega}_j (y_0 - y_j)}{d_j} = 0$，得：

$$x_0 = \frac{\sum_{j=1}^{n} a_j \tilde{\omega}_j \dfrac{x_j}{d_j}}{\sum_{j=1}^{n} a_j \dfrac{\tilde{\omega}_j}{d_j}}, \quad y_0 = \frac{\sum_{j=1}^{n} a_j \tilde{\omega}_j \dfrac{y_j}{d_j}}{\sum_{j=1}^{n} a_j \dfrac{\tilde{\omega}_j}{d_j}}$$

进一步展开，有：

$$x_0 = \frac{\sum_{j=1}^{n} a_j \tilde{\omega}_j \dfrac{x_j}{\left[(x_0 - x_i)^2 + (y_0 - y_i)^2\right]^{1/2}}}{\sum_{j=1}^{n} a_j \dfrac{\tilde{\omega}_j}{\left[(x_0 - x_i)^2 + (y_0 - y_i)^2\right]^{1/2}}}$$

$$y_0 = \frac{\sum_{j=1}^{n} a_j \tilde{\omega}_j \dfrac{y_j}{\left[(x_0 - x_i)^2 + (y_0 - y_i)^2\right]^{1/2}}}{\sum_{j=1}^{n} a_j \dfrac{\tilde{\omega}_j}{\left[(x_0 - x_i)^2 + (y_0 - y_i)^2\right]^{1/2}}}$$

由于上式右端 d_j 中仍含未知数 (x_0, y_0)，不能一次求得显式解，但可以导出关于

(x_0, y_0) 的迭代公式：

$$x_0^{(q+1)} = \frac{\sum_{j=1}^{n} \frac{a_j \bar{\omega}_j x_j}{[(x^{(q)} - x_j)^2 + (y^{(q)} - y_j)^2]^{1/2}}}{\sum_{j=1}^{n} \frac{a_j \bar{\omega}_j}{[(x^{(q)} - x_j)^2 + (y^{(q)} - y_j)^2]^{1/2}}}$$

$$y_0^{(q+1)} = \frac{\sum_{j=1}^{n} \frac{a_j \bar{\omega}_j y_j}{[(x^{(q)} - y_j)^2 + (y^{(q)} - y_j)^2]^{1/2}}}{\sum_{j=1}^{n} \frac{a_j \bar{\omega}_j}{[(x^{(q)} - x_j)^2 + (y^{(q)} - y_j)^2]^{1/2}}}$$

应用上述迭代公式，可采用逐步逼近算法求得最优解，该算法称为不动点算法，算法计算步骤如下：

（1）选取一个初始的迭代点 $A(x_0^0, y_0^0)$，如：$x_0^0 = \frac{1}{n}\sum_{j=1}^{n} x_j$，$y_0^0 = \frac{1}{n}\sum_{j=1}^{n} y_j$，然后计算出 A 到各客户需求点的直线距离 d_j^0 和费用 H^0 ：

$$d_j^0 = [(x_0^0 - x_i)^2 + (y_0^0 - y_i)^2]^{1/2}, j = 1,2,\cdots,n$$

$$H^0 = \sum_{j=1}^{n} a_j \bar{\omega}_j d_j^0$$

（2）令 $x_0^1 = \frac{\sum_{j=1}^{n} a_j \bar{\omega}_j \frac{x_j}{d_j^0}}{\sum_{j=1}^{n} a_j \frac{\bar{\omega}_j}{d_j^0}}$，$y_0^1 = \frac{\sum_{j=1}^{n} a_j \bar{\omega}_j \frac{y_j}{d_j^0}}{\sum_{j=1}^{n} a_j \frac{\bar{\omega}_j}{d_j^0}}$，进一步计算：

$$d_j^1 = [(x_0^1 - x_i)^2 + (y_0^1 - y_i)^2]^{1/2}, j = 1,2,\cdots,n$$

$$H^1 = \sum_{j=1}^{n} a_j \bar{\omega}_j d_j^1$$

（3）依次进行迭代，可得：$x_0^k, y_0^k, d_j^k, H^k, x_0^{k+1}, y_0^{k+1}, d_j^{k+1}, H^{k+1}, \cdots$

（4）迭代终止条件，当：

$H^k \leqslant H^{k+1}$ 或 $|H^k - H^{k+1}| \leqslant \varepsilon$(精度)，则$(x_0^k, y_0^k)$ 为最优选址坐标。

否则，继续迭代。

4.4.3　多物流节点选址方法

对于大多数物流系统规划工作，其面临的实际问题往往是在规划区域范围内，需要同时确定两个或多个设施的选址，由于不能将这些设施看成是经济活动上相互独立的，而且可能存在相当多的选址布局方式，寻求最优解比较困难。虽然问题更加复杂，但多物流节点选址问题，可以在单物流节点选址模型基础上进行计算解决。

在多物流节点选址决策中，较为简单的是多重心法，设计思路和步骤如下：

1. 初步分组

确定分组原则，将各需求点按照一定的原则分成若干个群组，使分组数等于物流节点数量。设每个群组由一个物流节点负责。初步形成多个单一物流节点的选址问题。

2. 单一物流节点选址计算。针对以上各个初步分组，分别进行单一物流节点选址计算，得到各个单一物流节点选址坐标。

3. 调整分组

对每个需求点分别计算到所有物流节点初步选址坐标的运输费用，并将各个需求点分配到运输费用最低的物流节点，形成新的分组方案。

4. 重复（2）～（3），直到群组无变化为止。

此时，物流节点分配方案为最佳分配方案，物流节点为最优选址。

例 4.2 假设某公司计划建立两个冷链配送中心向 10 个生鲜食品连锁店送货，各个两个冷链配送点的地址坐标和生鲜食品每日需求量，如表 4－4 所示，单位运价均为 1。试确定两个冷链配送中心的最优坐标，使得送货费用最低。

表 4－4　　两个冷链配送点坐标与需求量

连锁店号 j	1	2	3	4	5	6	7	8	9	10
x_j	70	95	80	20	40	10	40	75	10	90
y_j	70	50	20	60	10	50	60	90	30	40
需求量	8	10	6	5	7	8	12	5	11	9

解：

（1）将 10 家连锁店分成两组，初步分为［1，2，3，4，5］、［6，7，8，9，10］两组。每一组由一个配送中心负责送货。

（2）按精确重心法进行迭代计算，求出两个配送中心点的地址坐标为：$(P_1, Q_1) = (74.342, 46.147)$，$(P_2, Q_2) = (40, 60)$

（3）计算各个连锁店到这两个配送中心的送货运输费用，计算结果如表 4－5 所示。按照由运输费用最低的配送中心送货原则，调整分组为：［1，2，3，5，8］、［4，6，7，9］。

表 4－5　　各药品连锁店到配送中心的运输费用计算

连锁店号 j	x_j	y_j	需求量	到 (P_1, Q_1) 的运输费用	到 (P_2, Q_2) 的运输费用
1	70	70	8	193.95	252.98
2	95	50	10	210.14	559.02
3	80	20	6	160.51	339.41
4	20	60	5	280.39	100
5	40	10	7	349.01	350

续 表

连锁店号 j	x_j	y_j	需求量	到（P_1，Q_1）的运输费用	到（P_2，Q_2）的运输费用
6	10	50	8	515.66	252.98
7	40	60	12	444.36	0
8	75	90	5	219.29	230.49
9	10	30	11	729.71	466.69
10	90	40	9	151.39	484.66

（4）按照重新分组后的分配方案进行重新选址，进一步应用精确重心法进行迭代计算，求得新的物流配送中心坐标：（P_1，Q_1）=（87.144，44.292），（P_2，Q_2）=（17.676，49.679）

（5）依次类推，再次重新分组，并进行单一物流节点选址。

（6）当分组情况不变时，获得的最优物流中心坐标为最优选址，此时的分配方案为最优方案。

4.4.4 盈亏点平衡选址方法

以上无论是单一物流节点选址，还是多物流节点选址方法都是在物流设施建设固定成本相等的假设下根据节点间距离建立模型进行优化计算的。但实际上，物流设施建设固定费用对物流节点的选址具有重要影响，如城区与城市郊区的物流设施建设成本具有巨大差别，会显著影响物流节点选址决策。

盈亏点平衡法是工程经济学和财务管理中的基本方法，它建立在产量、成本、预测销售收入的基础之上，用以确定特定产量规模下运营成本最低的设施选址方案。

例 4.3 某公司有三个不同仓库建设方案，由于各场址有不同的征地费、建筑费，工资、原材料等成本费用也都不同，从而有不同仓储成本。三个选址的仓储成本见表 4-6。试确定不同仓储规模下的最优选址。

表 4-6　不同仓库建设方案的仓储成本

选址方案 / 费用项目	A	B	C
固定费用（元）	800000	1600000	2400000
单件可变费用（元/件）	50	30	20

解：根据题意，设 F 表示总成本，列出三个备选方案的成本函数，并绘制成本函数图，如图 4-4 所示。

三个备选方案的成本函数分别为：

$$\begin{cases} F_A = 800000 + 50x \\ F_B = 1600000 + 30x \\ F_C = 2400000 + 20x \end{cases}$$

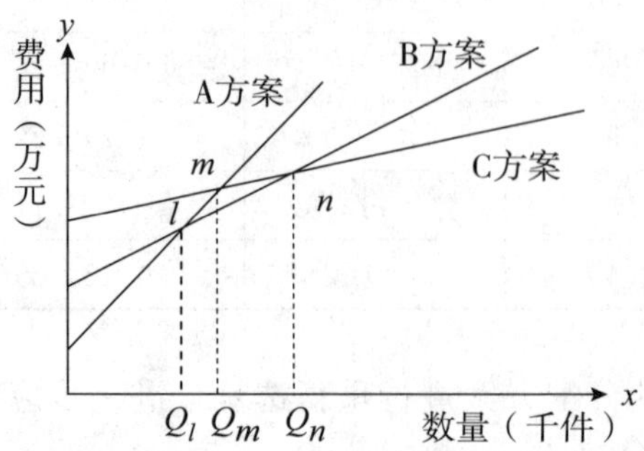

图 4-4　不同仓库建设方案的成本函数

根据成本函数图，分别先求解 A、B、C 三个方案直线的交点物流量，以此为依据进行不同物流规模下的最优选址。

（1）在 l 点 A、B 两个方案物流成本相同，该点物流量为 $Q_l = 40000$ 件。

（2）在 m 点 A、C 两个方案物流成本相同，该点物流量为 $Q_m = 53333$ 件。

（3）在 n 点 B、C 两个方案物流成本相同，该点物流量为 $Q_n = 80000$ 件。

根据物流成本最低标准，当物流量低于 40000 件时选 A 方案，物流量在 40000 件和 80000 件之间时选 B 方案，物流量大于 80000 件时选 C 方案。

案例分析　联邦快递超级转运中心选址

联邦快递公司的创立者、总裁福瑞德·史密斯先生在大学期间曾经写过一篇论文，建议在小件包裹运输上采纳“轴心概念”。可是这篇论文只得了个 C。但是，他后来的实践证明“轴心概念”的确能为小件包裹运输提供一个独一无二的、有效的、辐射状的配送系统，而且他选择了田纳西州的孟菲斯作为公司运输的中央轴心所在地。

孟菲斯为联邦快递公司提供了一个不拥挤、快捷畅通的机场，它坐落在美国中部地区，气候条件优越，机场很少关闭。正是由于摆脱了气候对飞行的限制，联邦快递的竞争潜力才得以充分发挥。成功的选址也许对其安全记录有着重大贡献。在过去的 25 年里，联邦快递从来没有发生过空中事故。

现在，每天有 150 多架从全球各个角落飞来的带有 FedEx 字样的飞机要在 22：30～1：30 之间全部降落，机上所有的货物经由几百辆货运车迅速转入设在机场边的超级转运中心，这些货物集中分类后，又被迅速搬入飞机。凌晨两点半到五点是起飞时间，所有的 150 多架飞机又要呼啸而去，带着货物飞向各个国家。孟菲斯机场上方的飞机犹如天女散花般纷纷而来又匆匆而去，在孟菲斯黑夜的天空中点燃一盏盏灯火。

联邦快递的所有快递业务都是以超级转运中心为基点展开的。联邦快递的创始人弗雷得·史密斯在一开始就创立了“集中分发”的模式，所有包裹先运送到一个集中点进行分类，然后分配上机，运往不同的目的地。集中分发和隔夜速递使联邦快递成为名副其实的 24 小时快递公司。一直以来，联邦快递一直稳居全球速递业老大的位置。联邦快递公司位于孟菲斯国际机场的超级转运中心向全球 220 个国家和地区提供服务，是全世界最繁忙的货运机场。

超级转运中心是实现集中分发的关键所在，所有的货物和飞机都围绕着联邦快递的超级转运中心集中又分散，聚散离合之中，深深地蕴藏着货物分发配送的管理之道。目前，联邦快递在菲律宾的苏比克、法国的巴黎和总部孟菲斯设有三个超级转运中心，其他还有一些世界各地的中小型转运中心。所有联邦快递转运中心之中，孟菲斯超级转运中心是最大的一个，占地 400 多英亩，日处理货物近两百万件，每天晚上在这里工作的员工近万人。

思考问题

（1）通过本案例，联邦快递为什么选择孟菲斯为中央轴心所在地？分析物流节点选址会受到哪些因素影响？

（2）联邦快递物流网络属于哪种物流网络结构？

本章习题

（1）物流节点的选址应该考虑哪些因素？

（2）物流节点选址的方法有哪些，各有哪些特点？

（3）试阐述一下物流节点选址的理论基础。

（4）一个冷冻食品公司想在一个城区开设一个新的冷货提取点，其主要的服务对象是附近 5 个小区的居民，为了方便计算，把每个住宅小区的中心点抽象成这个小区的需求点位置，各需求点坐标和需求点对应的权重如表 4 - 7 所示。这里权重表示每个月潜在的顾客需求总量，可以用每个小区中的总的居民数量来近似。公司总经理希望通过这些信息来确定一个合适的冷食提货点的位置，要求每个月顾客到达这个冷食提货点所行走的距离总和最小。假设居民区以外的选址区域可近似看做是一块空地，提货点可建在这个区域的任何一点上。

表 4 - 7　　需求点对应坐标及权重

需求点	x 坐标	y 坐标	权重 w_i
1	3	2	3
2	4	3	1
3	5	1	8

续 表

需求点	x 坐标	y 坐标	权重 w_i
4	1	4	3
5	2	5	7

（5）假设物流设施选址范围内有 5 个需求点，其坐标、需求量和运输费率如表 4 - 8 所示。现在计划设置一个物流服务设施为这 5 个需求点服务，试分别用直线距离和城市距离计算物流服务设施的最佳位置。

表 4 - 8　　需求点对应坐标及权重

需求点	坐标	需求量	运输费率
1	（3，8）	20	0.5
2	（8，2）	30	0.5
3	（2，5）	24	0.75
4	（6，4）	12	0.75
5	（8，8）	16	0.75

5　仓储规划与库存控制

本章重点

⊙ 仓储的概念与类型

⊙ 仓库建设规划的特点和方法

⊙ 库存管理的分类及特点

⊙ 库存控制的常用方法

引导案例　宝供电子商务仓储管理

随着网购的不断兴起，国内的电子商务交易迎来爆炸式增长。在巨大的电子商务物流需求面前，快递服务的发展速度赶不上爆炸式增长的电子商务物流的需求，爆仓现象时有发生，这说明仓储已经成为电子商务物流发展的瓶颈。面对当前电子商务的迅猛发展，一大批物流仓储企业投身电子商务物流市场，提供物流及仓储服务。例如，一些仓储企业已与京东商城等单位合作，提供电子商务仓储物流服务；中储沈阳公司为辽宁电视购物提供仓储配送服务，每天分发 1.2 万件商品；正在规划建设中的菜鸟网络，仓储建设与现代化管理也是重要的一环。

广州宝供物流作为专业的电子商务仓储服务商，在为跨国化妆品直销企业——美国宝洁中国公司提供华南物流电子商务订单处理服务的过程中，规划设计了电子商务仓储物流业务流程，并设计了存储系统、搬运系统、分拣系统、收货系统、发货系统等，支持客户小批量、多频次电子商务仓储管理，构建国内具有先进水平的高频次、小批量电子商务订单现代物流中心。宝供电子商务仓储物流管理项目的实施取得了明显的经济效益：支持及满足客户广州 RDC 区域的业务快速增长；每日最高拣货能力达到 17 万支；循环盘点准确率达到 99.94%；月度盘点准备率达到 99.9948%；订单拣货差异率达到 120000∶1；提货点订单运输准时率达到 100%。先进的适合高频次、小批量订单特征的电子商务仓储管理与运营模式能有效提高订单响应速度，保障订单履行准确率，成为解决我国电子商务物流瓶颈的重要途径。

5.1　仓储的概念与类型

5.1.1　仓储的概念

在物流系统中，仓储是一个不可或缺的构成要素。仓储业是随着物资储备的产生和发展而产生并逐渐发展起来的。仓储是商品流通的重要环节之一，也是物流活动的重要支柱。在社会分工和专业化生产的条件下，为保持社会生产过程的顺利进行，必须储存一定量的物资，以满足一定时期内社会生产和消费的需要。

仓储是指通过仓库对暂时不用的物品进行储存和保管。“仓”即仓库，为存放物品的建筑物和场地，可以是房屋建筑、洞穴、大型容器或特定的场地等，具有存放和保护物品的功能。“储”即储存、储备，表示收存以备使用，具有收存、保管、交付使用的意思。

仓储具有静态和动态两种，当产品不能被及时消耗掉，需要专门场所存放时，就产生了静态的仓储；而将物品存入仓库以及对于存放在仓库里的物品进行保管、控制、提供使用等的管理，则形成了动态的仓储。可以说仓储是对有形物品提供存放场所，并在这期间对存放物品进行保管、控制的过程。

5.1.2　仓储的性质

仓储是物质产品的生产持续过程，物质的仓储也创造着产品的价值；仓储既有静态的物品储存，也包含动态的物品存取、保管、控制的过程；仓储活动发生在仓库等特定的场所，仓储的对象既可以是生产资料，也可以是生活资料，但必须是实物。由此可见，从事商品的仓储活动与从事物质资料的生产活动虽然在内容和形式上不同，但它们都具有生产性质，无论是处在生产领域的企业仓库，还是处在流通领域的储运仓库和物流仓库，其生产的性质是一样的。

5.1.3　仓储的作用

1. 仓储的正作用

（1）仓储是物流的主要功能要素之一。在物流体系中，运输和仓储被称为两大支柱。运输承担着改变物品空间状态的重任；仓储则承担着改变物品时间状态的重任。

（2）仓储是整个物流业务活动的必要环节之一。仓储作为物品在生产过程中各间隔时间内的物流停滞，是保证生产正常进行的必要条件，它使上一步生产活动顺利进行到下一步生产活动。

（3）仓储是保持物资原有使用价值和物资使用合理化的重要手段。生产和消费的供需在时间上的不均衡、不同步造成物资使用价值在数量上减少，质量上降低，只有通过仓储才能减小物资损害程度，防止产品一时过剩浪费，使物品在效用最大的时间内发挥作用，充分发挥物品的潜力，实现物品的最大效益。

（4）仓储是加快资金周转，节约流通费用，降低物流成本，提高经济效益的有效途径。有了仓储的保证，就可以免除加班赶工的费用，免除紧急采购的成本增加。这些都说明仓储节约的潜力是巨大的。通过仓储的合理化，就可以加速物资的流通和资金的周转，从而节省费用支出，降低物流成本，开拓“第三利润源泉”。

2. 仓储的逆作用

仓储是物流系统中一种必要的活动，但也经常存在冲减物流系统效益，恶化物流系统运行的趋势。甚至有人明确提出，仓储中的库存是企业的“癌症”。因为仓储会使企业付出巨大代价，这些代价主要包括：

（1）固定费用和可变费用支出。仓储要求企业在仓库建设、仓库管理、仓库工作人员工资、福利等方面支出大量的成本费用，开支增高。

（2）机会损失。储存物资占用资金以及资金利息，如果用于另外项目，可能会有更高的收益。

（3）陈旧损失与跌价损失。随着储存时间的增加，存货时刻都在发生陈旧变质，严重的更会完全丧失价值及使用价值。同时，一旦错过有利的销售期，又会因为必须低价贱卖，不可避免地出现跌价损失。

（4）保险费支出。为了分担风险，很多企业对储存物采取投保缴纳保险费方法。保险费支出在仓储物资总值中占了相当大的比例。在信息经济时代，社会保障体系和安全体系日益完善，这个费用支出的比例还会呈上升的趋势。

上述各项费用支出都是降低企业效益的因素，再加上在企业运营中，仓储对流动资金的占用达到 40%～70%高比例，有的企业库存在某段时间甚至占用了全部流动资金，使企业无法正常运转。

由此可见，仓储既有积极的一面，也有消极的一面。只有考虑到仓储作用的两面性，尽量使仓储合理化，才能有利于物流业务活动的顺利开展。

5.2 仓储活动的类型

1. 按仓储活动的运作方式分为：自有仓库仓储、公共仓库仓储、第三方仓储。

（1）自有仓库仓储特点

	自有仓库仓储
优点	1. 可以根据企业特点加强仓储管理
	2. 可以依照企业的需要选择地址和修建特需的设施
	3. 长期仓储时成本低
	4. 可以为企业树立良好形象
缺点	1. 存在位置和结构的局限性
	2. 企业的部分资金被长期占用

（2）公共仓库仓储的特点

	公共仓库仓储
优点	1. 需要保管时，保证有场所；不需要保管时，不用承担仓库场地空闲的无形损失
	2. 有专人进行保管和进出货物的工作，管理安全
	3. 不需仓库建设资金
	4. 可以根据市场需求变化选择仓库的租用面积与地点
缺点	1. 当货物流通量大时，仓库保管费与自家仓库相比较高
	2. 所保管的货物需遵守营业仓库的各种限制规则

(3) 第三方仓储

第三方仓储（Third-Party Warehousing）或称合同仓储（Contract Warehousing），是指企业将物流活动转包给外部公司，由外部公司为企业提供综合物流服务。

第三方仓储不同于一般的租赁仓库仓储，它能够提供专业化的高效、经济和准确的分销服务。第三方仓储公司与传统仓储公司相比，能为货主提供特殊要求的空间、人力、设备和服务。

	第三方仓储
优点	1. 有利于企业有效利用资源
	2. 有利于企业扩大市场
	3. 有利于企业进行新市场的测试
	4. 有利于企业降低运输成本
缺点	对物流活动失去直接控制

2. 按仓储的集中程度分类

(1) 集中仓储。以一定的较大批量集中于一个场所之中的仓储活动，被称为集中仓储。集中仓储是一种大规模储存的方式，可以利用“规模效益”，有利于仓储时采用机械化、自动化，有利于先进科学技术的应用。集中仓储从储存的调节作用来看，有比较强的调节能力及对需求的更大的保证能力，集中仓储的单位仓储费用较低，经济效果较好。集中仓储总量一般低于分散仓储总量之和，周转速度也高于分散仓储，资金占用量也低于分散仓储占用之和。

(2) 分散仓储。分散仓储是较小规模的储存方式，往往和生产企业、消费者、流通企业相结合，不是面向社会而是面向某一企业的仓储活动，因此仓储量取决于企业生产或消费要求的经营规模。分散仓储的主要特点是容易和需求直接密切结合，仓储位置离需求地很近，但是由于数量有限，保证供应的能力一般较小。

(3) 零库存。零库存是现代物流学中的重要概念，指某一领域不再保有库存，以无库存（或很低库存）作为生产或供应保障的一种系统方式。

5.3 仓储管理

5.3.1 仓储管理的概念

仓储管理是指对仓库和仓库中储存的货物进行管理。从广义上看，仓储管理是对物流过程中货物的储存以及由此带来的商品包装、分拣、整理等活动进行的管理。

仓储管理是一门经济管理科学，同时也涉及应用技术科学，属于边缘性学科。仓储管理的内涵随着其在社会经济领域中的作用不断扩大而变化。仓储管理从单纯意义上的对货物存储的管理，已成为物流过程中的中心环节，它的功能已不是单纯的货物存储，而是兼有包装、分拣、整理、简单装配等多种辅助性功能。

5.3.2　仓储管理的基本内容

仓储管理的对象是仓库及库存物资，具体包括如下几个方面：

(1) 仓库的选址与建筑问题。例如仓库的选址原则，仓库建筑面积的确定，库内运输道路与作业区域的布置等。

(2) 仓库机械作业的选择与配置问题。例如，如何根据仓库作业特点和所储存物资的种类及其物理化学特性，选择机械装备以及应配备的数量，如何对这些机械进行管理等。

(3) 仓库的业务管理问题。例如，如何组织物资出入库，如何对在库物资进行储存、保管与养护。

(4) 仓库的库存管理问题。

此外，仓库业务的考核问题，新技术、新方法在仓库管理中的应用问题，仓库安全与消防问题等，都是仓储管理所涉及的内容。

5.4　仓库建设规划

5.4.1　仓库的分类

仓库（Warehouse）是保管、储存物品的建筑物和场所的总称。一个国家、一个地区、一个企业的物流系统中需要有各种各样的仓库，它们的结构形态各异，服务范围和对象也有着较大的差别。因此，正确把握各种仓库的特点对于仓库建设规划和仓储管理具有实际意义。

仓库按不同的标准可进行不同的分类，一个企业或部门可以根据自身的条件选择建设或租用不同类型的仓库。

1. 按使用范围分类

(1) 自用仓库。是生产或流通企业为本企业经营需要而修建的附属仓库，完全用于储存本企业的原材料、燃料、产成品等货物。

(2) 营业仓库。是一些企业专门为了经营储运业务而修建的仓库。

(3) 公用仓库。是由国家或某个主管部门修建的为社会服务的仓库，如机场、港口、铁路的货场、库房等库。

(4) 出口监管仓库。是经海关批准，在海关监管下存放已按规定领取了出口货物许可证或批件，已对外买断结汇并向海关办完全部出口海关手续的货物的专用仓库。

(5) 保税仓库。是经海关批准，在海关监管下专供存放未办理关税手续而入境或过境货物的场所。

2. 按保管物品种类的多少分类

(1) 综合库。指用于存放多种不同属性物品的仓库。

(2) 专业库。指用于存放一种或某一大类物品的仓库。

3. 按仓库保管条件分类

(1) 普通仓库。指用于存放无特殊保管要求的物品的仓库。

(2) 保温、冷藏、恒湿恒温库。指用于存放要求保温、冷藏或恒湿恒温的物品的仓库。

(3) 特种仓库。通常是指用于存放易燃、易爆、有毒、有腐蚀性或有辐射性的物品的仓库。

(4) 气调仓库。指用于存放要求控制库内氧气和二氧化碳浓度的物品的仓库。

4. 按仓库建筑结构分类

(1) 封闭式仓库。这种仓库俗称"库房",该结构的仓库封闭性强,便于对库存物进行维护保养,适宜存放保管条件要求比较高的物品。

(2) 半封闭式仓库。这种仓库俗称"货棚",其保管条件不如库房,但出入库作业比较方便,且建造成本较低,适宜存放那些对温湿度要求不高且出入库频繁的物品。

(3) 露天式仓库。这种仓库俗称"货场",其最大优点是装卸作业极其方便,适宜存放较大型的货物。

5. 按建筑结构分类

(1) 平房仓库。平房仓库的构造比较简单,建筑费用便宜,人工操作比较方便。

(2) 楼房仓库。楼房仓库是指二层楼以上的仓库,它可以减少土地占用面积,进出库作业可采用机械化或半机械化。

(3) 高层货架仓库。在作业方面,高层货架仓库主要使用电子计算机控制,能实现机械化和自动化操作。

(4) 罐式仓库。罐式仓库的构造特殊,呈球形或柱形,主要是用来储存石油、天然气和液体化工品等。

(5) 简易仓库。简易仓库的构造简单、造价低廉,一般是在仓库不足而又不能及时建库的情况下采用的临时代用办法,包括一些固定或活动的简易货棚等。

6. 按库内形态分类

(1) 地面型仓库。一般指单层地面库,多使用非货架型的保管设备。

(2) 货架型仓库。指采用多层货架保管的仓库。在货架上放着货物和托盘,货物和托盘可在货架上滑动。货架分固定货架和移动货架。

(3) 自动化立体仓库。指出入库用运送机械存放取出,用堆垛机等设备进行机械化、自动化作业的高层货架仓库。

小贴士

自动化立体仓库

自动化立体仓库,是物流仓储中出现的新概念,由立体货架、有轨巷道堆垛机、出入库托盘输送机系统、尺寸检测条码阅读系统、通信系统、自动控制系统、计算机监控系统、计算机管理系统以及其他如电线电缆桥架配电柜、托盘、调节平台、钢结构平台等辅助设备组成的复杂的自动化系统。自动化立体仓库运用一流的集成化物流理念,采用先进的控制、总线、通信和信息技术,通过以上设备的协调动作进行出入库作业。

7. 按仓库功能分类

现代物流管理力求进货与发货同期化，使仓库管理从静态管理转变为动态管理，仓库功能也随之改变，这些新型仓库据点有了以下新的称谓：

（1）集货中心。将零星货物集中成批量货物称为“集货”。集货中心可设在生产点数量很多，每个生产点产量有限的地区；只要这一地区某些产品的总产量达到一定水平，就可以设置这种有“集货”作用的物流据点。

（2）分货中心。将大批量运到的货物分成批量较小的货物称为“分货”。分货中心是主要从事分货工作的物流据点。企业可以采用大规模包装、集装货散装的方式将货物运到分货中心，然后按企业生产或销售的需要进行分装。利用分货中心可以降低运输费用。

（3）转运中心。转运中心的主要工作是承担货物在不同运输方式间的转运。转运中心可以进行两种运输方式的转运，也可进行多种运输方式的转运。

（4）加工中心。加工中心的主要工作是进行流通加工。设置在供应地的加工中心主要进行以物流为主要目的的加工，设置在消费地的加工中心主要进行实现销售、强化服务为主要目的的加工。

（5）储调中心。储调中心以储备为主要工作内容，其功能与传统仓库基本一致。

（6）配送中心。是从事配送业务的物流场所或组织，它具有如下特点：①主要为特定的用户服务；②配送功能健全；③完善的信息网络；④辐射范围小；⑤多品种、小批量；⑥以配送为主，储存为辅。

（7）物流中心。是从事物流活动的场所或组织，它具有如下特点：①主要面向社会服务；②物流功能健全；③完善的信息网络的辐射范围大；④少品种、大批量；⑤存储、吞吐能力强；⑥统一经营管理物流业务。

5.4.2 仓库建设规划流程

1. 规划准备阶段

（1）组建仓库规划建设项目组，成员应来自投资方、工程设计部门等；

（2）明确制定仓库未来的功能与运营目标，以利于资料收集与规划需求分析；

（3）收集所在地区的有关发展资料和有关基本建设的政策、规范、标准，还有自然条件和交通状况等资料。资料收集的目的在于把握现状，掌握仓库容量。

2. 整体规划设计阶段

（1）资料整理阶段。将收集到的相关资料进行汇总整理，作为规划设计阶段的依据。

（2）规划条件设定。通过对现状资料的分析，由仓库网络的弱点，进而设定新仓库的规划条件，包括仓储能力、自动化程度等。

（3）作业需求功能规划。包括新仓库的作业流程、设备与作业场所的组合等；制定这一规划应遵循合理化、简单化与机械化的原则。

（4）设施需求规划与选用。一个完整的仓库建设规划中所包含的设施需求相当广泛，可以既包括储运生产作业区的建筑物与设备规划，也包括支持仓库运作的服务设施规划，以及办公室和员工活动场所等场地设施规划。

(5) 信息情报系统规划。现代仓库管理的特点是信息处理量比较大。仓库中所管理的物品种类繁多，而且由于入库单、出库单、需求单等单据发生量大、关联信息多，查询和统计需求水平很高，管理起来有一定困难。为了避免差错和简化计算机工作，需要统一各种原始单据、账目和报表的格式。程序代码应标准化，软件要统一化，确保软件的可维护性和实用性。界面尽量简单化，做到实用、方便，满足企业中不同层次员工的需要。

(6) 整体布局设计。估算储运作业区、服务设施大小，并依据各区域的关联性来确定各区的摆放位置。

3. 方案评估决策阶段

一般的规划过程均会产生多种方案，应由有关部门依原规划的基本方针和基准加以评估，选出最佳方案。

4. 局部规划设计阶段

局部规划设计阶段的主要任务是在已经选定的建库地址上规划各项设施设备等的实际方位和占地面积。当局部规划的结果改变了以上系统规划的内容时，必须返回前段程序，作出必要的修正后继续进行局部规划设计。

5. 计划执行阶段

当各项成本和效益评估完成以后，如果企业或组织决定建设该仓库，则可以进入计划执行阶段，即仓库建设阶段。

5.4.3 仓库网点规划设计

1. 仓库网点规划的概念与实质

(1) 仓库网点规划的概念

仓库网点是指负责某一地区、组织或企业的物品中转供应的所有仓库构成的仓库网点。

仓库网点规划。指上述仓库在一定体制下按照特定的组织形式在特定地域范围内的分布与组合。

(2) 仓库网点规划的实质

仓库网点规划实质上是一个地区、组织或企业的储备分布问题，配置是否合理不仅将会直接影响到该地区、组织或企业资源供应的及时性和经济性，还会在一定程度上影响相关区域、组织或企业的库存水平及库存结构的比例关系。

在企业自用仓库的网点规划设计过程中，由于企业规模不同，有时这一决策相对简单，有时却异常复杂；只供应单一市场的中小企业通常只需一个仓库，而产品市场遍及全国各地的大规模企业要经过仔细分析和慎重考虑才能作出正确选择。在营业型仓库的网点规划设计中，这个问题所涉及的因素则更加复杂。

2. 仓库网点规划的主要内容

(1) 仓库数量决策

仓库数量的多少主要受成本、客户要求的服务水平、运输服务水平、中转供货的比例、单个仓库的规模、计算机网络的运用等因素的影响。

①成本。影响仓库数量的成本主要是物流总成本和失销成本。

仓库数量对物流系统的各项成本有着重要影响。一般来说，随着仓库数量的增加，运输成本和失销成本会减少，而存货成本和仓储成本将增加。图 5-1 描述了仓库数量和物流总成本之间的关系：

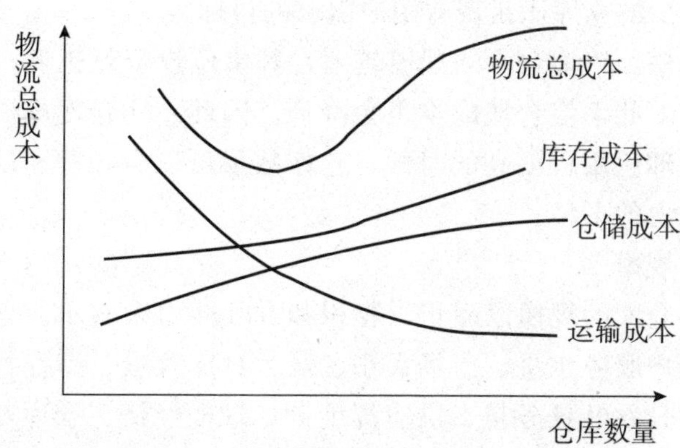

图 5-1　仓库数量与物流总成本的关系

首先，在销售物流方面，仓库数量的增加使仓库更靠近客户和市场，减少了商品的运输里程；这不仅会降低运输成本，而且由于能及时满足客户需求，提高了客户服务水平，减少了失销机会，从而降低了失销成本。

其次，由于仓库数量的增加，总的存储空间也会相应地扩大，因此仓储成本会上升。由于在仓库的设计中，需要一定比例的空间用于维护、办公、摆放存储设备等，而且通道也会占用一定空间，因此，小仓库比大仓库的利用率要低得多。

最后，当仓库数量增加时，总存货量就会增加，这意味着需要更多的存储空间，相应的存货成本就会增加。

由此可以看出，随着仓库数量的增加，运输成本和失销成本的迅速下降导致总成本下降。但是，当仓库数量增加到一定规模时，库存成本和仓储成本的增加额会超过运输成本和失销成本的减少额，于是总成本开始上升。当然，不同企业的总成本曲线不尽相同。

②客户服务的需要。较高的物流服务需要较高的物流成本支持，其中的措施之一就是设立较多的仓库网点。对于企业来讲，商品的可替代程度与所需的客户服务水平之间存在着很强的相关关系。当企业的服务反应速度远远低于竞争对手时，它的销售量就会大受影响。如果客户在需要的时候不能买到产品，那么再好的广告和促销活动都不起作用。当客户对服务标准要求很高时，就需要更多的仓库来及时满足客户需求。

③运输服务的水平。如果需要快速的客户服务，那么就要选择快速的运输服务。如果不能提供合适的运输服务，就要增加仓库来满足客户对交货期的要求。

④中转供货的比例。中转供货比例的大小对仓库需求的影响非常大。当一个地区或企业中转供货的比例小，而直达供货的比例大时，这个区域或企业需要的仓库数量就会

比较少，而单个仓库的规模则会比较大。反之，当这个地区或企业中转供货的比例大，而直达供货的比例小时，这个区域或企业需要的仓库数量就会比较多。

⑤计算机的应用。计算机的普及和使用成本的降低使计算机仿真及配套软件在现代化仓库中得以应用。利用计算机仿真可以改善仓库布局和设施、控制库存、处理订单，从而提高仓库资源的利用率和运作效率，使仓库网点规划中空间位置与数量之间的矛盾得以缓解，实现以较少的仓库满足现有用户需求的目标。

⑥单个仓库的规模。单个仓库的规模越大，其单位投资就越低，而且可以采用处理大规模货物的设备，因此单位仓储成本也会降低。因此，从仓库规模来看，当单个仓库的规模大且计算机管理运用程度高的时候，仓库数量可以少一些；反之，则应增加数量以弥补容量及业务能力的不足。

（2）确定各仓库规模

在通常情况下，仓库的规模以面积、容积和吞吐能力来表示。仓库的空间规模主要受以下因素影响：客户服务水平、市场大小、最大日库存量、库存物品尺寸、所使用的物料搬运系统、仓库日吞吐任务量、供应提前期、规模经济、仓库布局、过道要求、仓库办公区域、使用的货架类型以及需求水平和模式等。

5.5 库存管理概述

5.5.1 库存的概念

美国生产与库存管理协会（APICS）将库存定义为：“以支持生产、维护、操作和客户服务为目的而存储的各种物料，包括原材料和在制品、维修件和生产消耗品、成品和配件等。”本文所讲的库存是指一切暂时闲置的、用于未来目的的、有经济价值的资源。资源的闲置就是库存，与这种资源是否存放在仓库中没有关系，与资源是否处于运动状态也没有关系。如：生产制造企业的原材料、半成品、在制品、成品、备件、低值易耗品等。

5.5.2 库存的作用

库存控制对企业来说非常重要，库存不仅是巨大的浪费，而且库存掩盖企业的问题，库存水平降低，这些问题才会暴露出来。库存特定作用归纳起来，有以下几方面：

（1）防止断档。缩短从接受订单到送达货物的时间，以保证优质服务，同时又要防止脱销。

（2）保证适当的库存量，节约库存费用。

（3）降低物流成本。用适当的时间间隔补充与需求量相适应的合理的货物量以降低物流成本，消除或避免销售波动的影响。

（4）保证生产的计划性、平稳性，以消除或避免销售波动的影响。

（5）展示功能。

(6) 储备功能。在价格下降时大量储存，减少损失，以应灾害等不时之需。尽管库存有如此重要的作用，但生产运作管理的努力方向不是增加库存，而是不断减少库存。库存控制决策的目标是在现实的资源（资金、仓库面积、供应者的政策等）约束下满足客户订货需要而又使库存成本达到最低。

5.5.3 库存的类型

1. 调节库存

用于调节需求与供应的不均衡、生产速度与供应的不均衡以及各个生产阶段产出的不均衡而设置的库存。季节性的库存也是调节库存的一种，是投资库存的一种形式，指的是在生产季节开始之前累积的库存，目的在于保证稳定的劳动力和稳定的生产运转。

2. 在途库存

处于运输以及停放在相邻两个工作地点或相邻两个组织之间的库存，在途库存的大小取决于运输时间以及该期间内的平均需求。从一个地方到另一个地方处于运输路线中的物品，在没有到达目的地之前，可以将在途库存看做是周期库存的一部分。需要注意的是，在进行库存持有成本的计算时，应将在途库存看做是运输出发地的库存。因为在途的物品还不能使用、销售或随时发货。

3. 周转库存

为满足日常生产经营需要而保有的库存。周转库存的大小与采购量直接有关。企业为了降低物流成本或生产成本，需要批量采购、批量运输和批量生产，这样便形成了周期性的周转库存，这种库存随着每天的消耗而减少，当降低到一定水平时需要补充库存。这种库存随每日的消耗而不断减少，当库存降到某一水平（如采购点）时就要进行订货来补充库存，这种库存补充是按一定的规则反复地进行。

4. 安全库存

为了防止不确定因素的发生（如供货时间延迟、库存消耗速度突然加快、突发事件干扰等）而设置的库存。安全库存的大小与库存安全系数或者说与库存服务水平有关。从经济性的角度看，安全系数应确定在一个合适的水平上。例如国内为了预防灾荒、战争等不确定因素的发生而进行的粮食储备、钢材储备、麻袋储备等，就是一种安全库存。因需求不稳定，防止由不确定因素的作用使订货需求加大而准备的缓冲库存。

5.5.4 库存的影响因素

(1) 服务水平的制约。在顾客需求不确定的情况下，要保证百分之百地满足顾客订单经常是不可能的，也是不经济的，因此管理层需要确定一个合理的服务水平。客户服务水平对企业库存控制有着重要影响，如是否允许缺货直接决定着安全库存量的大小。

(2) 顾客需求的不确定性。受许多因素影响，市场需求可能是不确定的，如突发的热销会造成的需求突增等，使库存控制难度加大。如果可以获取历史数据来估计顾客的平均需求和掌握需求的变动性规律，那么企业就可以采用相应的预测工具来对需求进行准确预测。

（3）仓库储存的产品种类和结构。市场对产品种类的需求是多样化的，企业难以知道各种产品需要的确切数量。因此，仓库储存的产品种类就成为一种新的不确定因素，制约着库存控制。同时，任何企业的实力都是有限的，不可能满足市场所有的需求，企业必须根据自身情况，确定合理的产品种类及其结构。

（4）订货提前期。在企业发出订单时，库存补充的提前期可能是已知的，也可能是不确定的。这主要受到信息传递、生产周期、交通运输或其他自然因素、社会因素等的影响。因此，订货提前期的不确定性就成为影响库存控制的另一项因素。

（5）订货批量。订货次数和订货批量是决定库存水平的非常重要的因素。一定期间内，增加订货次数，就会减少每次订货数量，平均库存水平和存货持有成本也就相应降低。不过，订货次数的增加会增加订货成本和物流成本。因此，需要在降低的存货持有成本与增加的订货成本之间进行权衡，确定最佳订货批量。

（6）运输状况。有时候库存控制不能达到预期目标，并不是控制或订货的问题，而是运输的提前或延误，提前会一下子增大库存，延误则会使库存下降甚至出现失控状态。可见运输的不稳定性和不确定性必然会制约库存控制，这种制约因素受到运输距离长短、运输条件改善和运输工具选择等的影响。

（7）信息处理能力。在库存控制中，信息要素的作用和其他系统中的信息要素的作用应当是不分伯仲的。在库存控制系统中，监控信息的采集、传递、反馈是控制的一个关键。信息处理能力的高低，是成功库存控制的关键要素。

（8）库存管理水平。库存控制系统的运行，不仅要靠先进的仓储设备、计算机监控系统等硬件支持，也要靠库存管理这一软件来支持。库存管理水平若达不到控制的要求，则库存控制就无法高效运行。

（9）资金状况。资金的暂缺、资本周转不灵等也会使预想的控制方法和目的落空。因而，是否具有一个良好的财务状况也是提升库存管理水平一个关键。

（10）价格和成本。库存控制是建立在一定的成本基础上的，价格和成本成为库存控制中的一项制约因素。企业应在尽可能满足顾客需求的基础上，通过各种方式降低库存成本，增加企业利润。

5.6 库存管理成本

对于企业而言，如何设置和维持一个合理的库存水平，以平衡库存不足带来的短缺风险和损失以及库存过多所增加仓储成本和资金成本，成为必须解决的问题。很多传统的库存控制系统建立在5个关键要素上：交货期、补给、消耗量、订货点和安全库存。交货期越短，要求的安全库存越小，应通过购买现货或者保持良好的供应商关系来缩短交货期；补给由消耗决定；消耗量最好是实际顾客消耗量；当库存到达订货点时发出订单；安全库存不应过多但要足够，防止订货期间库存耗尽。要建立有效的库存系统，获取准确的实际消耗量是至关重要的，因为它会影响前述大部分其他关键要素。在库存管理过程中企业需要支付一定的成本。

一般来说，库存管理成本主要包括以下几个部分：

1. 经营费用

（1）订货费：所谓订货费，是指订货过程中发生的全部费用，主要包括：差旅费、订货手续费、通信费、招待费以及订货人员有关费用。其特点主要是：每一次订货中订货费与订货量的多少无关，若干次订货的总订货费与订货次数有关。

（2）保管费：所谓保管费，是指在保管过程中为物资储存所花费的全部费用。主要包括：入、出库时的装卸搬运、堆码检验费用；保管用具用料费用；仓库房租水电费；保管人员有关费用；保管过程中的货损货差；保管物资资金的银行利息等。其特点可以概括为：保管费用与被保管物资的数量的多少和保管时间的长短有关。被保管的物资数量越多，保管的时间越长，所承担的保管费用也就越高。

（3）缺货费：所谓缺货，就是当用户来买货时，仓库没有现货供应，就叫缺货。缺货，会造成缺货损失，也就是缺货费用。缺货费用，对不同的对象是不同的：对仓库来说，轻则丧失了销售机会，因而丧失了销售赢利的机会；重则误了合同，遭受罚款；更重则失去了客户，失去竞争能力，从而失去市场。对客户来说，轻则多花些差旅费到别处去买，重则停工待料，更重则停产改产。

（4）补货费：所谓补货，就是当用户来买货时，仓库没有现货供应，但不丧失销售机会，而是要求用户仍然在这里订上货，答应马上进货，待进货后，马上补货给用户。为了实现补货，往往发生补货费用。例如为了吸引顾客，需要花费招待费、感情费、回扣费，或是优惠服务、优惠价格等所花费的费用。

（5）进货费和购买费：进货费是指进货途中的全部费用，即运杂费，包括运费、包装费、装卸费、租赁费、延时费等。购买费是指物资的原价。设单位物资的进货费为 c，单价为 K，订货量为 Q，则总进货费和购买费 C 为：C=（c+K）Q。

2. 固定费用

进货费与购买费都与订货批量无关，批量订多订少都不会影响其总进货费和购买费。我们把这种与订货批量无关的费用称为固定费用。

3. 可变费用

把那些与订货批量有关的费用称作可变费用。如下都是可变费用：订货费、保管费、缺货费、补货费。

4. 总费用

所谓总费用，即各项费用的总和。

5.7 库存控制方法

库存控制（Inventory Control），是对制造业或服务业生产、经营全过程的各种物品，产成品以及其他资源进行管理和控制，使其储备保持在经济合理的水平上。库存控制是仓储管理的一个重要组成部门。它是在满足顾客服务要求的前提下通过对企业的库存水平进行控制，力求尽可能降低库存水平、提高物流系统的效率，以提高企业的市场竞争力。

5.7.1 库存控制的基本方式

库存控制要解决三个问题：确定库存检查周期、确定订货量、确定订货点。最基本的库存控制系统有四种：连续性检查的固定订货量、固定订货点控制系统，即（Q，R）策略；连续性检查的固定订货点、最大库存策略，即（R，S）策略；周期性检查策略，即（t，S）策略；综合库存策略，即（t，R，S）策略。

1. 连续性检查的固定订货量、固定订货点策略

其基本思想是：对库存进行连续性检查，当库存降到订货点水平R时，即发出订货，每次的订货量保持不变，都为固定值Q。该策略适用于需求量大、缺货费用较高、需求波动性很大的情形。要发现现有库存量是否达到订货点R，必须随时检查库存量，这就增加了管理工作量，但它使库存量得到严密的控制。因此，适用于价值较高的重要物资的库存控制。为了减少管理工作量，可采用双仓系统（Two - bin System）。所谓双仓系统使将同一物资分放两仓（或两个容器），其中一仓使用完之后，库存控制系统发出订货，在发出订货后，就开始使用另一仓的物资，直到下一批订单到货，再将物资按两仓存放。

2. 连续性检查的固定订货点、最大库存策略

其基本思想是：对库存进行连续性检查，当库存降到订货点水平R时，即发出订货，订货后使最大库存保持不变，即为常量S，如果检查时库存量为I，则订货量为（S－I）。

3. 周期性检查策略

其基本思想是：每隔一定时期检查一次库存，并发出一次订货，把现有库存补充到最大库存水平S，如果检查时库存量为I，则订货量为（S－I）。该策略不设订货点，只设固定检查周期和最大库存量，适用于一些不很重要的或使用量不大的物资。该策略不需要随时检查库存量，到了固定的间隔期，各种不同的物资可以同时订货，简化了管理，节省了订货费用。缺点是不论库存水平I降得多还是少，都要按期发出订货。

4. 综合库存策略

综合库存策略是周期性检查策略和连续性检查的固定订货点、最大库存策略的综合。这种补给策略有一个固定的检查周期t、最大库存量S、固定订货点水平R。当经过一定的检查周期t后，若库存低于订货点，则发出订货，否则，不订货。订货量的大小等于最大库存量减去检查时的库存量。

例如，当经过固定的检查时期到达A点时，库存已降低到订货点水平线R之下，因而应发出一次订货，订货量等于最大库存量S与当时的库存量I1的差（S－I1）。经过一定的订货提前期后在B点订货到达，库存补充到C点，在第二个检查期到来时，此时库存位置在D，比订货点水平位置线高，无须订货。第三个检查期到来时，库存点在I3，小于订货点，又发出一次订货，订货量为（S－I3）。如此，周期进行下去，实现周期性库存补给。

5.7.2 ABC库存重点控制方法

1. ABC分析方法简述

1879年，意大利学者帕累托提出：社会财富的80%是掌握在20%的人手中，而余下

的 80％的人只占有 20％的财富。渐渐地，这种“关键的少数和次要的多数”的理论，被广为应用在社会学和经济学中，并被称为帕累托原则，即 80/20 原则。“关键的少数和次要的多数”是普遍存在的，可以说比比皆是。在一个系统中，少数事物具有决定性的影响。相反，其余的绝大部分事物却不太有影响。很明显，如果将有限的力量主要用于解决具有决定性影响的少数事物上，和将有限力量平均分摊在全部事物上，这两者比较，当然是前者可以取得较好的成效，而后者成效较差。ABC 分析便是在这一思想的指导下，通过分析将“关键的少数”找出来，并确定与之适应的管理方法。

2. ABC 分类的标准与方法

ABC 分类的基本原理：将库存物品按品种和占用资金的多少分为特别重要的库存（A 类）、一般重要的库存（B 类）和不重要的库存（C 类），然后针对不同等级分别进行管理与控制。其核心是“抓住重点，分清主次”。库存物资所占总库存资金的比例和所占总库存物资品种数目的比例，大致上按图 5－2 所示的标准进行分类。

品种	分类	资金额
10%	A	70%
20%	B	20%
70%	C	10%

图 5－2　ABC 库存分类的资金比例和物资品种数目的比例

3. ABC 分类管理的原则

A 类货物的管理：品种少，但占用库存资金多，是所谓的“重要的少数”，要重点管理。应采取下列策略：每件商品皆作编号；尽可能正确地预测需求量；少量采购，尽可能在不影响需求下减少库存量；请求供货单位配合，力求出货量平稳化，以降低需求变动，减少安全库存量；与供应商协调，尽可能缩短订货提前期；采用定期定货方式，对其存货必须作定期检查；必须严格执行盘点，每天或每周盘点一次，以提高库存精度；对交货期加强控制，在制品及发货也必须从严控制；货品放置于易于出库的位置；实施货物包装外形标准化，增加出入库的库位；A 类货品的采购需经高层主管审核。

B 类货物的管理：正常的控制，采用比 A 类货物相对简单的管理办法；B 类货物中销售额比较高的品种要采用定期订货方式或定期定量混合方式；每 2～3 周盘点 1 次；中量采购；采购需经中级主管审核。

C 类货物的管理：C 类货品种类多，但占库存资金少，是属于“不重要的大多数”，采取简单的管理策略。将一些货物不列入日常管理的范围，如对螺丝、螺母之类的数量大、价值低的货物不作为日常盘点的货物，并可规定最少出库的批量，以减少处理次数；为防止库存缺货，安全库存要多些，或减少订货次数以降低费用；减少这类物资的盘点次数；可以很快订货的货物，可以不设置库存；采购仅需经基层主管审核。

4. ABC分类管理举例

例 5.1 某企业全部库存商品共计3424种，按每一品种年度销售额从大到小顺序，排成如表所列的七档，统计每档的品种数和销售金额（如表5－1所示）要求用ABC分析法确定分类。

表 5－1 **企业库存商品的品种数和销售金额**

每种商品年销售额X（万元）	品种数	销售额（万元）
X>6	260	5800
4<X≤6	68	500
4<X≤5	55	250
3<X≤4	95	340
2<X≤3	170	420
1<X≤2	352	410
X≤1	2424	670

解：库存物资ABC分类可分为数据收集、统计汇总、制作ABC分析表、确定ABC类别、绘ABC分类管理图和确定管理方法几个步骤。

第一步：数据收集。

第二步：统计汇总，根据该题给定数据，作出汇总表（见表5－1）。

第三步：根据ABC分类标准，制作ABC分析表（见表5－2）。

分类方法：X>5为A类；1<X≤5为B类，X≤1为C类。

表 5－2 **ABC分析表**

分类	品种数	占全部品种的百分比（%）	占全部品种的累计百分比（%）	销售额（万元）	占销售总额的百分比（%）	占销售总额的累计百分比（%）
A	328	9.6	9.6	6300	75.1	75.1
B	672	19.6	29.2	1420	16.9	92.1
C	2421	70.8	100	670	8	100

第四步：根据上表绘制ABC分类管理图，如图5－3所示。

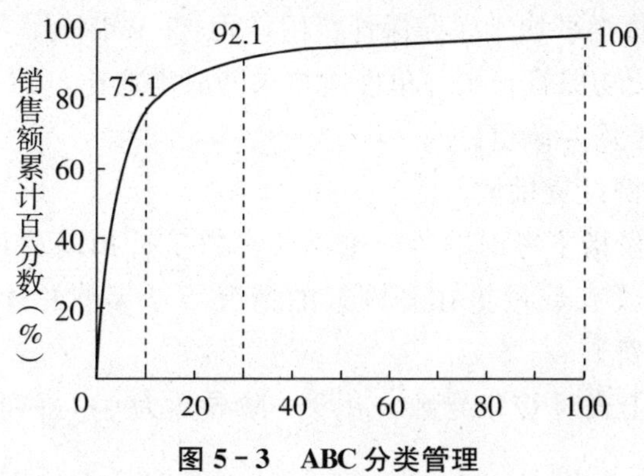

图 5－3 ABC 分类管理

5.7.3 经济订货批量（EOQ）库存控制模型

经济订货批量法（EOQ）通过费用分析求得在库存总费用最小时的订货批量，用以解决独立需求物品的库存控制问题。EOQ 库存控制模型中的费用主要包括：库存保管费用、订货费、缺货费。EOQ 的控制原理就在于控制订货批量，使年度总库存成本量小。其中，年度总库存成本＝年度采购成本＋库存保管费＋订货费。

假设：商品需求量均衡、稳定，年需求量为固定常数，价格固定，年度采购成本（指所采购货物的价值，等于年需求量×价格）为固定常数，且与订购批量无关。则年度总库存成本与批量的关系如图 5－4 所示。

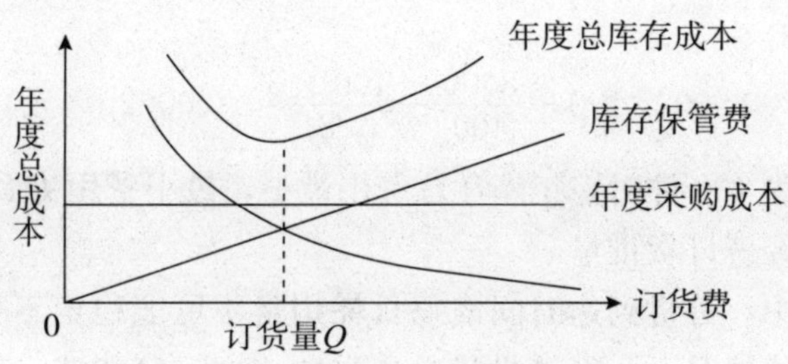

图 5－4 总库存成本与批量的关系

从图 5－4 可见，库存保管费随订购量增大而增大，订货费用随订购量增大而减少，而当两者费用相等时，总费用曲线处于最低点，这时的订货量为 EOQ。

（1）理想的经济订货批量

$$TC = DP + \frac{DC}{Q} + \frac{QK}{2}$$

式中：TC——年度库存总费用，元；

D——年需求量，件/年；

P——单位采购成本，元/件；

Q——每次订货批量，件；

C——单位订货费，元/次；

K——每次货物平均年库存保管费用，元/件·年；

F——单件货物保管费用与单件货物采购成本之比，即年保管费率；

$Q/2$——年平均存储量；

EOQ——经济订货批量。

理想的经济订货批量指不考虑缺货，也不考虑数量折扣以及其他问题的经济订货批量。在不允许缺货，也没有数量折扣等因素的情况下：年度总库存成本＝年度采购成本＋库存保管费＋订货费。

要使 TC 最小，将上式对 Q 求导数，并令一阶导数为 0，得到经济订购批量 EOQ 的计算公式：

$$EOQ=\sqrt{\frac{2DC}{K}}=\sqrt{\frac{2CD}{PF}}$$

例 5.2 某企业每年需要购买 8000 套儿童服装，每套服装的价格是 100 元，其年储存成本是 3 元/件，每次订购成本为 30 元。问：最优订货数量、年订购次数和预期每次订货时间间隔为多少（每年按 360 天计算）？

解：D＝8000 件/年，C＝30 元/次，K＝3 元/件·年，采用经济订货批量公式，有：

$$EOQ=\sqrt{\frac{2DC}{K}}=\sqrt{\frac{2\times30\times8000}{3}}=400\text{（件）}$$

年订购次数＝$\dfrac{D}{EOQ}=\dfrac{8000}{400}$＝20（次）

间隔＝$\dfrac{360}{20}$＝18（天）

年度库存总费用＝$8000\times100+\dfrac{8000}{400}+\dfrac{400\times3}{2}$＝800620（元）

即每次订购批量为 400 件时，年库存总费用最小，最小费用为 800620 元。

（2）允许缺货的经济订货批量

在实际生产活动中，订货到达时间或每日耗用量不可能稳定不变，因此有时不免会出现缺货。在允许缺货情况下，经济批量是指采购成本、订货费、保管费和缺货费之和最小时的订货量，计算公式为：

$$EOQ=\sqrt{\frac{2DC}{K}}\cdot\sqrt{\frac{K+C_0}{C_0}}$$

式中：C——每次订货费，元/次；

C_0——单位缺货费，元/件·年；

K——单位货物平均年度库存保管费，元/件·年；

D——年需求量。

例 5.3 在上题中，允许缺货，且年缺货费损失费为 6 元/件·年。若其他条件不变，允许缺货的经济批量是多少？

解：D＝8000 件/年，C＝30 元/件，K＝3 元/件·年，C_0＝6 元/件·年，根据上述公式，有：

$$EOQ=\sqrt{\frac{2DC}{K}}\cdot\sqrt{\frac{K+C_0}{C_0}}=\sqrt{\frac{2\times 30\times 8000}{3}}\cdot\sqrt{\frac{3+6}{6}}=490\text{（件）}$$

（3）数量折扣的经济订货批量

为了鼓励大批量购买，供应商往往在订购数量超过一定量时提供优惠的价格。在这种情况下，买方应进行计算和比较，以确定是否需要增加订货量去获得折扣。其判断的准则是：若接受折扣所产生的年度总费用小于经济订购批量所产生的年度总费用，则应接受折扣；反之，应按不考虑数量折扣计算的经济订购批量 EOQ 购买。

例 5.4　在上例中，若供应商给出的数量折扣条件是：若一次订购量小于 600 件时，每件价格是 100 元；若一次订购量大于或等于 600 件时，每件价格是 80 元。若其他条件不变，问每次应采购多少件？

解：根据供应商给出的条件，分析如下：

①计算按享受折扣价格时的批量，即 600 件采购的年度总费用。

此时 $D=8000$ 件/年，$C=30$ 元/件，$K=3$ 元/件·年，$P=80$ 元/件·年，$Q=600$ 件，根据公式 $TC=DP+\frac{DC}{Q}+\frac{QK}{2}$，有：

$$\text{年度总费用}=8000\times 80+\frac{8000\times 30}{600}+\frac{600\times 3}{2}=641300\text{（元）}$$

②按折扣价格计算经济订购批量 EOQ。

此时 $D=8000$ 件/年，$C=30$ 元/件，$K=3$ 元/件·年，$P=80$ 元/件，根据公式

$$EOQ=\sqrt{\frac{2DC}{K}}=\sqrt{\frac{2\times 30\times 8000}{3}}=400\text{（件）。}$$

即价格为 80 元时，经济订购批量 EOQ 仍然为 400 件。

③分析判断

根据（2）计算结果可知，按价格 80 元/件计算的经济订购批量是 400 件，它小于享受折扣条件规定的数量（一次不小于 600 件），这表明每次订 400 元是不能享受折扣价格的，这时只能按价格 100 元/件计算年度总费用。根据例 5.2 计算结果可以知道，这种情况下的年度总费用是 800620 元。再根据①计算结果可以判断，若按享受折扣价格时的批量即 600 件采购，年度总费用为 641300 元，小于按不享受折扣价格时的批量，即 400 件采购的年度总费用 800620 元。因此，采购策略应为每次订购 600 件。

（4）考虑运输数量折扣的经济批量

当运输费用由卖方支付时，一般不考虑运输费用对年度总费用的影响。但如果由买方支付，则会考虑对年度总费用的影响。此时，年度总费用需在公式的基础上再加上运输费用，即：年度总库存成本＝年度采购成本＋库存保管费＋订货费＋运输费，用公式表示为：

$$TC=DP+\frac{DC}{Q}+\frac{QK}{2}+Y$$

式中：Y——运输费，元。

简单的比较方法是将有无运价折扣的两种情况下的年度总费用进行对比，选择年度总费用小的方案。

例 5.5 在上例中，若订购批量小于 600 件时，运输价格为 2 元/件，若订购批量大于 600 件时，运输价格为 1.5 元/件。若其他条件不变，最佳订购批量是多少？

解：①按 EOQ 计算年度库存总费用，根据公式：

$$TC = DP + \frac{DC}{Q} + \frac{QK}{2} + Y$$

$$= 8000 \times 100 + \frac{8000 \times 30}{400} + \frac{400 \times 3}{2} + 8000 \times 2 = 817200\text{（元）}$$

②按运价折扣计算年度库存总费用，根据公式：

$$TC_2 = DP + \frac{DC}{Q} + \frac{QK}{2} + Y$$

$$= 8000 \times 100 + \frac{8000 \times 30}{400} + \frac{400 \times 3}{2} + 8000 \times 1.5 = 813200\text{（元）}$$

③比较。根据①、②的计算结果可以判断，按一次订购 600 件可以节省年度库存总费用 817200 元－813200 元＝4000 元。因此，应该每次订购 600 件。

5.7.4 定量订货法与定期订货法

1. 定量订货法原理

定量订货法是指当库存量下降到预定的最低库存量（订货点 R）时，按规定（数量一般以经济批量 EOQ 为标准）进行订货补充的一种库存控制方法。它主要靠控制订货点和订货批量两个参数来控制进货，达到既最好地满足库存需求，又能使总费用最低的目的。库存量变化如图 5－5 所示。

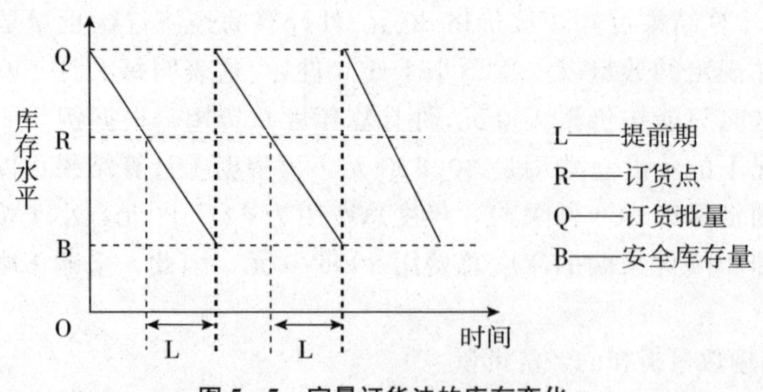

图 5－5 定量订货法的库存变化

（1）定量订货法控制参数的确定

实施定量订货法需要确定两个控制参数：一个是订货点，即订货点库存量；另一个是订货数量，即经济批量 EOQ。

订货数量，即经济批量 EOQ 的确定，可以按上个小节的方法确定。以下重点介绍订货点的确定。

影响订货点的因素有三个：订货提前期、平均需求量和安全库存。根据这三个因素我们可以简单地确定订货点。计算公式为：

订货点＝平均每天的需要量×提前期＋安全库存　　(5.1)

安全库存＝（预计每天最大耗用量－每天正常耗用量）×提前期　　(5.2)

例 5.6　某企业甲种物资的经济订购批量为 750 吨，订货提前期为 10 天，平均每日正常需求量为 25 吨，预计日最大耗用量为 40 吨，求订购点。

解：根据公式（5.1）、（5.2）：

订购点＝10×25＋（40－25）×10＝400（吨）

(2) 定量订货法的优缺点

①优点

a. 控制参数一经确定，则实际操作就变得非常简单了。实际中经常采用“双堆法”来处理。所谓双堆法，就是将某商品库存分为两堆，一堆为经常库存，另一堆为订货点库存，当消耗完就开始订货，平时用经常库存，不断重复操作。这样可减少经常盘点库存的次数，方便可靠。

b. 当订货量确定后，商品的验收、入库、保管和出库业务可以利用现有规格化器具和计算方式，可以有效地节约搬运、包装等方面的作业量。

c. 充分发挥了经济批量的作用，可降低库存成本，节约费用，提高经济效益。

②缺点

a. 要随时掌握库存动态，严格控制安全库存和订货点库存，占用了一定的人力和物力。

b. 订货模式过于机械，不具有灵活性。

c. 订货时间不能预先确定，对于人员、资金、工作业务的计划安排不利。

d. 受单一订货的限制，对于实行多品种联合订货，采用此方法时还需要灵活掌握处理。

(3) 适用范围

这种方法适合以下类别的货物：订购单价便宜，且不便于少量订购的物品，如螺栓、螺母；需求预测比较困难的维修物料；品种数量繁多、库存管理事务量大的物品；计算清点复杂的物品；需求量比较平稳的物品。

2. 定期订货法的原理

定期订货法是按预先确定的订货时间间隔进行订货补充的库存管理方法。它是基于时间的订货控制方法，它设定订货周期和最高库存量，从而达到控制库存量的目的。只要订货间隔期和最高库存量控制合理，就可能实现既保障需求、合理存货，又可以节省库存费用的目标。

定期订货法的原理：预先确定一个订货周期和最高库存量，周期性地检查库存，根据最高库存量、实际库存、在途订货量和待出库商品数量，计算出每次订货批量发出订货指令，组织订货，其库存变化如图 5－6 所示。

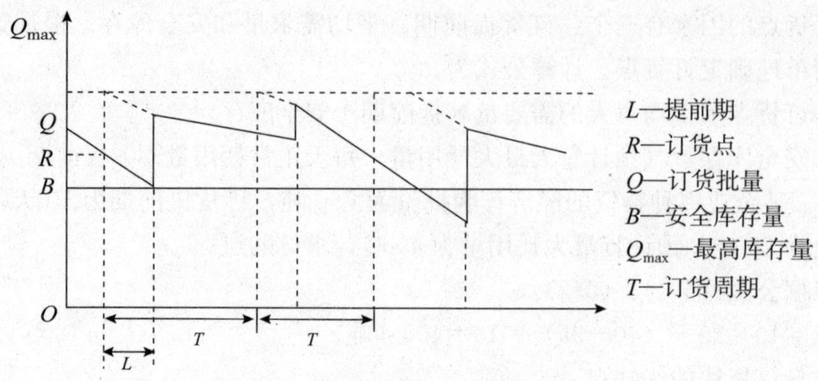

图 5-6 定期订货法库存变化

(1) 定期订货法的控制参数

①订货周期 T 的确定

订货周期实际上就是定期订货的订货点，其间隔时间总是相等的。订货间隔期的长短直接决定最高库存量的大小，即库存水平的高低，进而也决定了库存成本的多少。所以，订货周期不能太长，否则会使库存成本上升；也不能太短，太短会增加订货次数，使得订货费用增加，进而增加库存总成本。从费用角度出发，如果要使总费用达到最低，我们可以采用经济订货周期的方法来确定订货周期 T，其公式为：

$$T^{*}=\sqrt{\frac{2C}{KM}}$$

式中：C——每次订货成本；

K——单位货物的年保管费用；

M——单位时间内库存商品需求量（销售量）；

T^{*}——经济订货周期。

在实际操作中，经常结合供应商的生产周期来调整经济订货期，从而确定一个合理可行的订货周期。当然也可以结合人们比较习惯的时间单位，如周、旬、月、季、年等来确定经济订货周期，从而与企业的生产计划、工作计划相吻合。

②订货量的确定

定期订货法的订货数量是不固定的，订货批量的多少都是由当时的实际库存量的大小决定的，考虑到订货点时在途到货量和已发出出货指令尚未出货的待出货数量（称为订货余额），每次订货量的计算公式为：

订货量＝平均每天的需求量×（提前期＋订购间隔）＋安全库存－实际库存量 (5.3)

安全库存＝（预计每天最大耗用量—每天正常耗用量）×提前期 (5.4)

例 5.7 某企业乙种物资的经济订购批量为 750 吨，订购间隔期为 30 天，订货提前期为 10 天，平均每日正常需求量为 25 吨，预计日最大耗用量为 40 吨，订购日的实际库存量为 600 吨，订货余额为 0，求订购数量。

解：根据公式（5.3）、（5.4）

订货量＝25×（10＋30）＋（40－25）×10－600＝550（吨）

订货策略为：在订货日应订购550吨。

（2）定期订货法的优缺点

①优点

a. 可以合并出货，减少订货费。

b. 周期盘点比较彻底、精确，避免了定量订货法每天盘存的做法，减少了工作量，提高了工作效率。

c. 库存管理的计划性强，有利于工作计划的安排，实行计划管理。

②缺点

a. 需要较大的安全库存量来保证库存需求。

b. 每次订货的批量不固定，无法制定出经济订货批量，因而运营成本较高，经济性较差。

c. 手续麻烦、每次订货都得检查储备量和订货合同，并要计算出订货量。

（3）适用范围

定期订货法的适用范围一般包括：消费金额高，需要实施严格管理的重点物品；根据市场的状况和经营方针经常调整生产或采购数量的商品；需求量变动幅度大，但变动具有周期性，而且可以正确判断其周期的物品；建筑工程、出口等时间可以确定的物品；受交易习惯的影响，需要定期采购的物品；多种商品一起采购可以节省运输费用的物品等。

5.7.5 供应商管理库存（VMI）

供应商管理库存（VMI）是以供应商为中心，以双方成本最低为目标，在共同的框架协议下，供应链下游企业库存决策权代理给上游供应商，供应商行使库存决策权利，通过对框架协议经常性地监督和修改，从而实现持续改进。供应商进行VMI管理，很重要的前提就是供应商能实时查看用户销售信息和当前库存，能够对市场需求进行预测从而决定是否补货，补货量是多少。供应商管理库存大多采用VMI集中模式，就是在供应商和用户企业之间增加节点库存，对供应商货物进行管理。这个节点仓库可以交由第三方物流企业进行管理。供应商、第三方物流企业、用户企业组成一个虚拟企业，第三方物流企业负责协调存货、运输、补货、产品检验等工作，并负责接受用户企业的销售、库存等信息，预测系统为用户企业进行需求预测和制订补货计划等。图5-7为基于第三方物流的VMI集中管理模型。

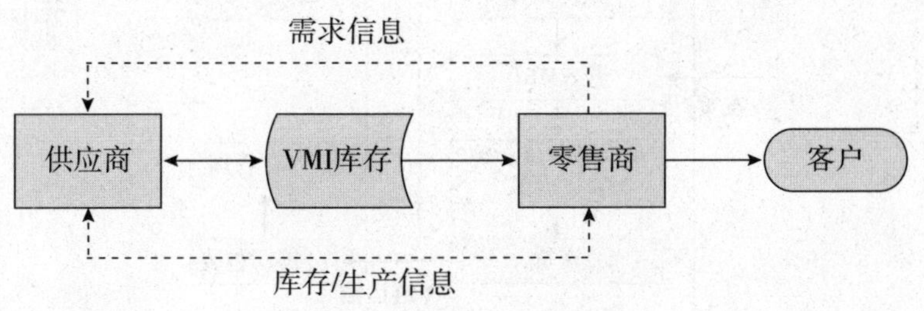

图5-7 VMI集中管理模型

供应商管理库存方法的主要特点：

（1）信息共享。零售商帮助供应商更有效地作出计划，供应商从零售商处获得销售数据并使用该数据来协调其生产、库存活动及零售商的实际销售活动；

（2）供应商拥有管理库存。供应商完全管理和拥有库存，直到零售商将其售出为止，但是零售商对库存有看管义务，并对库存物品的损伤或损坏负责。实施 VMI 有很多优点。首先，供应商拥有库存，对于零售商来说，可以省去多余的订货部门，使库存成本更低，服务水平更高。其次，供应商拥有库存，供应商会对库存考虑更多，并尽可能进行更为有效的管理，协调好企业的生产与配送，进一步降低总成本。

（3）需求准确预测。供应商能按照销售数据，对需求作出预测，能更准确地确定送货批量，减少预测的不确定性，从而减少安全库存量，存储与供货成本更小。同时，供应商能更快响应用户需求，提高服务水平，使得用户的库存水平也降低。

小案例　冷链配送中心水产品 VMI 库存管理

生鲜水产品作为一类易腐化变质产品，在采购、存储、运输过程中必须建立高效的冷链物流系统。为保证生鲜水产品采购及配送过程中的质量、减少损耗率，目前在水产品物流管理中，很多通过与大型零售企业合作进行水产品农超对接，建立了基于冷链配送中心的水产品供应商管理库存模式，以保证水产品质量安全和低成本高效运作。水产品供应商管理库存模式中，水产品正是由冷链配送中心直接提供给零售商，而零售商将每天的销售、库存以及退货报告给冷链配送中心，冷链配送中心负责监控本中心库存和零售商的库存，并将库存情况、相关统计报告传送给供应商、水产品生产商及农户，实施订单产生、加工与捕捞。图 5－8 为基于质量安全的水产品冷链配送中心供应商管理库存运作流程图。

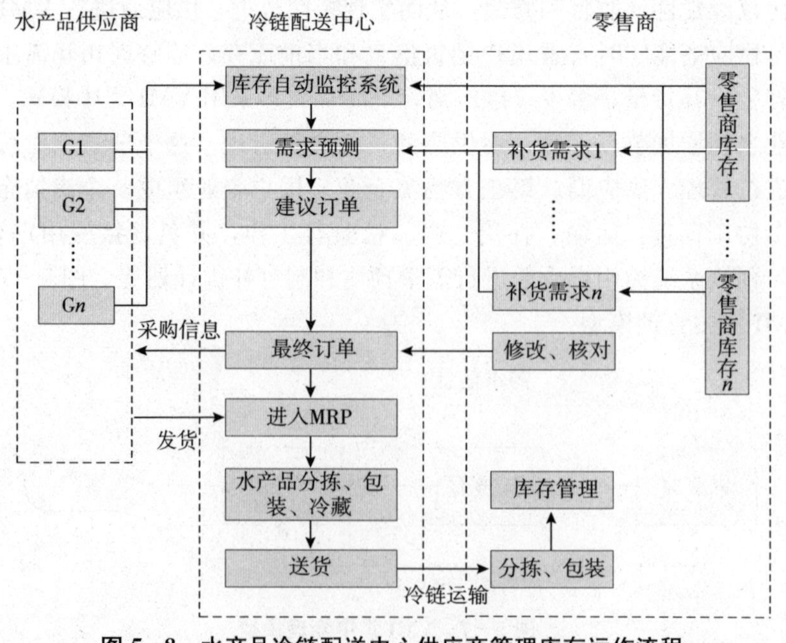

图 5－8　水产品冷链配送中心供应商管理库存运作流程

5.7.6 其他库存控制方法

由于物流系统具有时间和空间上不确定性等特点，库存管理非常复杂，因此在实际企业物流管理、生产运营中还产生了一些现代库存控制理论和方法，如联合库存管理方法、多级库存控制、基于控制理论的库存控制方法等。

1. 联合库存管理

联合库存管理（Jointly Managed Inventory，JMI），是一种在 VMI 的基础上发展起来的上游企业和下游企业权利责任平衡和风险共担的库存管理模式。联合库存管理模式体现了供应链的新型企业合作关系，强调供应链企业间的互利双赢。

联合库存管理的优点：

（1）联合库存管理强调供应链中各个节点同时参与，共同制订库存计划，从而部分消除了由于供应链环节之间不确定性和需求信息扭曲现象导致的库存波动及“牛鞭效应”，提高了供应链的稳定性。

（2）联合库存管理可使供应链库存层次和运输路线得到优化，在减少物流环节、降低物流成本的同时，提高了供应链的整体工作效率。

（3）从供应链整体来看，联合库存管理减少了库存点和相应的库存管理费及仓储作业费，从而降低了供应链系统总的库存费用。

（4）联合库存控制为其他科学的供应链物流管理模式，如连续补货、准时化供货、协同化运作提供了条件和保证。

小贴士

牛鞭效应

牛鞭效应（Bullwhip Effect），是供应链管理的基本原理之一，指的是供应链上的一种需求变异放大现象，是信息流从最终客户端向原始供应商端传递时，无法有效地实现信息的共享，使得信息扭曲而逐级放大，导致了需求信息出现越来越大的波动，此信息扭曲的放大作用在图形上很像一根甩起的牛鞭，因此被形象地称为“牛鞭效应”。

2. 协同、规划、预测、补给

协同、规划、预测、补给（Collaborative，Planning，Forecasting and Replenishment，CPFR）是一种管理哲学，即通过共同管理业务过程和共享信息来改善伙伴关系、提高预测的准确度，力求达到提高供应链效率、减少库存和消费者满意度的目标。作为一种协同式库存管理模式，它能在降低销售商库存量的同时增大供应商的销售量，其最大的优势是能够及时准确的预测出由于各项促销措施或异常变化带来的销售高峰或波动，从而使销售商和供应商都能做好充分的准备，赢得竞争优势。

3. 基于现代控制理论的库存控制方法

在供应链环境下，由于受到诸多不确定性的影响，库存管理越来越复杂，“牛鞭效应”难于抑制，而且系统的稳定性受到挑战。现代控制理论中的鲁棒控制理论、线性矩阵不等式等方法在库存控制中已经得到成功应用。研究和实践表明基于现代控制理论的库存控制方法能有效抑制不确定环境下库存系统的“牛鞭效应”，保证系统的稳定运行。

案例分析　安吉汽车零部件库存管理与优化

小王是研究生一年级的学生，暑期将至，为丰富自己的社会经验及为以后的工作打好基础，小王决定在暑期去实习。通过层层面试，小王被某国际著名咨询公司录取成为该公司的一名暑期实习生。近期，该咨询公司与上海安吉汽车零部件物流有限公司（以下统称为安吉零部件）达成项目合作，目的是为安吉零部件解决他们在零部件配送过程中存在的问题。小王很荣幸地作为公司李经理的助理也参与了这个项目。在这个项目中，李经理主要负责为安吉零部件解决其 SVW（上海大众）项目部在为上海大众配送零部件过程中出现的问题。

为了深入了解 SVW 项目部在零部件物流中存在的问题，李经理带着小王去安吉零部件做过多次调研工作。他们在零部件运营管理部顾经理的指导下很快了解到 SVW 项目部的基本情况。根据顾经理的介绍，从 2000 年开始，上海大众就开始物色物流公司，通过多方考察，上海大众在众多的物流公司中选中了有多年物流经验的安吉零部件，并于 2003 年 7 月份签订了零部件物流合同。顾经理强调说，安吉零部件的高层领导对于这次与上海大众的合作非常重视，为了做好上海大众的售后零部件的供应工作，在 2003 年底，公司高层的领导一致同意成立专门为上海大众服务的 SVW 项目部。在该项目中，安吉零部件主要负责管理 SVW 的售后零部件订单及向上海大众分布在全国的 4S 店或分中心配送零部件等业务。

小王在与安吉零部件员工的交流中了解到，随着上海大众近几年的不断发展壮大，安吉零部件售后仓库的数量也在逐渐增加，现已从去年的 4 个零部件售后仓库增加至 9 个，这 9 个仓库中一个是上海大众配件中央总库 CPD，另外 8 个为外库，其中 2 个外库为非发货仓库，其余 6 个外库均为发货仓库。除其中一个非发货仓库建在浙江昆山市之外，其他 8 个仓库都建在了上海嘉定区，这些外库均为中央总库 CPD 服务。8 个外库与 CPD 仓库间距离因建库的地址不同而远近不等，近的约 2km 左右，远的则 35km（表 5－3 为 9 个仓库的基本情况表，图 5－9 为汽车零部件多级仓库网络示意图）。SVW 项目部的顾经理还提到，在 SVW 项目中，上海大众负责零部件的采购，将采购的能满足一段时间销售数量的零部件存放在 7 个发货仓库中，由于发货仓库面积不足和库存数量过大等原因会将采购的其他的零部件存放在 2 个非发货仓库中，当发货仓库的库存不足时，非发货仓库要向发货仓库及时补充零部件，每个发货仓库储存一定种类和数量的零部件，同时 7 个发货仓库储存的零部件的种类各不相同。根据这种零部件储存方式，当安吉零部件的 SAP 系统接到 4S 店或分中心的订单后会根据订单要求向订单中涉及的发货仓库发送零部件配送要求，然后接到订单请求的发货仓库会根据规定的发货流程（图 5－10 为仓库发货流程），外库（发货仓库）会将订单中的零部件集齐后用载重量为5t的栏板车（每个发货外库配备一辆5t的栏板车）将零部件短驳至CPD仓库，CPD仓库集齐订单上的零部件后再统一向4S店或分中心配送。在感叹安吉物流精细严谨的操作化流程的同时，小王也了解到，SVW项目部也存在一些问题，例如：由于每天处理订单数量很大，仓储条件和仓库间短驳工具又很有限，因此，零部件配送业务在运作过程中还存在着订单不能按时完成的诸多问题。

表5-3　9个仓库的基本情况

类别	仓库名称	仓库编号	地址	面积 m^2	距CPD路程（km）
发货仓库	CPD	CPD	上海嘉定区园汽路1000号	42000	
	1	1101	上海嘉定区民丰路24号	3600	6.4
	2	1102	上海嘉定区于塘路379号	15000	3.2
	3	1103	上海嘉定区园工路1169号	1000	3.9
	4	1104	上海嘉定区园国路1366号	14500	3.7
	5	1105	昆山市淀山湖镇北苑路288号	25000	35.0
	6	9106	上海嘉定区泰丰路225号	2118	2.0
非发货仓库	1	1001	上海市嘉定区安亭镇墨玉北路98号	5000	5.3
	2	1002	上海市嘉定区和静东路318号	9000	4.1

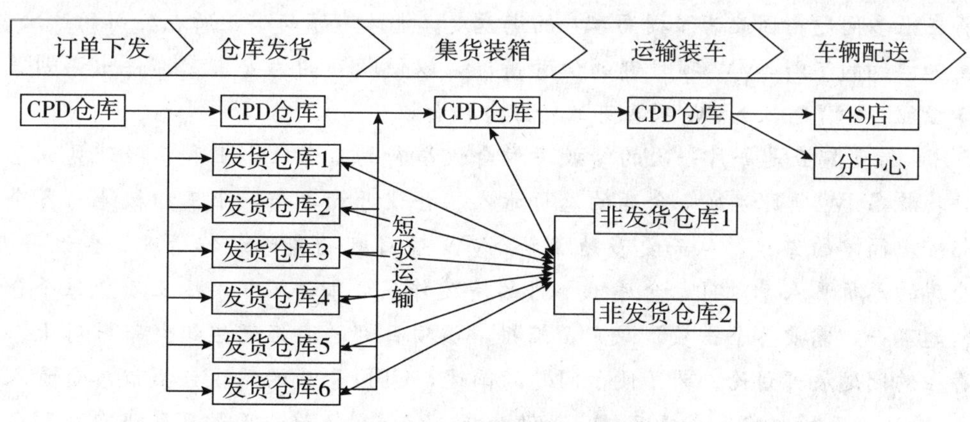

图5-9　多级仓库网络示意

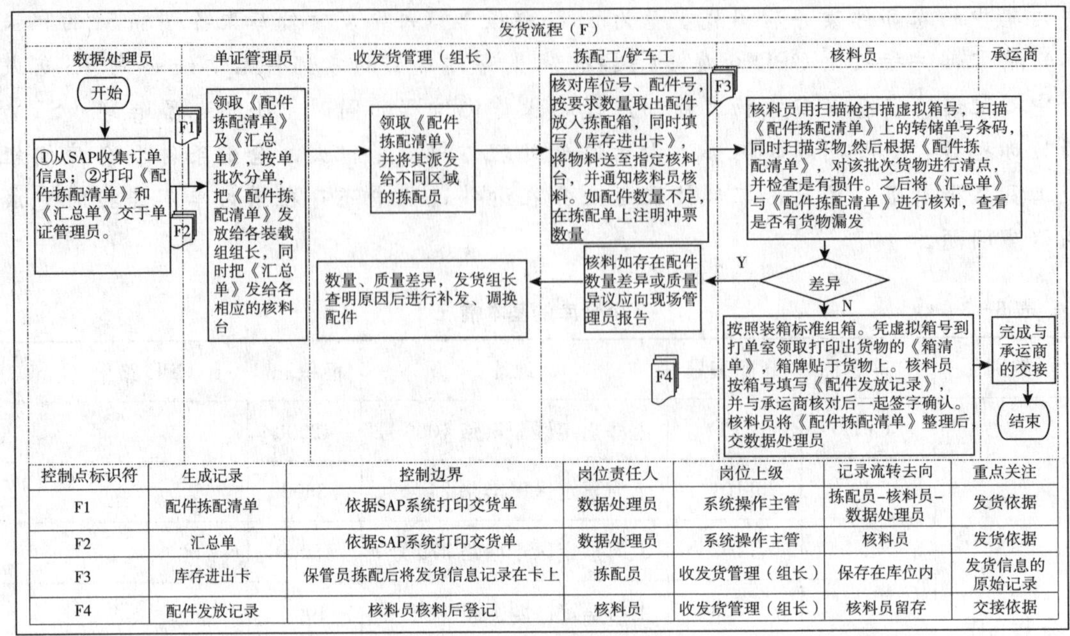

控制点标识符	生成记录	控制边界	岗位责任人	岗位上级	记录流转去向	重点关注
F1	配件拣配清单	依据SAP系统打印交货单	数据处理员	系统操作主管	拣配员-核料员-数据处理员	发货依据
F2	汇总单	依据SAP系统打印交货单	数据处理员	系统操作主管	核料员	发货依据
F3	库存进出卡	保管员拣配后将发货信息记录在卡上	拣配员	收发货管理（组长）	保存在库位内	发货信息的原始记录
F4	配件发放记录	核料员核料后登记	核料员	收发货管理（组长）	核料员留存	交接依据

图 5-10　发货流程

由于工作需要，小王接触安吉零部件 SVW 项目部的频率越来越高，也逐渐与该部门的职员熟悉起来，小王发现该项目部的主要负责人之一，小洪竟然是同门师哥，这对于小王的工作进展无疑锦上添花。小洪也很有耐心地为小王介绍 SVW 项目部的各种情况。从小洪那得知，自从该项目部成立以来，部门每天都会收到来自上海大众遍布全国的 4S 店或者分中心的几百甚至上千个订单，根据配送时间的要求，SVW 项目部会将它们分成三种类型：常规订单（订单配送日前完成），紧急订单（订单配送日完成）和分中心订单（48 小时内完成）。小洪还介绍说，为了使公司获得更长远的发展，安吉零部件的 SVW 项目部会在每个月的第一个工作日组织绩效考核会议，绩效考核的指标主要是订单达交率。在绩效考核会议上，通过各个仓库负责人对上一个月中订单完成情况等信息所做的汇报来统计订单达交率。通过绩效考核会议，SVW 项目部确实发现在配送业务中还存在很多问题，因此为了提高客户的满意度，也才有了与小王所在公司的这次合作。为了更加详细的了解 SVW 项目部的运营情况，以便顺利的为安吉零部件出谋划策，小王和李经理参加了一次 SVW 项目部的绩效考核会议。

6 月 1 号星期五是每月一次的绩效考核会议举行的日子，小王和李经理见到了安吉零部件物流 SVW 项目部每个仓库的总负责人。会议开始之前，小王积极地与各个负责人打招呼，简单的攀谈，从而更多地了解 SVW 项目部的实际运作情况。会议一开始，各个仓库的总负责人都对自己仓库上个月的情况作了详细的汇报，小王发现每个仓库存在的问题不一，需要各个击破。做完了汇报，该项目部的潘经理组织大家针对上个月配送中存在的问题展开讨论。为了便于问题的阐述，CPD 仓库的路主任提议各负责人将上个月 15 号这一天的订单完成情况抽出来做分析。经统计，这一天处理了来自全国各地的 271 家 4S 店或分中心的 712 份订单，涉及 6700 多种零部件，这些零部件分别分布在 6 个外库和CPD总库中，并给出了15号这一天的交货清单，从交货数量这一列可以看出这一天订单的完成情况：仓库1103，1104，1105和9106均由于补货不及时或时间太短没办法将零部件短驳至CPD仓库而不能按时完成订单。同时CPD仓库也由于缺货而不能完成订单计划。

会议期间，小王积极发挥自己打破沙锅问到底的性格，向路主任等各个仓库的总负责人提出了自己的疑问，他们很配合的回答了小王的问题。小王脑子飞快的转动，结合课堂上学习到的理论知识，小王心里对于SVW部门存在的问题有了更深一步的了解。会议结束后，小王和李经理根据这些天对安吉物流的调研资料及各个仓库负责人对上个月所有订单完成情况的汇报，整理出SVW部门主要存在三个问题：

(1) 由于任务量及到CPD的距离不等，6个外库的零部件到达CPD的时间一般不一致，当时间上来不及时就会导致订单不能按时完成；

(2) 由于每天的订单量较大，但CPD总库及6个发货外库的库存有限，两个非发货仓库对发货仓库补货不及时也会造成订单不能按时完成；

(3) 在会议的最后，由于考虑到零部件业务发展速度很快，以后极有可能会增加零部件仓库的数量，该项目部的潘经理又提出能否为他们设计一套在不增加仓库数量的情况下也能很快作出满足(1)、(2)要求的方案来。

结束会议后，在李经理和小王回公司的路上，他们为解决安吉零部件SVW项目部的问题提出了以下三个课题：

课题1：如何保证外库（发货仓库）与总库的发货同步性？

课题2：如何控制非发货仓库（2个）向发货仓库（7个）的及时补货？

课题3：设计在不增加仓库数量的前提下解决课题1、2的方案。

怎样解决这3个课题，小王陷入了深深的思考中……

（资料来源：2012年“安吉杯”全国大学生物流设计大赛案例）

本章习题

(1) 仓储活动有哪些类型？

(2) 试解释为什么仓储在制作和服务行业是必要的？

(3) 试阐述仓库建设规划流程。

(4) 结合实例分析供应商管理库存方法的特点及优势。

(5) M公司每年需购入某种产品800件，单价10元，每次的订货成本为200元，每单位库存成本为2元，试求经济订货批量和年订货次数。

(6) 某企业需要某物资1200单位，单价为10元/单位，年保管费率为20%，每次订货成本为300元。试求经济订货批量和年订货次数。

6　物流运输系统规划与设计

本章重点

⊙ 物流运输系统的功能和特点

⊙ 物流运输系统规划与设计的原则与主要内容

⊙ 物流运输方式的特点与选择

⊙ 最短路径、最大流运输模型

⊙ 物资优化调度运输模型

引导案例　上海联华配送路线调度优化

上海联华便利商业有限公司是上海较早成立且发展十分迅速的连锁经营便利店公司，至今在上海地区已开出了400多家自营、合资及加盟便利门店，同时又以合资等形式发展到江苏、浙江、辽宁、新疆等地。

便利店，顾名思义是一种提供便利的商店。一般来说，它的营业面积不大，约在60～100平方米左右，有数名工作人员，能提供3000种左右人们日常生活必需的小商品，并能提供一些人们日常所需的服务。每天的营业时间一般长达16小时或24小时通宵服务。由于营业面积不大，它可以深入到各个居民小区、车站、码头等，贴近人们的生活，给人们带来了极大的方便。现在人们不难在各居民小区、各条马路上发现便利店的身影。由于便利店规模较小，故在管理上更显重要，采用连锁经营的方式，所有下属便利门店采用统一的企业形象设计，统一的管理模式，能取得很好的品牌效应。统一的进货方式可保证所进商品的质量，同时降低采购成本。统一的销售价格，又可使顾客感到满意和放心。该公司经过几年来的努力，已取得了良好的经营业绩。

该公司各便利店所供商品的进货渠道主要有以下三个方面。少部分鲜活商品（如面包、牛奶、蔬菜等）每天由供货商直接送到各便利门店（以下简称门店）。公司自己建有一个冷冻仓库，负责各门店冷冻商品的供应，如冷冻肉食、禽类、速冻食品等。公司还有一个配货中心，负责其他常温商品的供应，如酒类、饮料、日用小商品等。门店根据各自的经营状况，在要货当日的上午10时前，将要货信息输入电脑，经通信线路传送到有关配货中心和冷冻仓库，而配货中心等收到各门店的要货信息，经汇总后，组织好相应商品，及时送到各门店。公司规定各门店每两天可要货一次。按目前400多家门店的总规模，每天要货的门店达200多家，且分布在全市各个地方。冷冻仓库由于供应品种较少，根据经验，每辆送货汽车一次满载可送20家门店，每天每车送货2次，现有车辆6辆。配货中心，由于供应品种较多，共有车辆11辆。

如何合理地调度这些送货车辆，在保证各门店要货能及时得到满足的前提下，使送货车辆经过的路途最少，是一个十分有重要的工作。对此，上海联华便利商业有限公司根据最短路径优化、经济距离计算、辐射区域分析、物资优化调度等模型建立物流线路优化调度支持系统，为400多家门店及送货车进行调度优化，提高物流运作效率，降低物流运作成本。

6.1 物流运输系统概述

运输是指用专用运输设备将物品从一个地点向另一地点运送。其中包括集货、分配、搬运、中转、装入、卸下、分散等一系列操作。运输是连接生产、仓储和消费的桥梁，它可以克服空间障碍，使货物增加价值，是物流系统最直观的功能要素之一，也是最基本的功能之一。

运输系统由运输基础设施、运输设备、运输工作人员组成。运输基础设施包括货场、道路、桥梁、信号、隧道、公路、河道和码头等。运输设备包括集装箱、汽车、牵引机车、拖车、飞机和船只等。运输工作人员包括装卸人员、维修人员、操作人员以及其他管理人员等。

6.1.1 物流运输系统的功能与特点

物流运输系统主要实现货物的转移，从而创造空间和时间价值，其功能包括货物移动、短期储存等。

物流运输系统的特点：

（1）物流运输系统是一个连续性的过程系统，它的连续性表现为运输过程的连续性和运输时间的连续性；

（2）物流运输系统的多环节、多功能等特点，表现为多个环节之间的联合作业，比如多种运输方式联合作业；

（3）物流运输系统具有网络特性，良好的运输系统要有合理的布局和结构，要建设成与内部外部协调的交通运输网；

（4）物流运输系统是一个动态系统，主要表现为物资的流动性、管理的动态性。

6.1.2 物流运输系统规划的原则

在进行物流运输系统规划时，还需遵循一定的原则来开展，做到与社会、经济、自然的和谐发展。主要原则如下：

（1）经济发展原则；

（2）协调发展原则；

（3）局部服从整体原则；

（4）近期与远期相结合的原则；

（5）需要与可能相结合的原则；

（6）理论与实践相结合的原则。

6.2 运输方式选择

目前，我们所熟知的运输方式主要有五种：铁路运输、公路运输、水路运输、航空运输以及管道运输。各运输方式的系统组成、运输特点不同，所提供的运输服务也不尽相同，各有其特点及优势。

6.2.1 运输方式分类及特点

1. 公路运输的特点

（1）机动灵活；

（2）驾驶人员容易培训；

（3）运输成本高；

（4）运输能力小；

（5）能耗高；

（6）环境污染严重；

（7）原始投资少，资金周转快。

优点：机动灵活，货物损耗少，运送速度快，可以实现门到门运输；投资少，修建公路的材料和技术比较容易解决，易在全社会广泛发展。

缺点：运输能力小，运输能耗很高，运输成本高，劳动生产率低；不适宜运输大宗和长距离货物，公路建设占地多。

2. 铁路运输的特点

（1）运行速度快；

（2）运输能力大；

（3）运输经常性好；

（4）运输成本低；

（5）能耗小，环境污染程度小；

（6）通用性好；

（7）投资大、建设周期长。

优点：速度快，运输不完全受自然条件限制，载运量大，运输成本较低。

缺点：灵活性差，只能在固定路线上实现运输，需要其他运输手段配合和衔接。

3. 航空运输的特点

（1）高速性；

（2）安全性高；

（3）性价特性良好；

（4）受气候条件限制；

（5）可达性差。

优点：速度快，不受地形限制，在火车、汽车不能达到地区可依靠航空运输。

缺点：机舱容积和载重量都比较小，运载成本和运价比地面运输高、空气污染大；由于飞行易受气象条件限制，影响其正常、准点性；速度快的优点在短途运输中难以充分发挥。

4. 水路运输的特点

（1）水路运输运载能力大、成本低、能耗少、投资省，是一些国家国内和国际运输的重要方式之一；

（2）受自然条件的限制与影响大；

（3）开发利用涉及面较广。

优点：成本低，能进行低成本、大批量、远距离的运输。

缺点：运输速度慢，受港口、水位、季节、气候影响较大，中断运输时间较长。

5. 管道运输的特点

（1）运输量大；

（2）管道建设周期长，投资费用高；

（3）占地少；

（4）环境污染小；

（5）能耗小，成本低；

（6）受气候影响小；

（7）灵活性差。

优点：由于采用密封设备，在运输过程中可避免散失、丢失等损失，也不存在其他运输设备本身在运输过程中消耗动力所形成的无效运输问题。

缺点：运输对象受到限制，承运的货物比较单一；灵活性差，不易扩展，运输管线往往完全固定，服务地理区域十分有限；设计量是个常量，所以与最高运输量之间协调的难度较大；在运输量明显不足时，运输成本会显著增加；运速较慢。

6.2.2　运输方式选择考虑的因素

各种运输方式拥有一系列服务属性，客户可以根据需求选择不同的运输方式。在运输方式选择模型中，有一些重要的因素需要考虑，诸如运输速度、运输容量、运输成本、运输质量及环境保护等。

1. 货品特征。不同产品对运输的要求不同。一般来说，粮食、煤炭大宗散货选择水路或铁路运输；日用品、小批量近程货物可选择公路运输；海产品、鲜花、珠宝可选择航空运输；石油、天然气可选择管道运输。

2. 运输速度和运距。运输速度的快慢、运输路程的远近决定了货物运输时间的长短，在途运输货物会形成资金占用，因此，运输时间的长短对能否及时满足销售需要、减少资金占用有重要影响。一般批量大、价值低的商品适合水路和铁路运输；批量小、价值高、运距长的商品适宜选择航空运输；批量小、距离近的适宜公路运输。

3. 运输容量。即运输能力，以能够应付某一时期的最大业务量为标准。运输能力的大小对企业分销影响很大，特别是一些季节性商品，旺季时会使运输达到高峰状态。运量也与运输密度有关，运输密度对于商品能否及时运送、及时满足客户需要和扩大销售至关重要。

4. 运输成本。运输成本包括运输过程需要支出的财力、物力和人力费用。

5. 运输质量。运输质量包括可到达性、运输时间的可靠性、运输安全性、货差货损以及客户服务水平等方面，用户应根据运输质量要求选择相应的运输方式。

6. 环境保护。按照单位运输产品废气排放量比较各种运输方式对环境的影响大小，依次为航空、公路、铁路、水路、管道运输。其中公路、铁路会占用大量土地；水路不占用土地，但是污染物容易泄漏。

6.2.3 运输方式选择模型

1. 单一运输方式的选择

(1) 因素分析法

首先确定在选择运输方式时需要考虑的一些重要因素和标准，对所有因素按照标准进行评分；然后对所有因素的评分进行综合汇总；最后选取综合评分最好的运输方式作为最终选择。

因素评价法评分公式如下：$v(j)=\sum_{i=1}^{n} s(i,j)$

式中：$v(j)$ 表示运输方式 j 的综合得分；

$s(i,j)$ 表示第 i 个因素上的运输方式 j 的得分；

n 表示因素个数。

(2) 加权因素分析法

加权因素法是因素分析法的扩展。根据每个评价标准的重要程度，给予其不同的权重，以便得到更准确的评价结果。加权因素评价法评分公式如下：

$$v(j)=\sum_{i=1}^{n} \bar{\omega}_i \cdot s(i,j)$$

式中：$v(j)$：运输方式 j 的评价得分；

$s(i,j)$：第 i 个因素上运输方式 j 的得分；

$\bar{\omega}(i)$：第 i 个因素的权重；

n：因素个数。

2. 多式联运运输方式的选择

在多式联运方式中，除了考虑货品类型、运输费用、运量等因素，还需要考虑中转费用等因素。多式联运方式的选择可以应用动态规划思想，每个节点相当于动态规划的一个阶段，利用动态规划的逆序方法依次求取节点间的最佳运输方式。其中，节点对之间的运输费用可表示如下：

$$P_{i-1}^{(j,l)}=Qt_{i-1}^{jl}+Qc_{i-1,i}^{l}$$

式中：$P_{i-1}^{(j,l)}$ 为节点 $(i-1)$ 到 i 之间的运输总费用；t_{i-1}^{jl} 为节点 $(i-1)$ 上第 j 种运

输方式转换为第 l 种运输方式的单位中转费用；$c_{i-1,i}^{l}$ 为节点（$i-1$）到 i 之间选用第 l 种运输方式的单位运价；Q 为运量。

例 6.1 假设一个运输线路上有 4 个城市，每个城市之间有 3 种运输方式可以选择，城市对之间的单位运输费用和单位运输中转费用如表 6－1 和表 6－2 所示。假设运量 Q 为 100 个单位，试用动态规划方法求解最佳的运输方式组合。

表 6－1　各城市对之间的运输单价

运输方式 \ 城市对	1—2	2—3	3—4
公路	3	4	2
铁路	2	5	3
航空	4	3	3

表 6－2　运输中转费单价

运输方式转换	从公路到			从铁路到			从航空到		
	公路	铁路	航空	公路	铁路	航空	公路	铁路	航空
中转费用单价	0	0.8	0.4	0.8	0	1.2	0.4	1.2	0

解：(1) 对于第三个城市。若第三个城市以公路运输方式到达，则第三个城市与第四个城市之间分别选取公路、铁路、航空三种运输方式的费用如下：

P_3（公，公）$=Qt_3^{公,公}+QC_{3,4}^{公}=0+100\times2=200$

P_3（公，铁）$=Qt_3^{公,铁}+QC_{3,4}^{铁}=0.8\times100+100\times3=380$

P_3（公，航）$=Qt_3^{公,航}+QC_{3,4}^{航}=0.4\times100+100\times3=340$

由计算可得，若第三个城市以公路的运输方式到达，第三个城市与第四个城市选取公路运输最佳。

同理可得：若第三个城市以铁路和航空运输到达，第三个城市与第四个城市之间均应选取公路运输最佳。此时，第三个城市与第四个城市之间运输费用分别如下：

P_3（铁，公）$=280$

P_3（航，公）$=240$

(2) 对于第二个城市。若第二个城市以公路运输方式到达，则第二个城市与第四个城市之间选取运输方式的费用如下：

P_2（公，公）$=Qt_2^{公,公}+QC_{2,3}^{公}+P_3$（公，公）$=0+100\times4+200=600$

P_2（公，铁）$=Qt_2^{公,铁}+QC_{2,3}^{铁}+P_3$（铁，公）$=0.8\times100+100\times5+280=860$

P_2（公，航）$=Qt_2^{公,航}+QC_{2,3}^{航}+P_3$（航，公）$=0.4\times100+100\times3+240=580$

由计算可得，若第二个城市以公路的运输方式到达，则第二个城市与第三个城市选取航空运输最佳。

同理可得：若第二个城市以铁路和航空运输到达，第二个城市与第三个城市之间均应选取航空运输最佳。此时，第二个城市与第四个城市之间运输费用分别如下：

P_2（铁，航）=660

P_2（航，航）=540

（3）对于第一个城市。若第一个城市分别以公路、铁路、航空运输方式到达，则第一个城市与第四个城市之间的最小运输费用如下：

P_1（公）$=QC_{1,2}^{公}+P_2$（公，公）$=100\times3+600=900$

P_1（铁）$=QC_{1,2}^{铁}+P_2$（铁，航）$=100\times2+660=860$

P_1（航）$=QC_{1,2}^{航}+P_2$（航，航）$=100\times4+540=940$

由计算可得，第一个城市应选取铁路运输方式。此时，第一个城市与第四个城市之间运输费用最小。各城市之间的最佳组合运输方式为：从城市 1 到城市 2 选择铁路运输，从城市 2 到城市 3 选择航空运输，从城市 3 到城市 4 选择公路运输，这时总的运输费用最小，为 860 个单位。

6.3 点点间运输的最短路问题

在许多物流运输的决策问题中，经常会需要确定运输网络从始点到终点的距离最短（或成本最小）路径或路线。最短路问题，即求两个节点间最短路径的一类问题。

例 6.2 某家运输公司签订了一项运输合同，要把 A 市的一批货物运送到 B 市。该公司根据这两个城市之间可选择的行车路线，绘制了图 6－1 的公路网络。图 6－1 中，圆圈也称节点；箭矢，代表两个节点之间的公路，每一条公路上都标明运输里程。可以看出，从 A 市出发到达 B 市，可以有很多条路线供选择。但是如何选择运输路线，才能使总路程的长度最短呢？

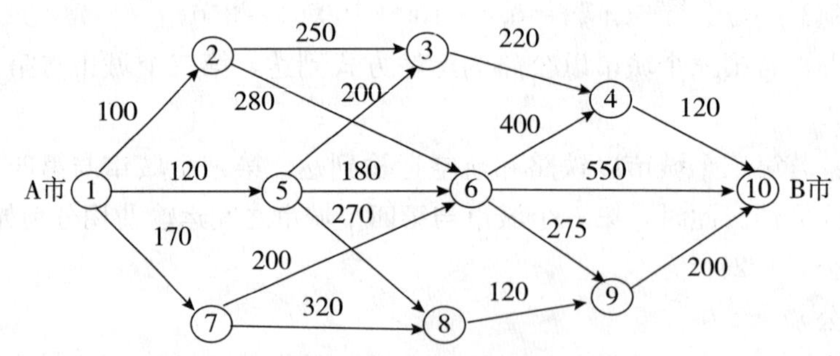

图 6－1 公路运输网络

解：根据动态规划思想，最短路线的逆推计算方法为：

（1）从终点开始逐步逆向推算，与终点 10 连接的有两个节点，即 4 和 9。先从 4 开始计算。4 到 10 只有一条路线，因此没有选择的余地，4—10 就是最短的路线，它的里程为 120，记为（4—10）120。同样 9—10 也只有一条路线，最短路线为 9—10，里程为 200，也按相同方式记为（9—10）200。

（2）再看节点3，与3连接的只有一个节点4，3至4的里程为220。而4至终点10的最短里程为120，因此3至终点的最短里程为220＋120＝340。标记方式同上：（3—4—10）340。

（3）再看节点6，与6直接连接的节点有4、9、10三个，6至4再至终点的最短里程为400＋120＝520，6至9再至终点的最短里程为275＋200＝475，6直接到终点的最短里程为550，所以6至终点的最短里程为475，记为（6—9—10）475。

（4）节点8至终点的最短里程为120＋200＝320，标记方式同上：（8—9—10）320。

（5）再看节点5，与5连接的节点有3、6、8三个。5至3再到终点的最短里程为200＋340＝540，5至6再到终点的最短里程为180＋475＝655，5至8再到终点的最短里程为270＋320＝590。三个里程中以540为最小，所以节点5至10的最短里程记为（5—3—4—10）540。

（6）用同样的方法，算出节点2到终点的最短里程为590。节点7到终点的最短里程为640。标记方式同上：（2—3—4—10）590；（7—8—9—10）640。

（7）最后看节点1。与节点1连接的路线有3条：1至2再到终点的最短里程100＋590＝690，路径为1—2—3—4—10；1至5再到终点的最短里程120＋540＝660，路径为1—5—3—4—10。1至7再到终点的最短里程170＋640＝810，路径为1—7—8—9—10。

三个里程中以660为最小，这就是从A市到B市的最短里程，而对应的最短路线为1—5—3—4—10。

6.4　运输网络的最大流量问题

当我们要把货物运输到指定的地点时，有时会希望找到交通流量最大的运输网络，以使货物能在最短时间内到达。

例6.3　已知某区域交通网络结构及各个支线最大运输流量承载力，如图6-2所示。图6-2中，节点旁边的数字指明以每小时千辆汽车为单位的该行车道的流量能力。如1—2支线上的5字表明这条行车道通往节点2的流量能力为每小时5千辆汽车。3—4支线上的4字表示每小时可以有4千辆汽车在3—4支线上行驶。请计算整个运输网络的最大运输流量。

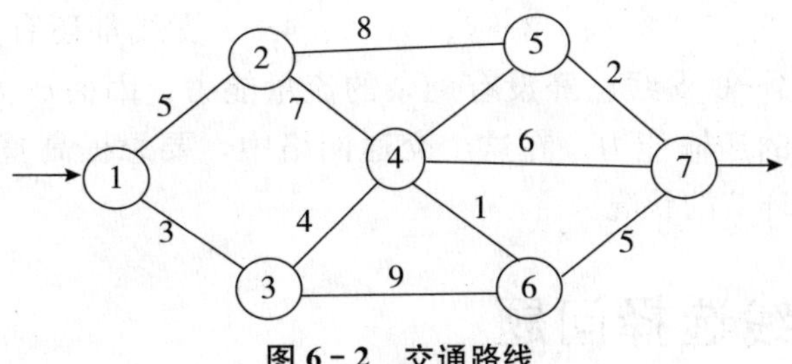

图6-2　交通路线

解：根据题意有：

(1) 任意选择一条从起点①到终点⑦的路线，例如我们选择路线 1—2—5—7。首先找出这条路线上流量能力最小的支线，即5—7 支线，其流量能力为 1。这就表明，沿1—2—5—7 支线行驶的汽车，其每小时的最大流量只能是 1 千辆，因为 5—7 支线成为运输瓶颈，限制了全线的车流量。

(2) 接着，把这条路线上每条支线的流量能力减去 1，差数则表示该支线剩余的流量能力，将其写在原来的流量能力的旁边，并把原来的流量画掉。把减数 1 写在每条支线的终点，在减数 1 的右下角注上 (1)，如 $1_{(1)}$，表示第一条路线的最大流量能力为 1 千辆/小时。标注方式如图 6-3 所示。

(3) 另外，任意选一条从起点到终点的路线，如 1—2—4—6—7，以该路线上最小的流量能力 2 为减数，来减各条支线上的流量能力，标记方法同上。在差数 2 的右下角注上 (2)，表示第二条路线的流量能力为 2 千辆。

(4) 同理，再选一条从起点到终点的路线，如 1—3—6—7，以该路线上最小的流量能力 3 为减数来减各条支线上的流量能力，其差数、减数的记入方式同上。6—7 支线的流量能力已经只剩下 3，再减去 3，差数为 0，接续写在 3 的旁边，表示 6-7 支线的流量能力已经用完，同时画掉 3，再标记本路线的流量能力 $3_{(3)}$，表示第三条路线的流量能力为 3 千辆。

(5) 再选一条从起点到终点的路线，如 1—2—4—7，以该路线上最小的流量能力 2 为减数来减各条支线上的流量能力，其差数、减数的标记方式同上。

结论：经过以上运输流量的计算，再找不出一条从起点①到终点⑦的运输路径。此时可以求得了这个运输网络的最大流量，即第一条路线上的 1 千辆，第二条路线上的 2 千辆，第三条路线上的 3 千辆，第四条路线上的 2 千辆，共为 8 千辆。

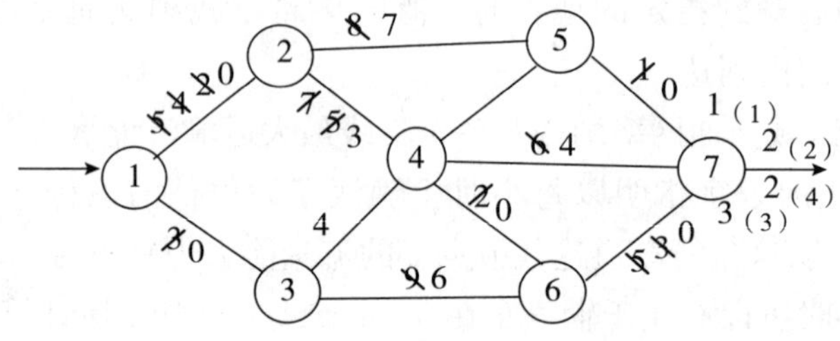

图 6-3　交通路线

从图 6-3 可知，2—5、2—4、3—4、3—6、4—7 支线都还有剩余流量，但 1—2、1—3、5—7、6—7、4—6 支线已经没有剩余的流量能力，因而成为整个运输网络的瓶颈，限制了交通网络的运输能力。在这个交通网络中，要想提高整个网络的运输能力，就必须改进这些薄弱环节的状况。

6.5　最优路线选择问题

运输路线选择会直接影响到运输效果的好坏，关系着物资能否及时运到指定地点。此外，当运输费用是以吨·千米来计算时，运输路线的长短就直接关系着运输费用的多少。因此运输路线的选择也是物资调运规划的一个重要内容。

假设某项物资从 m 个产地或仓库（统称为发点），调运到 n 个需要地（称为收点），在指定调运方案时，要先画一个示意的交通图，表明收发点的的大致位置、收发量、交通路线长度（不必与实际长度成比例）。

在交通图上，发点用“○”表示，并将发货量记在里面，收点用“口”表示，并将收货量记在里面。两点间交通线的长度记在交通线旁边。然后作调运物资的流向图。物资调运的方向（流向）用→表示，并把→按调运方向画在“从调运方向看过去交通线的右边”，如图 6－4 所示。把调运物资的数量记在→的右边，并加上括号，以表示和交通线长度区别，这样就构成图 6－4 的物资调运流量图。

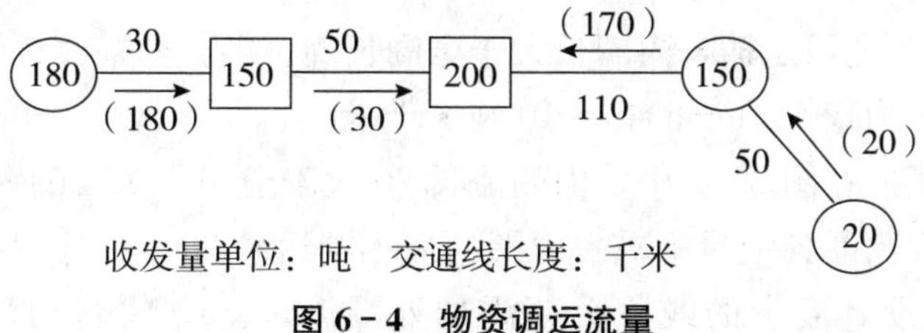

图 6－4　物资调运流量

在物资调运中，把某项物资从各发点调到各收点，调运方案很多，我们现在的要求是找出运输力量最小的运输路线方案。这就要消灭物资调运中的对流和迂回两种不合理的运输现象。

1. 对流

即同一物资在同一线路上的往返运输，如图 6－5 所示，将某物资 150 吨，从 A1 运到 B2，而又有同样的物资 150 吨，在同一期间从 A2 运到 B1，于是 A1A2 之间就出现了对流现象。如果把调运流量图改成如图 6－6 所示，即将 A1 的 150 吨运到 B1 而将 A2 的 150 吨运到 B2，就消灭了对流，可以节省运输力量 2×150×50＝15000 吨·千米。

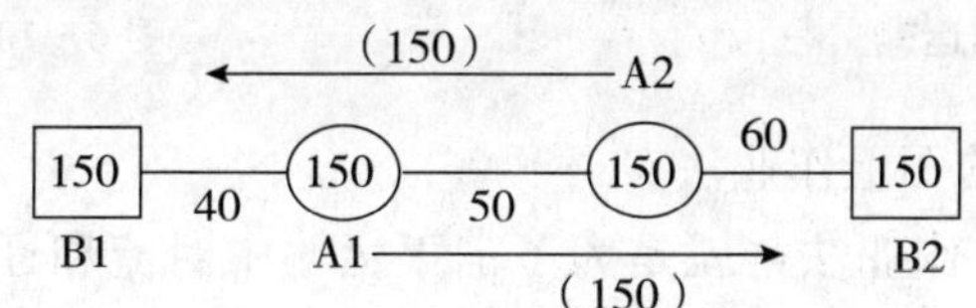

图 6－5　出现对流的调运流量

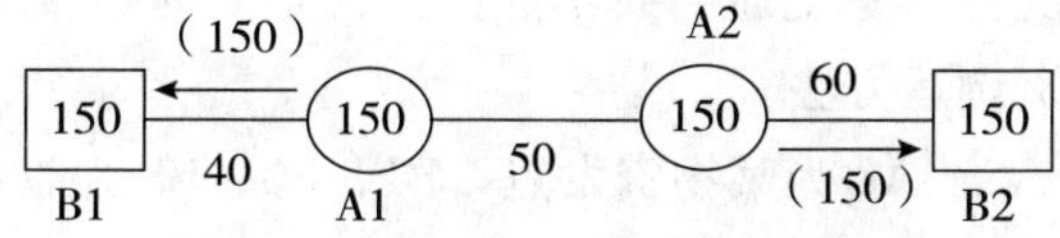

图 6－6　消灭了对流的调运流量

2. 迂回

在交通图成圈的时候，由于表示调运方向的箭头，要按调运方向，画在交通线的右边，因此，流向图中有些流向就在圈内，称为内圈流向，如图 6－7 所示；有些流向就在圈外，称为外圈流向，如图 6-8 所示。如果流向图中，内圈流向的总长（简称内流长）或外圈流向的总长（简称外流长）超过整个圈长的一半，就称为迂回运输。

图 6-7　迂回运输　　　图 6-8　无迂回运输

图 6-7 就是一个迂回运输，内圈长大于全圈长的一半。如果改成图 6-8，就消灭了迂回，可以节省运输力量 5×6－5×4＝10 吨・千米。

再看另一个例子。在图 6-9 中，内圈流长 70 大于全圈长 130 的一半，是迂回运输。如果调整内圈长，在内圈各流量中减去内圈的最小调运量 20，在外圈各流量中增加最小调运量 20，同时在没有流量的线段上新添加外圈流量 20，便得出新的流向圈，如图 6-10所示。新的流向图等于把旧的流向图中，由 20 吨运了大半圈的物资改为由小半圈调运，从而节省了运输力量。

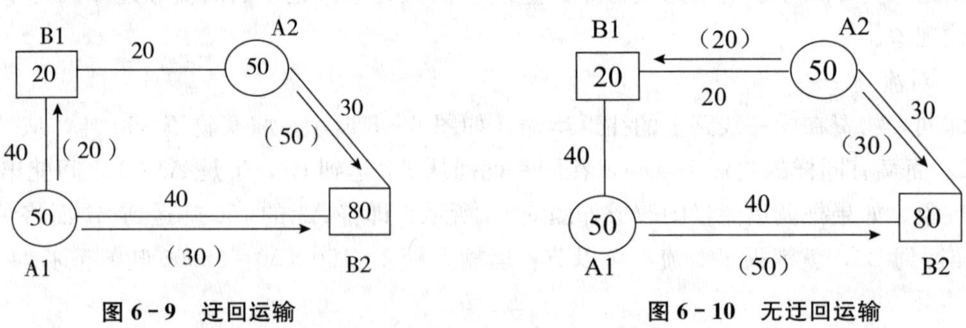

图 6-9　迂回运输　　　图 6-10　无迂回运输

3. 物资优化调运的的图上作业法

物资调运问题的图上作业法，就是为了消灭运输中对流和迂回，节省运输力量。这种方法的步骤是：先找出一个没有对流的方案，再检查有没有迂回？如果没有迂回，这方案已是最优方案。如果有迂回，则调整这一方案，直至消灭迂回为止。在物资调运中，运输路线可分为两种情况：一是交通路线不成圈，二是交通路线成圈。下面重点介绍交通路线成圈情况下的物资调运方法。

例 6.4　已知 A1、A2、A3 为某物资发点，B1、B2、B3 为收点，收发量及交通路线如图 6-11 所示。如何调运使得运输力量（吨・千米）最省？（收发量单位：吨；路线长度单位：千米）

解：（1）作一个没有对流的流向图，用“去线破圈”的方法：去一线破一圈，有几个圈去掉几条线，把有圈的交通图，化为不成圈的交通图。一般是先去掉长度最长的交通线，比如去掉 A3B1（8 千米），破 A1B1A3B2 圈。再去掉 A2B3 线（7 千米），破

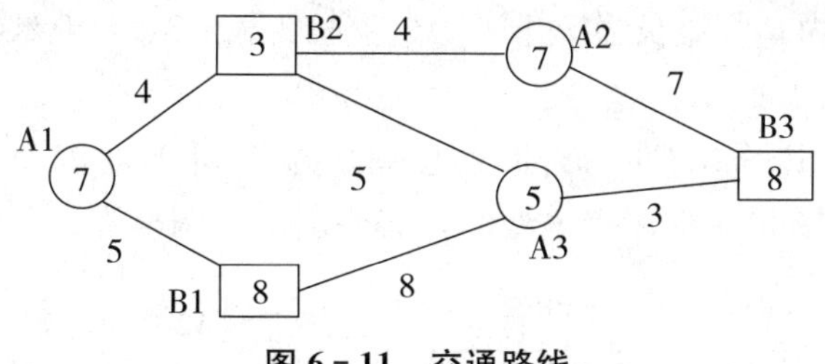

图 6-11　交通路线

B2A2B3A3 圈。这样，原来有圈的交通图，变成了不成圈的交通图。然后在图 6-12 上作一个没有对流的流向图。

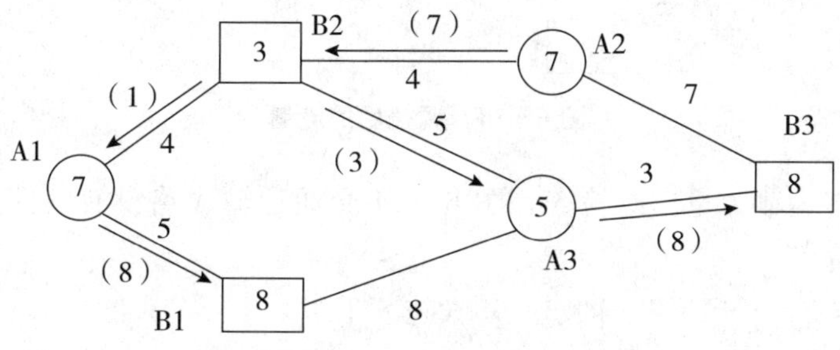

图 6-12　调运流量

（2）检查有无迂回。方法是对流向图中的各圈进行检查，看看有无迂回。如果没有迂回，这个初始方案就是最优方案，如果其中某一圈有迂回，这个方案就不是最优方案，需要改进。

在图 6-12 中，圈 A1B1A3B2 的总长为 22 千米，外流长为 5+4=9 千米，小于圈长的一半，无迂回，不需要调整。再看圈 B2A2B3A3，其总长为 19 千米，圈中外流长为 12 千米，大于总圈长的一半，有迂回，此圈需要调整。对圈 B2A2B3A3 的调整方法是：在外圈的各流量中，减去外圈的最小调运量 3 吨；然后在内圈的各调运量中加上 3 吨；另外，再在无流量的线段上，新添上内圈流量 3 吨，这样得出新的流量图，如图 6-13 所示。

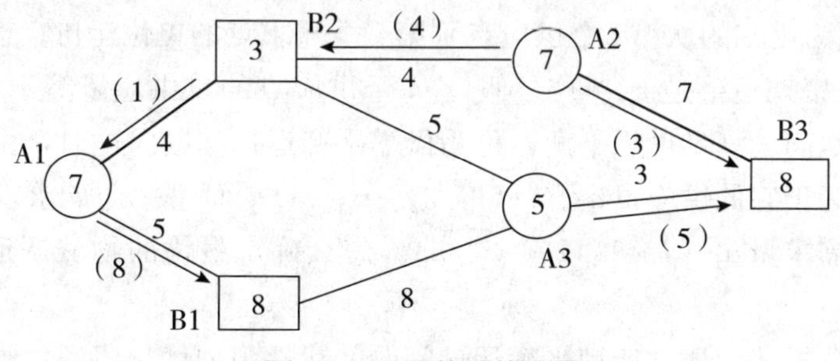

图 6-13　调整后的流量

（3）继续检查有无迂回。

新的流量图中，在 A1B1A3B2 圈内，外流长为：4+5=9 千米，内流长为 0 千米，都不超过全圈长（22 千米）的一半。

在B2A2B3A3圈内，内流长为7千米，外流长为4+3=7千米，也都没有超过全圈长（19千米）的一半。

最后分析A1B1A3B3A2B2的总外圈：总圈长为31千米，内圈长为7千米；外圈长为16千米，超过了总圈长一半，产生迂回，需要调整。调整为：

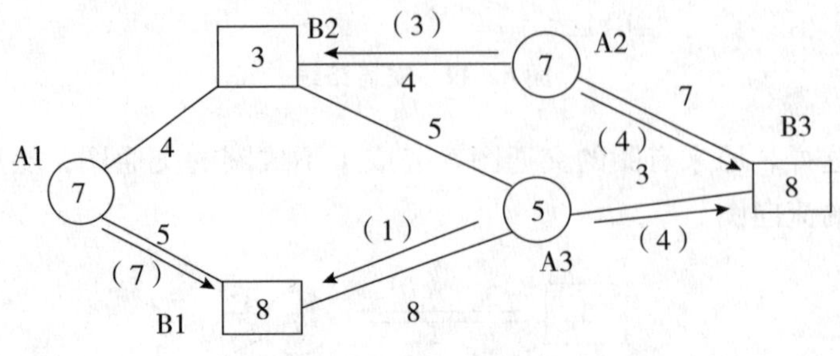

图6-14 调整后的流量

(4) 计算最省运输力量。经检查，图6-14交通运输线路没有迂回，得到最优运输路线。总运输力为：

5×7+1×8+3×4+4×7+4×3=95（吨·千米）

6.6 物资调运规划运输模型

运输问题是在实际物流运作中经常遇到的问题。运输模型就是要解决把某种产品从若干个产地调运到若干个销售地，在每个产地的供应量与每个销售量的需求量已知，并知道各个供需地点之间运输单价的前提下，如何确定一个使得总的运输费用最小的运输方案问题。

6.6.1 供需平衡运输问题

物资调运规划（又称运输问题）一般可以描述为：设m个供应点为A_i，它们的供应量是a_i，其中，$i=1, 2, \cdots, m$；设n个需求点为B_j，它们的需求量为b_j，其中，$j=1, 2, \cdots, n$；c_{ij}为已知的从第i个供应点到第j个需求点的单位运价；设由供应点A_i发往需求点B_j的物资调运量是x_{ij}单位。假设m个供应点的总供应量等于n个需求点的总需求量，这样调运问题满足供需平衡，称为供需平衡运输问题。这时，由各供应点A_i调出的物资总量应等于它的供应量a_i（$i=1, 2, \cdots, m$）；而每一个需求点B_j调入的物资总量应等于它的需求量b_j（$j=1, 2, \cdots, n$）。怎么确定最优的物资调运量x_{ij}，使得运输费用最小?

根据以上问题描述，建立产销平衡运输问题的线性规划优化模型：

目标函数为运输总费用：$\min S=\sum_{i=1}^{m}\sum_{j=1}^{n}c_{ij}x_{ij}$

$$s.t. \quad \sum_{j=1}^{n}x_{ij}=a_i, i=1, 2, \cdots, m$$

$$\sum_{i=1}^{m} x_{ij} = b_j, \; j = 1, 2, \cdots, n$$

$$\sum_{i=1}^{m} a_i = \sum_{j}^{n} b_j, \; j = 1, 2, \cdots, n$$

$$x_{ij} \geqslant 0, \; i=1, 2, \cdots, m, \; j=1, 2, \cdots, n$$

运输问题的解析方法在运筹学模型中已经有分析，本节重点阐述产销平衡情况下的表上作业法求解，关键步骤如下：

（1）首先依据问题列出调运物资的供应需求平衡表以及运价表；其次确定一个初始的调运方案（当然不一定是最优方案）；

（2）然后根据一个判定法则，判定初始方案是否是最优方案；

（3）当判定初始方案不是最优方案时，再对这个方案进行调整；

（4）每调整一次得到的新的方案，运输费用比前一个方案减少，直到得到运输费用最小的方案为止。

例 6.5 某公司下属三个存储某种物资的料库，供应四个工地的需要。三个料库的供应量和四个工地的需求量以及由各料库到各工地调运单位物资的运价（元/吨），如表 6-3 所示。试求运输费用最小的合理调运方案。

表 6-3　　某公司物资供应状况

工地 / 运价 / 料库	B1	B2	B3	B4	供应量
A1	3	11	3	10	700
A2	1	9	2	8	400
A3	7	4	10	5	900
需求量	300	600	500	600	2000

解：（1）调运物资的供需平衡表和运价表

首先列出调运物资的供需平衡表和运价表，如表 6-4、表 6-5 所示。表上作业法就是根据运价表在供需平衡表上进行求解。

表 6-4　　供需平衡

需 / 供	B1	B2	B3	B4	供应量
A1					700
A2					400
A3					900
需求量	300	600	500	600	2000

表 6-5　　单位运价

料库　运价　工地	B1	B2	B3	B4
A1	3	11	3	10
A2	1	9	2	8
A3	7	4	10	5

为了叙述和考虑问题方便，通常把上面的供需平衡表看做为矩阵，并把表中的方格记为（i，j）的形式。如（2，3）表示第3行第4列的方格；（1，4）代表第1行第4列的方格；此外，如果在平衡表的（2，1）方格中填入300，即表示由A2仓库调运300单位物资供应给B1工地，此时简记为（2，1）＝300，而空格表示供销双方不发生调运关系。

（2）编制初始调运方案

物资调运规划总的目标是寻求一个运费最小的最优运输方案。一般最优方案是可以由一个初始方案经过反复调整得到的。如何得到一个较好的初始调运方案呢？目前，采用比较多的是最小元素法，即考虑运价因素来制定初始调运方案：按运价表依次挑选运输单价小的供一需路线尽量优先安排供应的调运方法。

具体做法：

①在运价表中找出最小的数值（当此数不唯一时，可任意选择一个），方格（2，1）数值是1，最小，则A2尽可能满足B1的需要，于是在平衡表中有（2，1）＝300，即在空格（2，1）中填入数字300。此时，由于工地B1已经全部得到满足，不再需要A1、A3仓库供应。供应表中第一列数字已不起作用，因此将原运价表的第一列画去。

②在运价表未画去的各行、列中，再选取一个最小的数值，即（2，3）＝2，让A2料库尽量供应满足B3工地的需要。由于A2库中储量400吨已经供应给B1工地300吨了，所以最多只能供给B3工地100吨。于是在平衡表（2，3）空格填入100。相应的，由于仓库A2所储物资已全部供应完毕，因此，在运价表中与A2同行的运价也不再起作用，所以也将所在行划去。

③依照上述方法，依次进行，最后在运价表中只有方格（1，4）处的运价没有画掉，而B4尚有300的需求，为了满足供需平衡，在最后的平衡表（1，4）处中应填入300。

这样就得到初始调运方案，如表6-6所示。

编制初始方案说明：

①应用最小元素法编制的初始调运方案，就整体考虑而言，运输费用不一定是最小的。

②在初始方案中，填入数字的方格总数应该是供应点个数 m 加上需求点个数 n 再减1，即（$m+n-1$）。

③如不满足上述条件，需要在未填有数字且未画去的方格中填上一个0，将它和其他发生供需关系的方格同样对待，而不能看做空格，以满足（$m+n-1$）的要求。

表 6－6　　初始调运方案

供＼需	B1	B2	B3	B4	供应量（吨）
A1			400	300	700
A2	300		100		400
A3		600		300	900
需求量（吨）	300	600	500	600	2000

（3）初始方案的调整

在制定初始方案之后，需要对它进行检验，如果判定初始调运方案不是最优方案，需要对其进行调整，直到获得最优调运方案。在进行初始方案的判断和调整中涉及以下两个基本概念：

①闭回路

闭回路是以空格为起点，沿同一行或同一列前进，遇上圈格可转 90 度继续前进，按此方法进行下去，直到回到始点的一个封闭折线。以始点为第 0 个点，依次给闭回路上的每一个顶点编号。其中奇序数对应的为奇顶点，偶数对应的为偶顶点。

闭回路具有下列性质：

a. 每个顶点都是转角点；b. 闭回路是一条封闭折线，每一条边都是水平或垂直的；c. 每一行（列）若有闭合回路的顶点，则有两个；d. 只有从空格出发，其余各转角点所对应的方格内均填有数字时，所构成的闭合回路才是我们所说的闭回路；e. 任何过一空格的闭合回路不仅是存在的，而且是唯一的。

②检验数

a. 在调运方案内的每个空格所形成的闭回路上，作单位物资的运量调整，总可以计算出相应的运输费用是增加还是减少。b. 每个闭回路上调整单位运量而使运费发生变化的增减值，称为检验数。c. 如果检验数小于零，表示在该空格的闭回路上调整运输量使运费减少；相反，如果检验数大于零，则表示会使运费增加。d. 对于求运费最小的物资调运优化问题来说，如果所有空格的检验数都小于零，那么如果再对调运方案进行任何调整，都会增加运输费用。

根据检验数的定义和特点分析，可知调运方案是否是最优的判定准则：初始调运方案，如果它所有的检验数都是非负的，那么这个初始调运方案一定是最优。否则，这一调运方案不一定是最优的，需要调整。

③计算检验数——位势法

设 c_{ij}（$i=1，2，3；j=1，2，3，4$）表示变量 x_{ij} 相应的运输价格，将初始调运方案中填有调运量方格的单位运价 c_{ij} 分解成两部分：

$$c_{ij}=u_i+v_j$$

其中，u_i 和 v_j 分别称为该方格对应于 i 行和 j 列的位势量。因为 i 有 $m=3$ 行，j 有 $n=4$ 列，故位势的个数有 $m+n=3+4=7$ 个。但填有运量数的单元只有 $m+n-1=6$

个。这样，需要根据 $m+n-1=6$ 个方程，要解出 $m+n=7$ 个未知的位势量，u_i 和 v_j 会有很多解。所以，可以先任意给定一个未知的位势量值作为参考基准，进行求解。假设取 $v_1=0$，则由 $c_{21}=u_2+v_1=1$，可以得到 $u_2=1$；再由 $c_{23}=2$，又得到 $c_{13}=3$ $v_3=1$；由 $c_{23}=3$，可得 $u_1=2$。依此可以得到 $v_4=8$，$u_3=-3$，$v_2=7$ 等。计算得到的行位势量 u_i 与列位势量 v_j 的值如表 6-7 所示。

表 6-7　　位势计算

供＼需	Ⅰ	Ⅱ	Ⅲ	Ⅳ	U_i
A			3	10	$u_1=2$
B	1		2		$u_2=1$
C		4		5	$u_3=-3$
v_j	$v_1=0$	$v_2=7$	$v_3=1$	$v_4=8$	

将所求出的行位势量 u_i 与列位势量 v_j 对应相加填入表 6-7 中的空白处，得到准检验数表 6-8。表 6-8 中带有［］的位置对应初始调运方案表里的空格。

表 6-8　　准检验数

供＼需	Ⅰ	Ⅱ	Ⅲ	Ⅳ	U_i
A	[2]	[9]	3	10	$u_1=2$
B	1	[8]	2	[9]	$u_2=1$
C	[-3]	4	[-2]	5	$u_3=-3$
v_j	$v_1=0$	$v_2=7$	$v_3=1$	$v_4=8$	

显然，初始方案中每个填有运量数值的方格来说，都会满足：

$$c_{ij}-(u_i+v_j)=0$$

对于每个空格来说，相应得到的数值就是该空格对应的检验数，即：

$$\Delta x_{ij}=c_{ij}-u_i-v_j$$

上式就是用位势法求检验数的公式。按照该公式计算初始调运方案的检验数，计算结果列表就构成该初始调运方案的检验数如表 6-9 所示。

表 6-9　　检验数

供＼需	Ⅰ	Ⅱ	Ⅲ	Ⅳ
A	1	2		
B		1		-1
C	10		12	

④初始调运方案调整

表 6－9 中，由于检验数出现负值，依照最优方案判定准则，可知该初始调运方案不一定是最优的。当判定一个初始调运方案不是最优调运方案时，就要在检验数出现负值的空格所对应的闭回路上进行调整。如果检验数是负值的空格不只一个时，一般选择负检验数绝对值大的空格作为调整对象。由初始调运方案的检验数表 6－9 发现，空格（2，4）的检验数是负数，因此对其所对应的闭回路进行调整，具体过程如表 6－10 所示。

表 6－10　　调运方案调整

需求 / 供应	B1	B2	B3	B4	供应量（吨）
A1			400 2	3 300	700
A2	300		100 1	0	400
A3		600		300	900
需求量（t）	300	600	500	600	2000

从空格（2，4）开始，沿闭回路在各转角点中挑选运量的最小数值作为调整量。本例将方格（2，3）的 100 作为调整量，将这个数填入空格（2，4）内，同时调整该闭回路中其他转角点上的运量，使各行、列保持原来的供需平衡，即：偶数顶点上加 100，奇数顶点上减 100，这样便得到一个新的调运方案，如表 6－11 所示。

表 6－11　　新调运方案

需 / 供	B1	B2	B3	B4	供应量（吨）
A1	[3]	[1]	[3] 500	[10] 200	700
A2	[1] 300	[9]	[2]	[8] 100	400
A3	[7]	[4] 600	[10]	[5] 300	900
需求量（吨）	300	600	500	600	2000

按新方案计算调运物资的运输费用为：

$S=3\times500+10\times200+8\times100+1\times300+4\times600+5\times300=8500$（元）

新方案是否是最优方案，还需要对它再进行检验。经计算，该新方案的所有检验数都是非负的，说明这个方案已经是最优调运方案。

（4）表上作业法基本步骤小结

综上所述，采用表上作业法求解平衡运输问题的物资调运最优方案，其计算步骤可以归纳如下：

①列出调运物资的供需平衡表及运价表；

②按最小元素法建立初始调运方案；

③采用位势法计算初始方案每个空格的闭回路的检验数；

④检查检验数，如所有检验数 $\Delta x_{ij} \geqslant 0$，说明方案是最优的，已经得到我们想要的方案，结束求解；

⑤如果有某个或某几个检验数 $\Delta x_{ij} < 0$，则选择负检验数中绝对值最大的闭回路进行调整，建立新的方案；

⑥重复③～⑤步，直至获得最优调运方案。

6.6.2 供需不平衡运输问题

应用表上作业法制订物资调运方案时，要求有供需平衡的条件，可是实际企业运输中常常会碰到供需不平衡的情况。譬如，常常发生供过于求的情况，有时也会发生供不应求的现象。这样的问题，不能直接应用表上作业法，但经过适当的处理后，还是可以转化成供需平衡问题应用表上作业法求解。表上作业法是以供需平衡为前提的，即当实际问题供需不平衡时，需要转化为供需平衡的运输问题，具体来说有两种情况：

1. 供应量大于需求量

为了解决这一问题，我们可以引入一个虚设的需求点，令其的需求量等于实际问题中供应量与需求量之差。实际上，这就相当于在某个供应点的仓库里，将多余部分的供应量储存起来。由于虚没的需求并没有参加实际的调配运输，因此可视它的相应运价为零，实际上不会对整个物资调运问题的最小运输费用产生影响。由于引入了一个需求点，其需求量刚好等于多余的供应量，从而使不平衡的调运问题转化为供需平衡的运输问题，可以应用前面介绍的表上作业法求出它的物资调运最优方案。

2. 需求量大于供应量

同样，为了使该问题转化为供需平衡问题，我们可以虚设一个供应点，令这个虚设的供应点的供应量等于实际问题中需求量与供应量的差额。这样，就相当于在某个需求点内设立一个仓库，假设需求不足部分的物资已经通过其他渠道得到供应，预先储备起来了。同样设它的相应运价为零，从而也不会影响到最小运输费用。这时我们也可以应用表上作业法来求出它的最优物资调运方案。

例 6.6 某公司从两个产地 A1、A2 将物品运往三个销地 B1、B2、B3，各产地的产量、各销地的销量和各产地运往各销地每件物品的运费如表 6－12 所示。

这是一个供不应求问题。假设增加一个虚设的销地 B4，对应运输费用单价为 0，将以上需求量大于供应量问题转化为供需平衡问题，如表 6－12 所示。

例 6.7 某公司从两个产地 A1、A2 将物品运往三个销地 B1、B2、B3，各产地的产量、各销地的销量和各产地运往各销地每件物品的运费如表 6－13 所示。

表 6-12　　供需平衡

销地 产地	B1	B2	B3	B4	产量（吨）
A1	6	4	6	0	300
A2	6	5	5	0	300
销量（吨）	150	150	200	100	600 / 600

这是一个供过于求问题。假设增加一个虚设的产地 A3，对应运输单价为 0，将以上供应量大于需求量问题转化为供需平衡问题：

表 6-13　　供需平衡

销地 产地	B1	B2	B3	产量（吨）
A1	6	4	6	200
A2	6	5	5	300
A3	0	0	0	150
销量（吨）	250	200	200	650 / 650

例 6.8　某生产企业有三个仓库，供应四个分厂生产所需的原材料。各仓库的供应能力和四个分厂的需求量以及由第 i 仓库到第 j 工厂的单位运价 c_{ij}（元/吨），见表 6-14。该公司要求找出一个运费最小的原材料调运方案。

表 6-14　　某建筑公司供砂状况

拌和场 砂仓	B1	B2	B3	B4	供应量（吨）
A1	0.12	0.10	0.08	0.11	5000
A2	0.09	0.11	0.11	0.13	10000
A3	0.10	0.14	0.13	0.03	12000
需求量（吨）	5000	4000	7000	8000	

这是一个供需不平衡的调运问题。总供应量 27000 吨，大于总需求量 2400 吨，因此，需要虚拟一个需求量为 27000－24000＝3000 吨的需求点 D0，同其他需求点 Bj 一样看待，构成新的供需平衡表，如表 6-15 所示。

这样就可以运用表上作业法进行求解，经过计算得到最优调运方案，如表 6-16 所示。

表 6-15　虚拟供砂平衡

拌和场 砂仓	B1	B2	B3	B4	D0	供应量（吨）
A1	0.12	0.10	0.08	0.11	0	5000
A2	0.09	0.11	0.11	0.13	0	10000
A3	0.10	0.14	0.13	0.03	0	12000
需求量（吨）	5000	4000	7000	8000	3000	$\sum a_i = \sum b_i$

表 6-16　最优调运方案

拌和场 砂仓	B1	B2	B3	B4	D0	供应量（吨）
A1			5000			5000
A2	4000	4000	2000			10000
A3	1000			8000	3000	12000
需求量（吨）	5000	4000	7000	8000	3000	$\sum a_i = \sum b_i$

表 6-16 中需求点 D0 所在的列，$x_{35}=3000$，$x_{15}=x_{25}=0$，这说明应在三号仓库设一容量为 3000 吨的储备库，将供过于求的原材料储存起来。

最优调运方案下的最小运输费用为：

$S=0.09\times4000+0.10\times1000+0.11\times4000+0.08\times5000+0.11\times2000+0.03\times8000=1760$（元）

案例分析　杭钢集团铁矿石运输供应链服务方案

浙江省八达物流有限公司创建于 1985 年，注册资本 3000 万元。下设浙江兴达石化运输有限公司、浙江八达能源物流有限公司等控股公司。拥有集发运、仓储、配送于一体的物流基地和辐射全国的物流网络；拥有各种铁路自备车近 400 辆以及大型铁路交通运输电子商务网站。凭借雄厚的实力、先进的经营理念、完善的配套设施以及优质的服务，公司已跻身国内领先的第三方物流企业行列，并开始涉足国际物流领域，能为广大客户提供全方位的物流服务。公司与上海宝钢集团、杭钢集团等十余家国内大型钢铁集团，以及镇海炼化、中石化浙江石油分公司、巨化集团、海螺集团等知名企业建立了战略合作伙伴关系，年物流量超过 1400 万吨。公司已通过 ISO 9001：2000 认证，是浙江省首批现代物流发展重点联系企业和浙江省流通领域行业十强企业，是浙江省第一家国家 AAAA 级综合型物流企业和全国首批物流企业信用评价 AAA 级信用企业。

杭州钢铁集团公司是一家以钢铁为主业、多元发展的大型企业集团，现有职工 1.69 万人，总资产 290.72 亿元，全资及控股子公司 41 家。其中杭州钢铁股份有限公司为上市公司。由于国产铁矿石资源和品位等原因，杭钢集团铁矿石原料以进口铁矿为主。进口铁矿大部分以海运形式运到宁波港，再通过铁路、公路运输方式转运到杭州厂区。公路运输运量小、成本高，所以，还是以铁路运输为主。

1. 杭钢集团铁矿石原料运输存在的问题

长期以来，由于使用的运输设备是铁路敞车，需人工卸车，卸车效率很低，4 个工人卸 1 车需要 3～4 小时。不但人工成本大，而且，由于是铁道部属车辆，是在全国周转运行的公共资源，杭钢集团不能独占。铁路敞车紧张的时候，杭钢集团的运输需求就得不到满足。为了满足生产需要，就必须增加厂内铁矿石库存量和在途铁矿石运输量。大量资金压在库存和在途铁矿石上，资金占用成本高，生产成本大。而且，由于港口、铁路与杭钢集团之间没有密切对接，三方相互牵制，为了保证正常生产，杭钢集团不得不投人大量人力、物力、财力去协调沟通，效果却不明显。随着杭钢集团业务量的不断增加，这一矛盾更加突出。所以，杭钢集团向八达物流提出了实施铁矿石原料运输供应链专业化管理的要求。

2. 八达物流的供应链服务解决方案

在技术创新基础上，八达物流根据杭钢集团生产线对铁矿石供应的需求，量身定制了专业解决方案：

(1) 实施定时、定点、定量的专列运输方案，提升专业化物流服务能力

定时、定点的专列运输方案，把杭钢集团生产线原来铁矿零散的喂料改为每天固定间隔的集中喂料，直接卸在高炉喂料口，从而减少了企业原料的内部转运，极大地降低了企业的物流成本。

(2) 在供应链节点设置客户服务部，创新供应链管理模式

针对“门到门”全过程供应链管理中容易出现因物流公司对现场不了解、服务不够引发不和谐因素的问题，八达物流在供应链的两端港口—宁波（北仑）港、大企业—杭钢集团，分别设置了客户服务部。装车点的客户服务部主要解决协调有关装车的需求、请车、运单、装卸、垫付运费、信息收集等所有问题。卸车点的客户服务部主要协调解决卸车能力、到达提前预告以及企业卸车设备维护检修情况、装卸人员配置情况、信息对称等问题。装卸车点客户服务部工作人员通过适时了解装车、卸车作业进度，随时协调解决装车、卸车作业中遇到的问题，并向公司准确提供库存、动力以及卸车设施的坏损、检修、保养、恢复状况等信息，及时解决并反馈客户提出的服务需求。

供应链节点的客户服务部工作人员准确预报车辆在途故障维修站，协助中途故障事宜处理，掌握铁矿石漏斗车、铁矿粉箱的检修周期，协调车辆检修部门，合理安排检修时间。通过在装车点、卸车点、供应链节点设置的 3 个客户服务部，实现供应链源头、节点和终点全程贴近式服务和人机全程控制，供应链的全程管理能力得到极大的提升。

(3) 执行供应链相关单位例会制度，紧密链内关系

八达物流每月召集港口、杭钢集团、铁路运输、货运及调度部门召开铁矿石运输专题会议，提前沟通下个月的港口靠船信息、堆场安排、钢厂需求、铁路施工情况、车辆

的能力状况以及铁路最新的运输要求和变化，使得港口、大企业、铁路运输部门知己知彼，更好地协调配合，同时提出本月供应链管理中港口、企业及铁路存在的问题，并提出解决方案。掌握第一手信息的铁路运输、货运及调度部门，合理配置运力资源，提高效率。比如，当铁路干线施工影响通过能力时，八达物流会提前通告港口和杭钢集团，提早安排堆场和备足库存；当港口堆场堆满时，八达物流就联系铁路运输、货运及调度部门加快疏运；当铁路有车，港口有货，而企业没钱付货款时，八达物流就为企业提供垫付货款的服务；当每年的长假期间铁路空车富余时，八达物流就提前协调港口、杭钢集团检修好装卸设备、组织好货源和劳动力，进行集中装运，充分利用好业主的空敞车资源。供应链相关单位例会制度密切了物流公司、上下游企业的多方战略合作伙伴关系，实现了链内无缝化。

3. 供应链服务解决方案的配套管理措施

八达物流作为专业的第三方物流企业，为了根本上解决杭钢集团的问题，切实保证供应链服务解决方案的顺利实施，从软、硬件等方面设计了配套措施，全面改进铁矿石运输管理。

(1) 引进新设备，改进硬件设施。会同铁科院研制开发具有创新性和引导性的K14K铁矿石漏斗车，由中国北车集团太原机车车辆厂制造完成后，共采购60辆。K14K铁矿石漏斗车引进国际先进技术，各项技术指标超过当时铁道部标准，在国内处于领先地位，铁道部六次大提速后，该车型仍然满足最新的运行要求。由于该车型按杭钢集团球团矿专用车设计，采用自卸，把整列卸车时间从原来的5小时缩短为15分钟，极大地提高了卸车速度，卸车作业人员从原来的每车6人减少到1列（40辆车）1人，大大提高了作业效率、降低了作业成本。由于K14K铁矿石漏斗车是八达物流自备的运输车辆，属企业财产，不需参加全路周转，专供杭钢集团矿石运输，保证了杭钢集团矿石运输车源需求，确保了为生产需求量身定制的定时、定点、定量专列运输，厂内铁矿石库存量和在途铁矿石运输量大幅降低，大大降低了资金占用成本。

(2) 利用信息技术，实现信息化管理。在铁路TMIS系统基础上，配置电脑及网络设备，开发信息管理系统，实现车辆跟踪、车辆空重车信息统计、货票信息查询及统计、网上物流交易等功能。

(3) 配置无线视频监控系统，实现节点控制。因为供应链信息管理系统有人工输入的过程，所以在现场情况的反应难免存在延后的情况，为及时准确地掌握现场作业动态，八达物流又投资了一套无线视频监控系统。监控摄像安装在货物装车点、卸车点等供应链节点，监控视频安排在客户服务部及公司调度部，该系统作为八达物流信息管理系统的补充，很好地填补了信息系统的不足，为供应链管理层随时掌握现场装卸作业情况、及时作出决策发挥了重要作用。

4. 八达物流供应链服务解决方案的实施效果

实施供应链服务解决方案后，杭钢集团和八达物流都取得了明显的经济收益，也产生了明显的社会效益，双方的战略伙伴关系更加紧密。

(1) 大幅降低杭钢集团生产成本。铁矿石原料运输的供应链专业管理给杭钢集团提供了绿色的、“门到门”一条龙物流服务，实现了各环节的无缝衔接，确保了定时、定点铁路专列的开行，大幅度缩短运输、装卸、仓储时间。专列运输为定时、定点，在运输途中的矿粉量也就有限。库存和在途货物量的减少降低了资金占用和资金占用成本，同时，由于K14 K铁矿石漏斗车直接进入杭钢集团高炉的熟料厂，门一打开，矿料直接进入高炉，避免了原来繁多的人工卸车作业，降低了人工成本，为杭钢每年直接节省成本300多万元，间接节省成本2亿多元。

(2) 给八达物流创造了可持续的营业收入。60辆K14K铁矿石漏斗车每月平均发送、到达作业周转，每年给八达物流创造580万元的综合物流服务收入。

(3) 给铁路运输部门带来可观收入。60辆K14K铁矿石漏斗车在铁路上运行周转，每年给铁路运输部门带来1380万元收入。

(4) 降低民众生活成本。铁矿石原料运输的供应链专业管理通过对整个物流过程的跟踪、监控，高效的自动化装卸设备，各环节的无缝衔接，大幅度缩短货物运输、装卸、仓储时间，最大限度降低产业链上的货物存储量，减少资金占用，提高货物安全性、到达准确性，显著降低杭钢集团的物流成本和综合成本。按照产业链的传导逻辑，钢铁生产成本降低→钢材价格下降→家电、汽车、机械价格下降→房地产、家庭装修等成本降低→广大民众生活成本降低，从而有利于民生，有利于社会。

(5) 有力缓解了城市交通拥堵。由于杭州经济两头在外的特点，大型制造业企业的原材料和产成品都需通过各种运进方式运进杭州和运出杭州（这一现象也在我国其他大部分大城市普遍存在）。而且，大型制造业企业每年的原材料运量非常大。杭钢集团每年从宁波（北仑）港到杭州的原材料运量有1000万吨。在实施铁矿石原料运输供应链专业管理前，其原材料部分是通过大货车，以公路运输方式进入杭州。重车进入杭州，空车离开杭州，一来一回，无疑给杭州原本拥挤的交通环境增加了不少压力。铁矿石原料运输供应链专业管理，给杭钢集团提供的是门到门、无缝、安全、低成本、绿色的一条龙铁路物流服务，杭钢集团不再需要安全性差、成本高、服务质量差的公路运输。每年300万吨的原材料均以铁路运输到达杭州，大大减轻了城市交通压力。

(6) 实现海铁联运，降低碳排放，促进低碳经济发展。节能减排是我国经济和社会发展的一项长远战略方针，也是当前一项极为紧迫的任务。交通运输业作为能源消耗和温室气体排放的重要行业之一，在节能减排工作中承担重要作用。铁路作为“绿色交通”的典范，在能源消耗、环境污染等多方面具有独特的比较优势。据测算，公路吨·千米油耗是铁路吨千米油耗的一倍，而且铁路运输没有公路运输二氧化碳的排放，是实现节能减排、发展低碳经济的有效运输方式。而海铁联运则是发挥铁路运输优势，实现海上、港口和铁路一票式、高效、便捷运输的最佳铁路运输途径。杭钢集团铁矿石原料运输供应链专业管理，确保了宁波（北仑）港到杭钢集团的铁路专列运输：每天定时、定点有多列装满矿粉的火车从港口直接运到杭钢高炉喂料口，年物流量共计300万吨，实现了良好的海铁联运，对节能减排，促进低碳经济发展，保障国民经济的持续快速发展具有十分重要的现实和长远意义。

综上所述，铁矿石原料运输的供应链专业管理给制造业企业、物流公司、铁路运输部门三方均带来了良好的经济效益。

（资料来源：2011年《中国物流管理优秀案例集》）

思考问题

（1）通过杭钢集团铁矿石原料运输案例，试阐述制造业和物流业联动发展的关键是什么？

（2）通过杭钢集团铁矿石原料运输案例，试分析供应链专业管理是如何减少运输成本、提升运输效率的？

本章习题

（1）已知某物资7万吨，由发点A1，A2，A3发出，发量分别为3，4，2（万吨），运往收点B1，B2，B3，B4，收量分别为2，3，1，3（万吨），收发量平衡，交通图如图6-15所示。问应如何调运使得运输力量（吨·千米）最省？（收发量单位：吨；路线长度单位：千米）

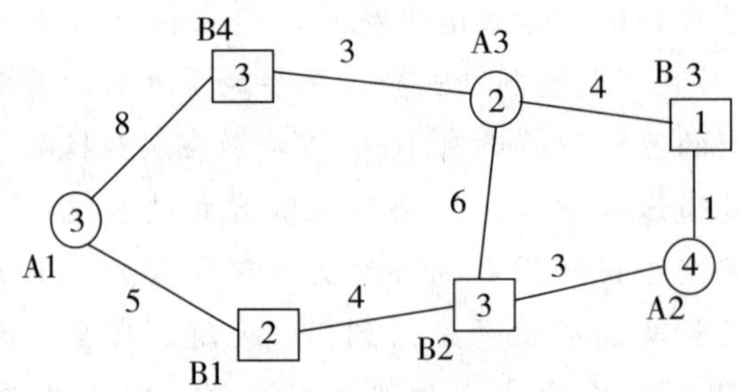

图6-15　交通路线

（2）某公司下属三个存储某种物资的料库，供应四个工地的需要。三个料库的供应量和四个工地的需求量以及由各料库到各工地调运单位物资的运价（元/吨）如表6-17所示。

表6-17　供需量及单位物资的运价

产地＼销地	B1	B2	B3	B4	供应量（吨）
A1	3	10	3	10	700
A2	1	9	2	8	400
A3	7	4	10	5	900
需求量（吨）	300	600	500	600	2000

请解答以下问题：

1）根据表上作业法给出最省运输费用的调运方案。

2）求解出最小运输费用。

（3）某公司下设 3 个加工厂，每日的产量分别为 A1－6 吨，A2－7 吨，A3－6 吨。公司把这些产品分销给四个销售地。各个销售地每日销售量为 B1－4 吨，B2－5 吨，B3－6 吨，B4－4 吨。已知从各个工厂到各销售点的单位产品运价如表 6－18 所示。问在满足各个销售点需求量的情况下，该公司应该如何调运产品，使得总运费最小？最小运输费用是多少？

表 6－18　　单位产品的运价　　单位：百元/吨

销地 产地	B1	B2	B3	B4
A1	3	10	4	3
A2	2	9	1	6
A3	7	4	10	5

（4）某公司经销甲产品，它下设三个加工厂，每日的产量分别为：A1－40 吨，A2－40 吨，A3－90 吨。该公司把这些产品分别运往四个销售点，各销售点每日销量为：B1－30 吨，B2－40 吨，B3－60 吨，B4－20 吨，B5－20 吨。已知从各工厂到各销售点的单位产品运价如表 6－19 所示。问该公司应如何调运产品，在满足各销售点需求量的前提下，使总运费最少？

表 6－19　　单位产品的运价　　单位：百元/吨

销地 产地	B1	B2	B3	B4	B5	产量（吨）
A1	7	10	8	6	4	40
A2	5	9	7	12	6	40
A3	3	6	5	8	11	90
销量（吨）	30	40	60	20	20	170

7 物流设施内部布置规划与设计

本章重点

⊙ 了解物流设施的功能与作业区域结构

⊙ 熟悉物流设施内部布置规划设计的主要内容

⊙ 了解内部布置规划设计的目标和原则

⊙ 掌握系统布置方法的实施步骤

引导案例 九州通医药物流配送中心内部布置规划

中国九州通集团是一家以药品批发、物流配送、零售连锁和医药电子商务为核心业务的大型民营医药商业集团，总部位于湖北省武汉市。集团公司注册资金 7.8 亿元，拥有总资产 42 亿元、员工 8500 余人。营销网络覆盖了全国行政区域的 70%以上，2007 年实现销售收入 158 亿元，位列中国企业 500 强第 333 位、中国医药商业企业第 3 名、中国民营医药商业企业第 1 名。在建设九州通安国医药物流配送中心项目时，计划总投资 8.1 亿元，项目总占地面积 280 亩，分为 6 大板块，即总部板块、货运物流板块、仓储板块、中药街板块、日用百货餐饮服务板块、客运站板块；按功能划分为 10 大功能区，即药材交易功能区、仓储区、物流配货区、整理包装作业区、休闲餐饮服务区、综合办公服务区、质量检测与孵化中心区、生活服务区、中医药文化展区、客运区。总建筑面积 44.9 万平方米。九州通对配送中心的各作业区域进行了合理的内部布置规划，极大地便利了配送中心的日常管理，提高了效率，降低了运营成本。

7.1 物流设施内部布置规划设计概述

物流设施的内部布置规划设计应遵循一般设施规划设计的理论与方法。设施规划理论起源于早期制造业的“工厂设计”的研究。起初，主要凭设计者个人的主观判断、经验积累或其他定性分析方法开展工厂布局设计。随着研究的深入，运筹学、统计数学、概率论广泛应用到生产建设领域，同时系统工程理论、电子计算机技术也得到普遍应用，工厂设计和物流分析逐渐运用系统工程的概念和系统分析方法，“工厂设计”也逐渐被“设施规划”、“设施设计”所涵盖。管理科学、工程数学、系统分析的应用也为布置规划设计由定性分析转向定量分析创造了条件。随着应用数学与计算机技术的发展，人们越来越多地利用先进的数学建模或是计算机仿真等技术来解决物流设施平面布置问题。

7.1.1　物流设施内部布置规划设计的主要内容

物流设施内部布置规划设计的主要内容包括物流作业区布置、辅助作业区布置和建筑外围区域布置。

1. 物流作业区的布置

以物流作业为主，仅考虑物流相关作业区域的配置规划，由于物流配送中心内的基本作业形态大部分为流程式作业，不同订单具有相同的作业程序，因此适合以生产线式的布置方法进行配置规划。若是订单种类、货物特性或拣取方法有很大的差别，则可以考虑将物流作业区分为多个不同形态的作业线，以区分处理不同订单，再经由集货作业予以合并，如此可高效率处理不同性质的物流作业。

2. 辅助作业区的布置

除了物流作业以外，物流配送中心还包括一些行政管理、信息服务等内容的辅助作业区域，这些区域与物流作业区之间无直接流程性的关系，因此适合以关系型的布置模式作为区域布置的规划方法。这种配置模式有两种参考方法：

（1）可视物流作业区为一个整体性的活动区域，分析各辅助作业区域与物流作业区之间的相关活动的紧密关系，来决定各区域之间相邻与否的程度。

（2）将各物流作业区分别独立出来，与各辅助作业区一起综合分析其活动的相关性，来决定各区域的配置。

采用第一种方法较为普遍，也较为简便，可以减少相关分析阶段各区域间的复杂度，但也会增加配置空间的限制。因此在规划时，要配合规划人员的一些经验判断，作适当的人工调整。采用第二种方法，分析过程较为复杂，但精确度较高，而且比较灵活。

3. 建筑外围区域的布置

除了各作业区的布置规划外，还需对建筑外围的相关区域进行布置，如对外出入大门及外围道路形式等，在进行建筑外围区域布置时特别需要注意未来可能的扩充方向及经营规模变动等因素，以保留适当的变动弹性。

在一般情况下，整个区域布置规划是按上述顺序进行的，如果在实际道路形式、大门位置等条件已有初步方案或已确定的情况下，则需要先规划建筑外围区域的布置形式，再进行物流作业区与辅助作业区的规划，这样可以减少不必要的修正调整工作，以适应实际的地理空间限制。

7.1.2　内部布置规划设计的目标和原则

1. 物流配送中心内部布置规划设计的目标

物流配送中心内部布置规划设计要达到的目标主要有：

（1）有效地利用空间、设备、人员和能源；

（2）最大限度地减少物料搬运；

（3）简化作业流程；

（4）缩短生产周期；

（5）力求投资最低；

（6）为员工提供方便、舒适、安全和卫生的工作环境。

2. 规划设计的原则

为了达到这些目标，在规划设计时应遵循一些基本的原则：

（1）系统工程的原则。运用系统分析的方法，进行整体规划，同时也要把定性分析与定量分析结合起来。

（2）以物流的效率作为区域布置的出发点，并贯穿于整个设计过程。

（3）先从整体到局部进行设计，再从局部到整体实现。布置设计总是先进行总体布置，再进行详细设计；而详细设计的方案要回到总体布置方案中去评价，并加以改进。

（4）减少和消除不必要的作业流程，这是提高运作效率和减少消耗的最有效的方法之一。

（5）重视人的因素，以人为本。作业地点的规划，实际是人机环境的综合，要注意中心周围的绿化建设，以创造一个良好、舒适的工作环境。

（6）对土地使用进行合理规划，注重保护环境和经营安全。土地的使用要根据明确的功能加以划分，货物存储区域应按照无污染、轻度污染和重度污染分开。还要根据实际需要和货物吞吐能力，合理地规划设计各功能区的占地情况，同时还要考虑防洪、防火因素对规划设计的指标要求。

（7）发展的原则。配送中心的规模是不断发展的，所以在进行规划设计时，必须适度考虑到未来的物流发展前景，以适应物流量增大、经营范围扩展的需要。

7.1.3 物流设施的功能与作业区域结构

物流设施的内部布置规划，首先必须对物流设施的功能与作业区域结构进行分析和明确。物流设施的功能与作业区域结构与物流运作流程紧密相关，不同物流设施的功能和作业区域结构是不一样的。以物流配送中心为例，物流配送中心的功能主要有以下几个方面：

1. 商品展示与交易功能

商品展示交流与交易是现代物流配送中心的一个重要功能。在互联网时代，许多直销商通过网站进行营销，并通过物流配送中心完成交易，从而降低经营成本。同时，物流中心也是实物商品展览的场所，可以进行常年展览与定期展览。

2. 集货转运功能

此功能主要是将分散的、小批量的货物集中起来，便于集中处理与中转。生产型物流中心往往需要从各地采购原材料、零部件，在进入生产组装线之前进行集货处理，同时对产成品集中保管、统一配送。商业型物流中心也需要分散采购商品进行集货处理，统一配送与补货。社会公共物流中心则要实现集货、转运、换载、配载与配送等功能。

3. 储存保管功能

为了满足市场需求的及时性与不确定性，不论是哪一类物流配送中心，或多或少都有一定的安全库存，根据商品的特性及生产闲置时间的不同，安全库存的数量也不同。

因此，物流配送中心均具备储存保管功能。在物流配送中心一般都有库存保管的储存区。

4. 分拣配送功能

物流配送中心的另一重要功能是分拣配送功能。中心根据客户的多品种、小批量的需求进行货物分拣配货作业，并以最快的速度送达客户手中或在指定时间内配送到客户。这种分拣配送的效率是物流服务质量的集中体现。

5. 流通加工功能

物流配送中心还会根据客户的需要，进行一些流通加工作业，这些作业包括产品简单加工、货物分类、大包装拆箱改包装、产品组合包装、商标与标签粘贴作业等。流通加工功能是提升物流配送中心服务水平的重要手段。

6. 信息提供功能

集多种功能于一身的物流配送中心必然是物流信息的集散地，物流配送中心具有信息中心的作用，货物到达、配送、装卸、搬运、储存保管、交易、客户、价格、运输工具及运行时间等各种信息在这里交汇、收集、整理和发布。

与上述各项功能相适应，物流配送中心的作业区域结构一般由如下工作区组成：

1. 管理指挥区

这个区域既可集中于物流中心某一位置，也可分散设置于其他区域中。主要包括营业事务处理场所、内部指挥管理场所、信息处理与发布场所、商品展览展销场所等，其职责是对外负责收集、汇总和发布各种信息，对内负责协调、组织各种活动，指挥调度各种资源，共同完成物流中心的各种功能。

2. 接货区

该区域完成接货及入库前的工作。如接货、卸货、清点、检验、分类等各项准备工作。接货区的主要设备包括进货铁路站或公路站、装卸货站台、暂存暂收检查区域等。

3. 储存区

在该工作区域内，存储或分类存储经过检验的货物。该区域和进出的接货区相比该区域所占面积较大，在许多物流配送中心里往往占总面积的一半左右。对于某些特殊物流配送中心（如水泥煤炭），其面积占总面积的一半以上。

4. 理货区

在该区域内，主要进行货物的拣货、配货作业，目的是为送货做准备。区域面积随物流配送中心的不同而有较大变化，如对多用户、多品种、少批量、多批次处理的物流配送中心，分货、拣货、配货工作复杂，该区域所占面积较大。

5. 分放、配装区

在这一工作区内，按用户需求，将配好的货物暂放暂存等待外运，或根据每一个用户货物状况决定配送方式，然后直接装车或运到发货站台装车。该区域的货物是暂存，时间短，周转快，所占面积相对较小。

6. 发货区

在这个区域内将准备好的货物装入外运车辆发出。该工作区结构与接货区类似，有站台、外运线路等设施。发货区一般位于整个工作区域的末端。

7. 流通加工区

在许多物流配送中心都设有流通加工区，在该作业区内，进行分装、包装、混配、贴条码及射频标签等各种类型的流通加工。

除了以上主要工作区外，物流配送中心还包括其他一些附属区域，如停车场、生活区、区内道路等。

7.2 物流设施内部布置方法

7.2.1 内部布置的主要方法

物流设施内部布置的方法总结起来可以分为以下几类：

1. 摆样法

摆样法是一种最早的布局方法。利用二维平面比例模拟，按一定比例制成的实体模型在同一比例的平面图上展示，通过相互关系分析，调整实体模型位置可得到较好的布置方案。这种方法适用于简单的布局设计，对复杂的系统就不能十分准确，而且花费的时间较多。

2. 图解法

图解法产生于 20 世纪 50 年代，有螺线规划法、简化布置规划法以及运输行程图等。其优点在于将摆样法与数学模型结合起来，但现在应用较少。

3. 系统布置方法

系统布置方法（SLP）是最具代表性的布局方法，它使工厂布局设计从定性阶段发展到定量阶段。它以大量的图表分析和图形模型为手段，通过引入量化关系紧密程度的概念，建立各作业单元之间的物流相关关系与非物流的作业单元相关关系图表，从而构成空间位置布置设计的模型，是当前位置布置设计的主要方法。

4. 数学模型法

数学模型法是把物流系统抽象为一种数学表达式，通过求解数学表达式找到最优解，运用运筹学、系统工程中的模型优化技术研究最优布局方案。常用的数学模型法有最短路法、最小费用最大流法、线性规划、随机规划、多目标规划、模糊评价法以及其他智能优化方法等。但是数学模型的求解往往很困难，需要利用计算机辅助设计，帮助人们解决设施布置的复杂任务。

7.2.2 系统布置方法（SLP）

1. SLP 方法概述

最初的设施布置设计主要直接凭经验和感觉。但到了 20 世纪 50 年代，位置布置设计从传统的只涉及较小系统发展到大而复杂的系统设计，凭经验已难以胜任。于是，在综合各学科发展的基础上，位置布置设计中运用了系统工程的概念和系统分析的方法。

1961 年，美国学者理查德·缪瑟提出了极具代表性的系统布置设计（Systematic

Lay out Planhing）理论，简称 SLP 方法。缪瑟的系统布置方法是一种条理性很强、物流分析与作业单位关系密切程度分析相结合、求得合理布置的技术。SLP 方法在布置设计领域获得极其广泛的运用，到 20 世纪 80 年代，该方法传入中国并逐步成为工厂布局设计的主要方法。

SLP 将设施规划和设计向科学化、精确化和量化方向迈进了一步。主要有以下特点：

(1) 定性分析与定量分析有机结合；

(2) 以大量的图表分析和图形模型分析为手段，直观清晰；

(3) 采用了严密的系统分析手段和规范的设计步骤，逻辑性和条理性较强；

(4) 着眼于整个物流系统，反复修正与调整，设计方案具有很强的合理性和实用性；

(5) 操作性和实践性强，适用范围广，可以应用于各种类型的企业。

但由于历史的局限性，SLP 方法没有充分考虑利用计算机技术。传统的 SLP 主要是手工布置，受主观经验、自身知识及能力等多种因素的影响，往往得不到较优解。因此，针对 SLP 的这些优缺点，相关学者作了相应的改进。20 世纪 60 年代以来，以 J. M. 摩尔等为代表的一批设施规划与设计学者开始利用计算机的强大功能，帮助人们解决设施布置的复杂任务，节省了大量的人力物力。

20 世纪 80 年代，日本物流技术研究所铃木震提出的 EIQ 分析法应用于系统布置设计，一定程度上改善了 SLP 方法，拓宽了 SLP 方法的应用范围。

缪瑟自己也在 20 世纪 90 年代，在 SLP 的基础上，针对日常处理最多的布置设计中的中小项目，提出了简化的系统布置设计（Simlplified Systematic Layout Planning，SSLP），SSLP 比 SLP 在工作过程方面大为简捷。

同时，威廉·温拿等工厂设计师们在实践中不断对 SLP 进行发展和完善，在 20 世纪 90 年代提出了新的战略化位置规划方法（Strategic Facilities Planning，SFP）。其核心思想表现为两个方面：

第一，把设施布置提升至战略高度，通过一次根本性的再聚焦以及精益原则来提高企业整体生产力，实施的关键是企业流程再造，进行业务重组。

第二，新的战略设施规划融合了优良的计算机辅助设施布置方法，一定程度上实现了设施布置的快速响应。当前，设施布置项目向大型化、复杂化方向发展，计算机辅助决策已逐渐成为设施布置设计的重要手段。

2. 系统布置方法设计的要素

影响布置设计的要素众多，基本要素可以归纳为 5 项：P 产品（或材料或服务）、Q 数量、R 生产路线（或工艺过程）、S 辅助服务部门、T 时间（或时间安排）。

(1) P—产品或材料或服务（Production）。指规划设计的对象所生产的产品、原材料、加工的零部件或提供的服务项目。包括原材料、进厂物料、工序间储备、产品、辅助材料、废品、废料、切屑、包装材料等。产品这一要素影响着设施的组成及其相互关系、设备的类型、物料搬运的方式等。

(2) Q—数量或产量（Quantity）。指所生产、供应或使用的材料或产品的数量或服务的工作量。这一要素影响着设施规模、设备数量、运输量、建筑物面积等。

(3) R—生产路线或工艺过程（Route）。指根据所生产的产品品种、数量等设计出的工艺流程、物流路线、工序顺序等，可以用设备表、工艺路线卡、工艺过程图等表示。它影响着各作业单位之间的关系、物料搬运路线、仓库及堆放地的位置等。

(4) S—辅助服务部门（Supporting Service）。指保证生产正常运行的辅助服务性活动、设施以及服务人员。包括道路、生活设施、消防设施、照明、采暖通风、办公室、生产管理，质量控制及废物处理等；它是生产的支持系统，从某种意义上来说对生产系统的正常运行起着举足轻重的作用。

(5) T—时间或时间安排（Time）。指在什么时候、用多长的时间生产出产品，包括作业、工序、流动、周转等标准时间。这些因素决定着设备的数量、需要的面积和人员、工序的平衡安排等。

3. SLP 方法的步骤

采用 SLP 方法进行总平面布置的首要工作是对各作业单元之间的物流关系和非物流关系作出分析，并综合得到作业单元相互关系图，然后根据相互关系图中作业单元之间相互关系的密切程度，决定各作业单元之间距离的远近，安排各作业单元的位置，绘制作业单元位置相关图，将各作业单元实际占地面积与作业单元位置相关图结合起来，形成作业单元空间相关图；通过作业单元空间相关图的修正和调整，得到数个可行的布置方案；最后采用系统评价方法对各方案进行评价择优，以得分最多的布置方案作为最佳布置方案。详细步骤如图 7-1 所示。

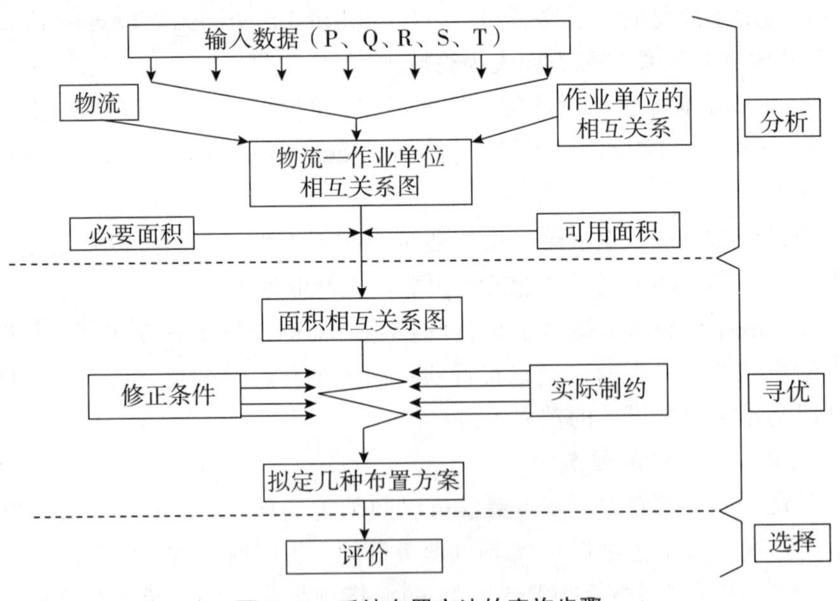

图 7-1　系统布置方法的实施步骤

根据图 7-1 中系统布置方法的实施流程，实施 SLP 方法的关键步骤可以分解为：

(1) 原始资料分析

在 SLP 方法中，缪瑟最初是以工厂布置问题为依据和出发点的，故把产品 P、数量 Q、生产路线 R、辅助部门 S 和时间安排 T 作为五个基本要素。这五项基本要素是设施规划时不可缺少的基础资料。在物流配送中心布置规划中，可以把这些要素的概念适当修正为：物流对象 P、物流量 Q、物流作业路线 R、辅助部门 S 和作业时间安排 T。其中物流对象 P、物流量 Q、物流作业路线 R 是重点分析的对象。

①物流对象 P

在物流配送中心规划中，物流对象是进出物流配送中心的货物。不同的物流对象对整个物流作业路线的设计、设施装备、存储条件都有不同的要求，一定程度上决定了布置规划的不同。因此，需要对货物进行分类。物品特征分析结果是货物分类的重要参考因素，如按储存保管特征可分为干货区、冷冻区及冷藏区，按货物重量可分为重物区和轻物区等。因此，物流配送中心规划时首先需要对物流对象进行物品特征分析，以决定不同的储存和作业区域以及作业线路。

②物流量 Q

在物流配送中心规划中，物流量是指各类货物在物流配送中心各个作业区域进出的物流作业量。物流量不仅直接决定着装卸、搬运等物流成本，一定程度上也影响着物流设施的规模、设施数量、建筑物面积、运输量等。但是物流量的确定比较麻烦，为了准确地测定物流配送中心的物流量，需要收集每类货物出入中心的数量以及各作业单元之间流量变化，在收集过程中必须考虑物流配送中心各个作业单元的基本储运单位。一般物流配送中心的储运单位包括 P—托盘、C—箱子和 B—单品，而不同的储运单位，其配备的储存和搬运设备也不同，所需要的空间也有区别。因此掌握物流量的同时，掌握储运单位转换也相当重要，需要将这些包装单位（P、C、B）纳入分析范围，即所谓的 PCB 分析。

由于位置布置规划需要考虑未来物流业务及物流量的发展趋势，因此还要对未来货物量变动趋势有一定的预见性，这就需要对未来的物流量进行有效预测。

③物流作业路线 R

物流作业路线是指各物流对象在各作业单元之间的移动路线。作业路线既反映物流设施的各作业单元的物流作业流程，也反映了各个功能区之间的联系，是后面物流相关分析的依据。物流设施内部各作业单元的物流作业路线类型主要有：

直线型：适用于出入口在厂房两侧，作业流程简单、规模较小的物流作业，无论订单大小与拣货品项多少，均需通过全厂房。

双直线型：适用于出入口在厂房两侧，作业流程相似但是有两种不同进出货形式或作业需求的物流作业。

锯齿型：通常适用于多排并列的库存料架区内。

U 型：适用于出入口在厂房两侧，可依据进出货概率大小安排接近进出口端的存储区，缩短拣货搬运路线。

分流型：适用于因批量拣取而作分流作业。

集中型：适用于因存储区特性将订单分割在不同区域拣取后作集货的作业。

SLP 设计就是使物流作业路线简捷顺直，减少不必要的搬运，主要遵循 2 个原则，即：a）两个最小原则：经过距离最小和物流成本最小；b）两个避免原则：避免迂回和避免十字交叉，具体来说，是要使得下列因素降到最低：移动距离、返回次数、交叉运输、费用等。

(2) 物流关系分析

物流分析主要是确定物流对象在物流作业过程中每个作业单元之间移动的最有效顺序以及移动的强度和数量。物流分析是物流设施位置布置设计的核心工作。物流分析通过对基础数据相互之间的依赖关系分析，为后续的布置设计提供依据。物流分析方法通常由物流对象P和物流量Q的性质决定，不同的运作类型，应采用不同的分析方法。

①物流作业过程图

对于物流量Q很大而物流对象P的种类或品种比较少的物流系统，采用标准符号绘制物流作业过程图，在作业过程中注明各作业单元之间的物流量，可以直接地反映出物流设施的作业情况。因此，只要物流对象比较单一，无论物流设施规摸大小，都适合用物流作业过程图来进行分析。

②物流量从至表

当物流对象P种类很多，物流量Q也比较大时，用从至表研究物流关系是比较方便的。通常用一张二维表来表示各物流作业单元之间的物流方向和物流量。表示物流作业单元之间的物流方向时，可用二维表中的行表示物流作业单元之间物流的源头，而列表示物流的目的地。行列交叉点表明从源头到目的地的物流量。物流量从至表的基本形式为：

表7-1　物流量从至表

From/To	作业单元1	作业单元2	…	作业单元 n
作业单元1				
作业单元2				
…				
作业单元 n				

③成组分析法

当物流对象的品种较多，而物流量的规模较小，可以将作业流程相似的物流对象进行分组归类，根据每一组物流对象及其对应的物流量画出从至表。

(3) 作业单元非物流关系分析

各部门（作业单位）之间存在着物流关系、非物流关系两种关系。物流关系可以根据物流量来表示两个作业单位之间的关系密切程度，非物流关系无法定量表示，只能通过定性分析加以区分。非物流关系通常可以从以下几个方面加以考虑：①工作流程的连续性；②作业性质相似；③使用场地情况；④监督和管理；⑤联系频繁程度；⑥噪声、振动；⑦公用设施相同；⑧文件信息往来情况；⑨使用设备情况；⑩安全、卫生。

确定作业单元之间的非物流关系紧密程度主要是根据以上因素作为划分理由，进行非物流关系等级划分。

(4) 作业单元相互关系等级（Closeness Rating）表示

SLP方法中，将各作业单元之间的物流关系、非物流关系以及综合相关关系的关系密切程度均划分为 A、E、I、O、U、X 六个等级，并按照一定比例进行划分，其含义及表示方法如表 7-2 所示。一般来说，一个布置内 A、E、I 级的关系，不超过 10%～30%，其余为一般关系（O、U 级），X 为特殊关系，需视具体情况而定。

表 7-2　作业单元相互关系等级及表示方法

符号	含义	色彩	线型	占有比例（%）
A	绝对重要	红色	4 条平行线	2～5
E	特别重要	橙色	3 条平行线	3～10
I	重要	绿色	2 条平行线	5～15
O	一般	蓝色	1 条平行线	10～25
U	不重要	无色	无	25～60
X	禁止	褐色	折线	待定

（5）作业单位综合相互关系分析

物流配送中心内部布置规划中，各作业单元之间既有物流联系，又有非物流联系。在 SLP 中，要将作业单元之间的物流关系和非物流关系进行合并，求出综合相关关系，然后由这个综合相关关系出发，实现各作业单元的合理布置。综合过程按以下步骤进行：

①确定物流关系与非物流关系的相对重要性。一般来说，物流与非物流之间的比重应介于 1∶3～3∶1。在实际布置中，一般相对重要性的比值 $m:n$ 取 3∶1，2∶1 几个值，目前比值一般取 3∶1，特殊物流领域取 2∶1。

②将关系密切程度等级量化。一般取 A=4，E=3，I=2，O=1，U=0，X=−1。

③计算两个作业单元之间综合相互关系的量化值：设两作业单元为 i、j，其综合相互关系的密切程度量化值为 TR_{ij}，物流关系的量化值表示为 LR_{ij}，非物流关系密切程度的量化值为 NR_{ij}，则 $TR_{ij}=m\times LR_{ij}+n\times NR_{ij}$。

④综合相互关系等级划分。根据递减排列的 TR_{ij} 值，再按照一定的比例或标准将综合相互关系等级划分为 A、E、I、O、U、X 六个等级。

另外，在对物流与非物流相互关系进行合并时，任何一级物流相互关系与 X 级非物流相互关系等级合并的等级不应该超过 O 级，对于某些极不希望靠近的作业单元可以设为 XX 级，表示绝对不能相互靠近。

⑤经过调整，按照综合相互关系等级划分，建立综合相互关系表。

（6）作业单元线型关系图和空间关系图

在位置布置设计确定空间位置时，首先根据综合相互关系图中级别高低，按顺序确定不同级别作业单元的位置。作业单元综合接近程度分值高的应处于中间位置，分值低的处于边缘位置。关系级别高的作业单元之间距离近，关系级别低的作业单元之间距离远，而同一级别的作业单元按综合关系紧密程度的分值高低顺序来进行布置。

在 SLP 中，采用了线型图来生成空间关系图。在绘制线型布置图时，首先将 A、E 级关系的作业单元放进布置图中，同级别的关系用相同长度的线段表示，并使 E 级关系的线段长度约为 A 级关系的 2 倍。随后，按同样的规则布置 I 级关系。若作业单元比较多，线段比较混乱，则可不必画出 O 级关系，但 X 级关系必须表示出来。调整各作业单元的位置，以满足关系的亲疏程度。

根据作业单元相互关系图的等级可生成初步线型图，将各个作业单元的面积和形状加入到布置图中，生成空间关系图。各作业单元空间位置的确定是和物流设施的平面形状和建筑空间几何形状密切相关的，各作业单元的占地面积由设备占地面积、物流模式、人员活动场地等因素所决定。

（7）综合评价。对由 SLP 方法得到的多个不同设施布置方案，根据一定的评价标准进行综合评价，选择一个最优的位置布置方案。

案例分析　粮食物流中心内部位置布置 SLP 规划

我国是产粮大国，2010 年中国粮食总产量达到 10928 亿斤，世界排名第一。国内最大的跨地区、跨行业、跨所有制的大连北方国际粮食物流中心在 2003 年成立。粮食物流中心是指以粮食为作业对象而进行的运输、仓储、流通加工、包装、装卸搬运、物流信息处理的场所或组织。粮食物流中心可以促进粮食产销结合，整合有限资源，实现散装流通、信息服务等一体化功能。合理的粮食物流中心的规划可以降低成本、提高工作效率、简化作业流程。若一个不合理的平面布局投入使用就需要经常改建和调整，会给生产造成混乱，阻碍生产效率的提高，因而增加生产成本。下面采用 SLP 位置布置法对粮食物流中心功能区进行平面布局规划。

1. 功能区设置

根据粮食物流中心的规模、管理模式、作业流程，设置粮食物流中心功能区。根据粮食物流中心的特点可以将粮食物流中心分为以下几个功能区：进货区、中转区、仓储区、生产加工区、流通加工区、理货区、出货区、办公服务区、辅助作业区，如表 7-3 所示。其中，中转区是因为粮食体积和重量比较大，需要一定的区域暂存来实施工序。

表 7-3　粮食物流中心功能区设置

序号	作业单位	具体功能
1	进货区	卸货、质量验收、数量复核、暂存等
2	理货区	入库搬运、库存分配、拣选等
3	中转区	暂存和中转
4	生产加工区	精深加工、粮情测控系统、自动控制系统以及烘干设施等
5	流通加工区	流通加工，打印条码和贴条码等
6	仓储区	仓储、保管
7	出货区	发货中转、出库检验、装货等
8	办公服务区	电子交易厅、综合办公、后勤保卫、绿化环卫等

2. 粮食物流中心作业流程与物流量比例

假设物流中心作业流程及物流量如图7-2所示。图中百分比数字为功能区物流量进入下一功能区的百分比。例如：9%为进货区直接发往流通加工区的粮食物流量占进货区发往所有下游区域的粮食物流总量的百分比。在实际运作中，可以根据粮食的具体流通情况进行合理的物流量百分比配置。

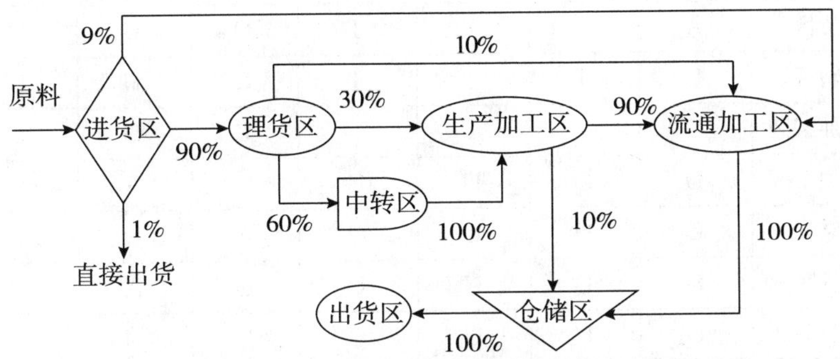

图7-2 粮食物流中心运作流程与物流量

3. 物流关系分析

物流中心最重要、最为频繁的活动就是各种物流作业，功能区之间的物流关系可以根据物流强度（单位时间的物流量）来计算。SLP中将物流关系分为五个等级，分别用符号A、E、I、O、U、X来表示，其物流关系紧密程度逐渐减小。物流关系等级高的功能区应该相互靠近，以节约搬运费用，降低物流成本。表7-4为根据图7-2中的物流量比例换算的物流量从至表（物流量比例）。根据上述作业流程和物流量从至表7-4，可以得出各个单元物流关系相关表，如表7-5所示。为方便起见，表7-5中没有区分物料移动的起始与终止作业单位，在行与列的相交方格中对称填入行作业单位与列作业单位间的物流关系等级。

表7-4 粮食物流中心作业单元物流量从至表

作业单元序号		1	2	3	4	5	6	7	8
	作业单元名称	进货区	理货区	中转区	生产加工区	流通加工区	仓储区	出货区	办公服务区
1	进货区								
2	理货区	0.9							
3	中转区		0.54						
4	生产加工区		0.27	0.54					
5	流通加工区	0.09	0.09		0.63				
6	仓储区				0.08	0.9			
7	出货区						0.99		
8	办公服务区								

表 7-5　　粮食物流中心作业单元物流关系等级

作业单元序号		1	2	3	4	5	6	7	8
	作业单元名称	进货区	理货区	中转区	生产加工区	流通加工区	仓储区	出货区	办公服务区
1	进货区		A	U	U	O	U	U	U
2	理货区	A		I	I	O	U	U	U
3	中转区	U	I		I	U	U	U	U
4	生产加工区	U	I	I		E	O	U	U
5	流通加工区	O	O	U	E		A	U	U
6	仓储区	U	U	U	O	A		A	U
7	出货区	U	U	U	U	U	A		U
8	办公服务区	U	U	U	U	U	U	U	

4. 非物流关系分析

作业单位非物流关系主要是指物流中心的组织管理，即各功能区、部门之间由于管理、监督、业务联系等而存在的关系。虽然物流关系对企业的生产有重大影响时，因此物流分析是位置布置规划的重要依据，但是也不能忽视非物流因素的影响，尤其是当物流对生产影响不大或没有固定的物流时，布置规划就不能依赖于物流分析，而应当考虑其他因素对各作业单位间相互关系的影响。在 SLP 中作业单位间非物流关系密切程度等级同样划分为 A、E、I、O、U、X，即绝对重要、特别重要、重要、一般密切程度、不重要、负的密切程度，如表 7-6 所示。

表 7-6　　粮食物流中心作业单元非物流关系

作业单元序号		1	2	3	4	5	6	7	8
	作业单元名称	进货区	理货区	中转区	生产加工区	流通加工区	仓储区	出货区	办公服务区
1	进货区		I	O	U	U	U	U	U
2	理货区	I		I	O	U	U	U	U
3	中转区	O	I		I	U	O	U	U
4	生产加工区	U	O	I		A	E	U	X
5	流通加工区	O	U	U	A		A	U	U
6	仓储区	U	U	O	E	A		I	U
7	出货区	U	U	U	U	U	I		U
8	办公服务区	U	U	U	X	U	U	U	

5. 作业单位综合关系分析

根据粮食物流中心的特点，我们假设物流与非物流的相互关系的相对重要性加权值 $m:n=2:1$。设任意两个作业单位分别为 A_i 和 A_j，其量化的物流相互关系等级为 LR_{ij}，量化的非物流相互关系密切程度等级为 NR_{ij}，则作业单位 A_i 与 A_j 之间综合相互关系密切程度量化值 $TR_{ij}=m\times LR_{ij}+n\times NR_{ij}$。

对于表 7－5、表 7－6，SLP 方法中一般取 A=4，E=3，I=2，O=1，U=0，X=－1，得出综合量化后的综合相互关系密切程度量化值及关系等级划分，如表 7－7 所示。

表 7－7　作业单元综合相关关系

序号	作业单元对			综合关系	综合关系等级
	作业单元 i	——	作业单元 j		
1	5	——	6	12	A
2	4	——	5	10	E
3	6	——	7	10	I
4	1	——	2	10	I
5	3	——	4	6	O
6	2	——	3	6	O
7	4	——	6	5	O
8	2	——	4	5	O
9	1	——	5	2	U
10	2	——	5	2	U
11	4	——	8	－1	X

6. 绘制作业单位空间位置线型关系图

在 SLP 中，平面布置并不直接考虑各作业单位的建筑物占地面积及其外形几何形状，而是从各作业单位间相互关系密切程度出发，安排各作业单位之间的相对位置，关系密级高的作业单位之间距离近，关系密级低的作业单位之间距离远，由此形成作业单位空间位置线型图。

任何一种系统设计过程都是反复叠代、逐步细化的寻求最优解的过程。按综合接近程度依次把这些作业单位布置到图中。布置时，应随时检查待布置作业单位与图中已布置的作业单位之间的关系紧密程度，选择适当位置进行布置，出现矛盾时，应修改原有布置。绘制作业单位空间位置图时，两个作业单位之间连线应遵循表 7－1 中的表示方法，一般重点处理 A、E 两个等级的关系，不处理 O、U 关系，但是需要特别关注 X 关系，即两个作业单元禁止靠近。另外，在绘制单位空间位置图过程中，可以根据实际情况对功能区空间位置图进行适当调整。图 7－3 为粮食物流中心空间位置线型关系图。

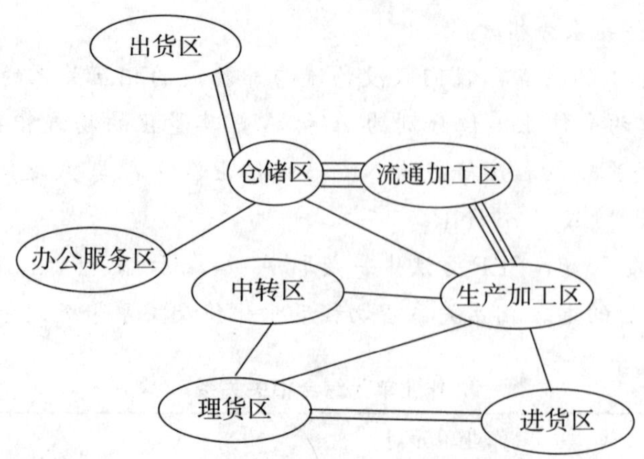

图 7-3　粮食物流中心空间位置线型关系

本章习题

（1）选择一零售企业，简述其物流配送中心包括哪些作业区域？这些作业区域分别完成什么功能？

（2）SLP 方法的关键要素有哪些？

（3）试阐述 SLP 方法的实施步骤，并分析 SLP 方法的特点。

（4）试举例分析物流园区位置规划中主要作业单元之间物流关系和非物流关系的特征。

（5）试应用 SLP 方法分析肯德基快餐店的内部设施布置规划是否合理？

8 物流系统预测

本章重点

⊙ 理解系统预测的概念
⊙ 了解物流系统预测方法的分类
⊙ 熟悉物流需求预测的特征
⊙ 掌握物流需求预测的基本方法

引导案例　市场需求预测与企业产销计划

1981 年夏天，北京地区气候异常，持续高温，近 40 年所罕见。很多轻工纺织企业在制订产销计划时未预见到这种情况，致使很多产品脱销，如游泳衣裤、痱子粉、爽身粉等；有的产品积压，如塑料雨衣等由于高温少雨积压了 70 多万件，使很多企业受到损失。20 世纪 70 年代，无锡无线电五厂在收音机销路不畅的情况下，开展市场调查，提供了可靠的预测资料，该厂据此作出了增产袖珍收音机的决策，使企业取得了较好的经济效益。

从以上企业实例可以看出，预测是企业制订战略规划、生产安排、销售计划，尤其是物流管理计划的重要依据，是企业物流管理中最重要的环节。如果企业没有预测，或是预测不准确，会给企业造成极大的损失。

8.1 系统预测概述

8.1.1 系统预测的概念

所谓预测，就是对尚未发生或目前还不确切的事物进行预先的估计和推断，是现时对事物将要发生的结果进行探讨和研究。

“凡事预则立，不预则废”，“人无远虑，必有近忧”。自有历史记载以来，人们就试图预测未来。但是，未来并不是靠想入非非或求神问卦就能预测到的，科学的预测是建立在客观事物发展变化规律基础之上的科学推断。

在设计一个新系统或改造一个旧系统时，人们都需要对系统的未来进行分析估计，以便作出相应的决策，即使是对正在正常运转的系统，也要经常分析系统的发展变化趋势。根据系统发展变化的实际数据和历史资料，运用现代科学理论和方法，以及各种经验和知识，对系统在未来一段时期内可能变化的情况进行推测、估计和分析，这样一系列的过程就是系统预测。

由此可见，系统的预测是以系统的变化为前提的。没有系统的变化，就不需要预测。因此，系统预测的实质就是充分分析使系统发生变化的原因，探究系统发展变化的规律，根据系统的过去和现在估计未来，根据已知预测未知，从而减少对未来事物认识的不确定性，减少决策的盲目性。

预测是企业制订战略规划、生产安排、销售计划，尤其是物流管理计划的重要依据，是企业物流管理中最重要的环节。准确的预测可以减少企业的库存，如果预测准确，可以降低对安全库存的要求，同时可以减少因库存时间长而产生的产品过时、过期带来的损失。准确的预测可以有效地安排生产，对于任何生产企业而言，其生产能力也是有限的，如果可以提供给供应商准确的预测，不仅可以提高采购订单的满足率，而且也有利于与供应商的长期合作。准确的预测可以改善运输管理，根据预测进行运输安排，对于距离较近的经销商或客户，可以采用集中运输的方式，既可以节约运输成本，还可以减少运输时间，减少破损率。

总的来说，物流系统预测的作用可归纳为两个方面：

(1) 预测是计划编制的基础。物流系统的存储、运输等各项业务活动的计划都是以预测资料为基础制订的。因而预测资料的准确与否，直接影响到计划的可行性，进而决定企业经营的成败。

(2) 预测是决策的依据。有些管理学家认为“管理就是决策”，决策的前提是预测。正确的决策取决于可靠的预测。

物流系统预测的内容很多，凡是影响物流系统活动的诸因素都是预测对象。例如，物流系统的人力、物力、财力以及资源、销售、交通等的状况，国家的政策方针、经济发展的形势等，都是预测的内容。

8.1.2 预测的基本原则

预测的方法种类繁多。人们之所以能对未来作预测，主要是遵循了下面两项基本原则。

1. 惯性原则

所谓惯性，就是指由于事物发展变化主要受内因的作用，因而一个事物的过去、现在的状态会持续到将来。就是说，随着时间的推移，事物的发展变化具有某种程度的持续性，连贯性。利用这一原则掌握事物内在变化的原因，就能根据已知推测未知，根据过去、现在，推测未来。事物的惯性越大，说明延续性越强，越不易受外界因素的干扰。正因为在事物的发展变化过程中有一定的惯性，使得人们可以利用事物的过去和现在的某些情况，预测其未来的发展状态。

2. 类推的原则

所谓类推的原则，即事物发展变化的因果关系原则。一切事物的存在、发展和变化都受有关因素的影响和制约。例如，就企业而论，劳动生产率提高，就预示着产量可能提高；生产成本降低，就预示着产品价格可能降低或利润增大；产品质量提高，就预示着销售量可能增加。就市场来说，商品供过于求，就预示着价格可能下跌；产品供不应求，就预示着价格可能上涨；新产品投入市场，就预示着老产品开始滞销或价格下跌。这些都是经济活动的模式，都存在一定的相互制约的因果关系。掌握这种因果关系，就能揭示相互关联的事物的发展变化，推断出未来的经济事件的性质、状况和规模。

类推原理就是根据事物发展过程的结构和变化的模式和规律，推测未来事物的发展变化情况。在市场预测中，类推预测尤其适用于历史资料不多，但又有相类似的已知事件情况下的市场预测。

总之，在物流系统预测中，只要运用科学的定性分析和定量分析相结合的方法，对各种统计资料和信息情报进行分析研究，掌握它们之间相互作用的规律性和内在关系，运用适当的预测原则和方法，就可以较好地预测物流系统的状态及发展趋势。

8.1.3 预测的一般程序

1. 确定预测目标

预测是为决策服务的，在进行具体的预测之前，必须首先根据决策所提出的要求确定预测的目标，包括确定预测目的、对象和预测期间。预测目的就是明确为什么要预测；预测对象，即要确定对什么事物进行预测，以及对哪个时期进行预测，预测结果应达到什么样的精度等问题。预测的期间也必须随预测对象、目标同时决定。一般 1 年内为短期，2～5 年为中期，5～10 年为长期预测。确定预测目标非常重要，它关系到下面如何收集数据资料，选择何种预测方法，预测精度和费用等一系列问题。总之，确定好预测目标是预测成功的开始。

2. 收集、分析有关资料

资料和情报是预测的重要依据。在明确了预测目标后，应通过市场调查，用直接的、间接的方法尽可能多地收集有关影响预测对象的各种资料，其中包括预测对象本身发展的历史资料，对预测对象发展变化起作用的各种影响因素的资料，形成这些资料的历史背景。对所收集的资料和情报一般要求是准确、及时、完整、适用。同时，对收集的资料还要进行分析、加工和整理，判别资料的真实程度及可用程度，去粗取精、去伪存真。

做预测必须占有大量的、系统的、适用于预测目标的资料。一般资料可分为两类：一类是纵向的资料，另一类是横向的资料。所谓纵向数据资料，是指一定经济现象的历史数据资料，如历史上的产品销售、成本资料等。利用这类历史资料可由动态数据的变化特征作为预测未来的依据。横向资料是指在某一时期内，作用于预测对象的各种影响因素的数据资料，如能源预测既要收集历史能源消耗量的纵向历史资料，也要收集当前各部门能源消耗的数据，只有将这两类资料综合起来使用才能进行有效的预测。

3. 选择预测方法进行预测

这一步骤包括三个方面的内容：选择预测方法、建立预测模型和利用模型进行预测。

预测方法很多，但对一个具体的预测对象和目标而言，并不是所有的方法都能适用。选择适合预测对象及目标特点的预测方法是预测过程中的重要一步。一般在确定预测方法时主要考虑的因素是：预测对象的种类和性质，对预测结果的精度要求，已收集到的资料与情报的数量和质量，以及预测的人力、物力、财力和时间限制等。

建立预测模型，就是运用收集到的资料和选定的预测方法进行必要的参数估计与计算，以建立能描述和概括研究对象特征和变化规律的模型。预测模型是预测对象发展规律的近似模拟，是对客观经济事件发展变化的高度概括和抽象，帮助我们研究、发现事物发展变化的规律。

利用模型进行预测，就是根据预测模型输入有关资料与数据，进行计算与处理并得到预测结果。这种计算和推测是在假设过去和现在的规律能够延续到未来的条件下进行的，即预测对象在预测期间内的发展不会发生大的异常变化。

预测方法种类繁多，选择预测方法要考虑以下几个因素：①预测对象的不同；②预测范围；③预测期限的长短；④预测要求精度；⑤占有数据资料的多寡、适应性；⑥企业愿为预测支付的费用的大小；⑦企业要求得到预测结果所花时间的长短等。

4. 评价预测方法及预测结果

预测毕竟是对未来事件的预计和推测，建立的模型也只是对实际情况的近似模拟，其结果不一定与将来发生的实际情况完全相符，同时，在计算或推测过程中难免会产生误差。因此在得到预测结果后，还应对预测进行评价，并通过对误差的计算，分析产生误差的原因，评价预测结果是否适用于实际情况。如果预测误差主要是由于所选用的预测模型或预测方法造成的，就应该改进预测模型和预测方法以尽量缩小误差。

5. 修正预测结果

如果预测结果已减到最小但还与实际情况有较大出入，则需要在误差分析计算的基础上，可以通过定性、定量分析及预测者的常识和经验修正预测结果，使之更加适用于实际情况，并形成最终预测结果。

6. 提交预测报告

预测程序的最后一个步骤，就是提交预测报告。预测报告应该给出预测过程中的主要过程，叙述预测目标、预测对象及对预测的一些要求，说明主要预测资料的收集方式、方法及其分析结果，详细阐述选择预测方法的原因及建立模型的过程，并反映对预测结果进行评价与修正的过程及结论。

预测的上述步骤中，最重要的是对收集到的预测资料进行分析以及评价预测方法与预测结果两个步骤，因为前者直接决定建立的模型是否符合事物发展的客观规律，而后者则决定了预测结果的质量优劣，这两个步骤所涉及的大多是错综复杂的不确定因素，需要依据预测者的工作态度，经验和技能来决定。

上面列举的预测程序只是一般的步骤，实际工作时，应根据具体情况灵活运用。实际上，要完全达到目的，往往需要若干次的迭代和多次修正，因此，预测是对客观事物不断认识和深化的动态过程，这一动态过程可用图 8-1 示意说明。

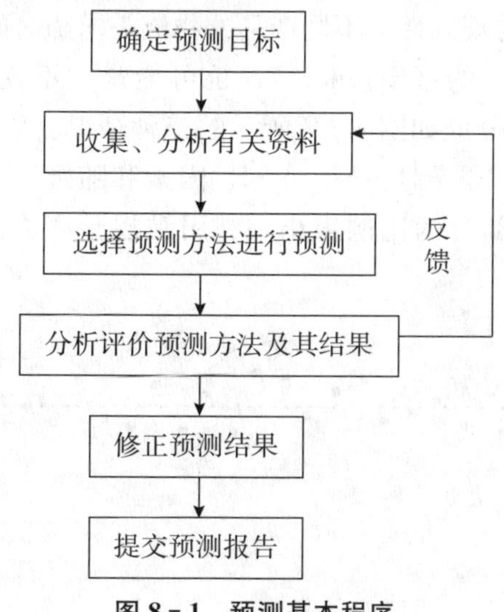

图 8-1 预测基本程序

8.2 物流需求预测

在物流系统规划及物流管理与决策过程中，都离不开对物流需求的估计。例如，进行物流网络规划时，需要确定网络中的物流量；库存管理、采购管理、车辆调度等问题的决策时，都需要获得销售量或需求量的变化规律。需求预测是获得这些数据信息的必要手段。本节将分析物流需求自身的特征及物流需求预测的特殊性，为选择合适的预测方法提供依据。

8.2.1 物流需求特征

需求预测是所有部门（包括物流、营销、生产和财务部门）进行规划和控制的基础，因此，物流需求预测对企业整体规划至关重要。需求的水平和需求的时间将极大地影响生产能力、资金需求和经营的总体框架。要进行物流需求预测，先必须了解物流需求的特征。

物流需求的特征表现在如下三个方面：

（1）物流需求的时间特性和空间特性。物流需求具有时间上的特殊性，表现在物流需求是随时间而变化的。物流需求随时间变化归因于市场销售量的增长或下降、需求模式的季节性变化以及多种不确定性因素导致的波动性。

规划仓库位置、平衡物流网络中的库存水平、按地理位置分配运输资源等，都需要知道需求发生的空间位置，体现了物流需求的空间特性。因此，所采用的预测技术必须能反映影响这种需求模式的地理性差异。对需求的地理性特征的处理有两种方式，其一是先进行总需求预测，然后再按地理位置分解预测，这是一种自上而下的预测方法；其二是先对每个地点的需求量单独进行预测，再根据需要进行需求量汇总，这是一种自下而上的预测方法。两种方法所需的预测技术是不同的。

（2）需求的不规则性与规则性。不同产品的物流需求随时间而变化的模式是不同的。需求的变动可能是“规则性的（Regular）”，也可能是“不规则的（Irregular）”。其中“规则性的”需求变动又可分成如图 8－2 所示的三种情况。导致需求模式规则性变动的因素有长期趋势（Trend）、季节性（Seasonal）因素和随机性（Random）因素。如果随机波动占时间序列中变化部分的比例很小，利用常规预测方法就可以得到较好的预测结果。

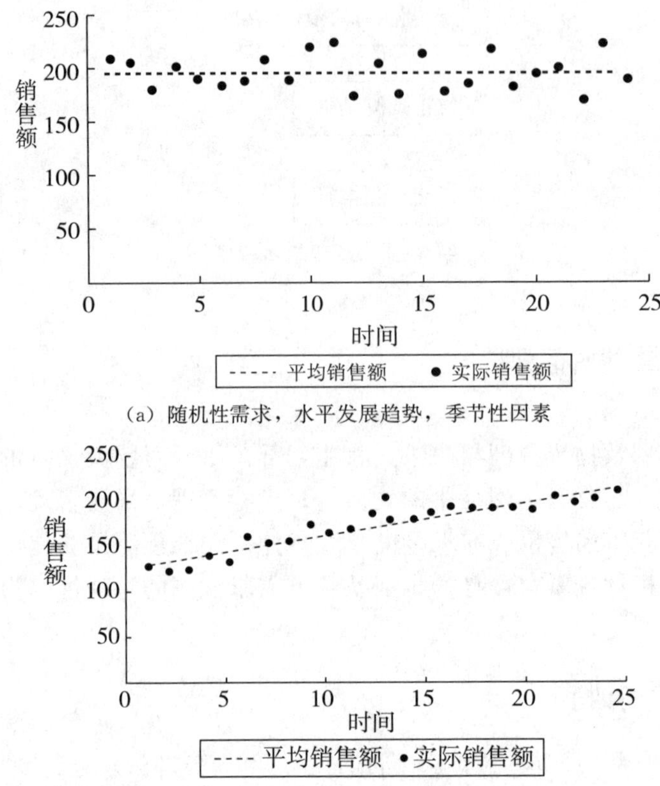

（a）随机性需求，水平发展趋势，季节性因素

（b）随机性需求，呈上升趋势，无季节性因素

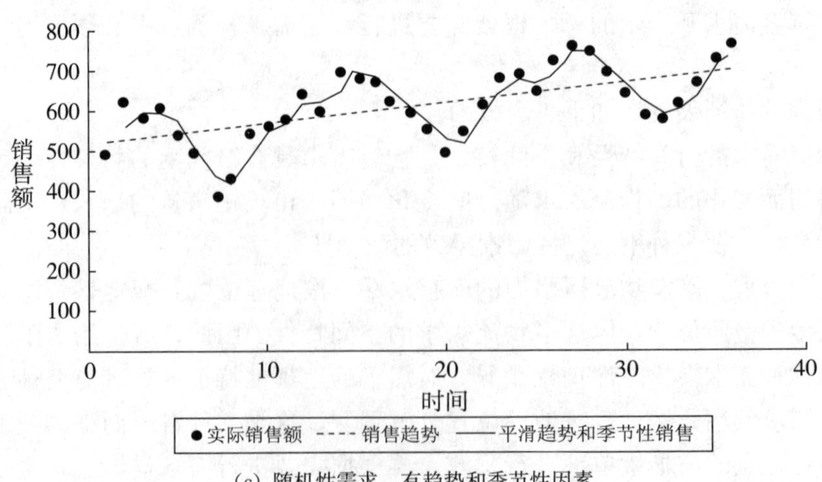

（c）随机性需求，有趋势和季节性因素

图 8－2　三种典型的规则性需求变化模式

如果某种产品的需求时间和需求水平非常不确定，如需求是间歇式的，这样的时间序列就是“不规则的（Irregular）”，如图8－3所示。刚刚进入生产线或即将退出生产线的产品常常出现这种模式的需求，因为只有少数客户有需求，而且分散在不同的地区，所以每个存储点面对的需求都很低。对这样一类需求进行预测，通常的预测方法效果不佳。这是物流需求预测的特殊难题。

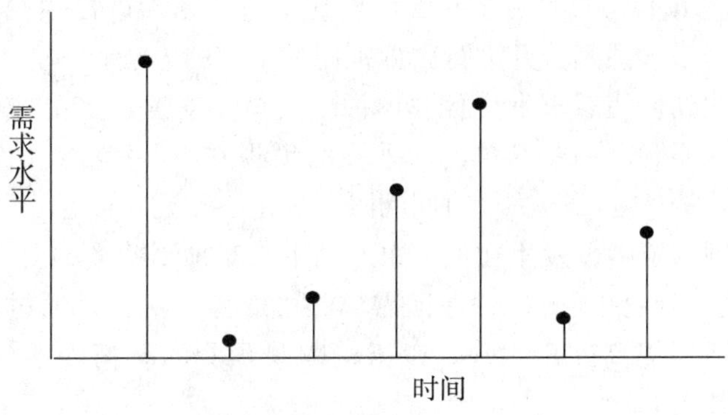

图8－3　不规则的需求模式

（3）需求的派生性与独立性。独立性物流需求是指物流需求不受其他外在因素决定，有其自身的规律。此时的需求就被称作是独立的需求。派生性物流需求，指物流需求受外在因素影响显著的一类需求，如物流需求可以由生产计划派生出来。

多数短期预测模型的基本条件都是需求独立且随机的。对于派生性需求，因为这种需求模式有很强的倾向性，一般不是随机的。

8.2.2　物流系统预测的特殊问题

在进行物流需求预测时，常常会遇到一些特殊的问题，如新需求预测、不规律需求、地区性预测、信息不完备、预测误差等问题。虽然这些问题并不仅仅在物流管理中存在，但对物流管理者而言，这些问题是他们准确预测物流需求时必须考虑的问题。

1. 新需求预测问题

物流系统决策常常要以对产品和服务的需求水平预测为基础，但经常出现缺乏足够的历史数据的情况。例如，在推出新产品或新的服务时需要为之提供物流支持，就需要对物流需求进行预测，这时就会出现历史数据缺乏或不够多的问题。对这种初期的需求进行预测，物流管理人员可采用以下几种方法。

（1）将最初的预测任务交给营销人员来做，直到积累一定的销售历史数据。营销部门对促销活动的力度、早期用户的反应、所期待的用户接受程度理解得最透彻。一旦积累了一定的需求历史数据（如6个月），就可以有信心地使用现有预测方法了。

（2）可以利用类似产品的需求模式估计新产品的销售情况。在多数情况下，企业更新生产线，一般只有少数产品是全新的，多数产品只是改变规格、外形或在现有产品基础上加以改进。所以，旧的需求模式可以对新产品最初的需求预测提供一些启迪和借鉴。

（3）可以使用指数平滑法进行预测，但在最初预测阶段要将指数平滑系数定得很高

(≥0.5)。一旦得到了足够的需求历史数据，就可以将平滑系数降低到一般水平。

2. 不规则需求的预测

在需求不规则的情况下，需求模式中的随机波动非常大，使得趋势和季节性特征非常模糊。实际上，不规则的物流需求的发生频率是很高的。由于这类需求的时间序列波动幅度较大，所以很难用数学方法对不规则需求进行准确预测，可以从以下几个方面进行预测分析：

(1) 寻找导致需求不规则的明显原因，再利用这些因素进行预测；将不规则的需求预测与其他规则性的需求预测分开进行，分别使用不同的方法。

(2) 如果没有找到促使需求发生偏移的原因，就不对这类产品或服务的需求变化作出迅速反应；相反，要利用一些简单的、平稳的预测方法，例如：取较小平滑系数的指数平滑法、时间间隔较长的回归法（时间间隔不少于一年）。

(3) 因为不规则需求多数发生在低需求产品上，对预测精度的要求可能并不是很高，可以根据具体情况适当调整预测值，保证需求的可靠性。例如，通过需求预测来决定库存水平时，就可以适当提高库存水平，以抵消需求预测的不精确性。这样处理既简单，对实际问题也很奏效。

3. 地区性需求预测

物流需求具有地域特点，这就要求进行需求预测时，首先要明确是先进行地区总需求量的预测，再按地区（如工厂或配送中心的供货范围）分配需求，还是直接对每一地区单独进行需求预测。

怎样处理预测更准确？系统需求预测的一般规律是，汇总预测比单项需求预测更准确。所以，对所有地区的物流需求进行总量预测要比先单独预测各地区需求然后再汇总更精确一些。所以，一般先进行物流总需求量的预测，然后将总量分配到各地区，这比单独进行预测的精度要高，效果更好。但是，究竟哪种方式更好，还不能从理论上进行证明，所以，物流决策者必须对两种方式都了解，并进行比较。

4. 信息不完备条件下的预测

在物流需求预测中，有时会遇到信息不完备的情况，如收集数据困难，不能收集到建模所需要的全部数据，变量之间的内在关系难以描述，物流系统运作结构不明确等。信息不完备或样本过少，为物流需求的预测带了困难。在信息不完备、小样本数据情况下，物流需求预测可以采用灰色系统预测、模糊系统预测等方法。

5. 预测的误差问题

没有一种预测模型能保证在所有的情况下、在所有的时间段都适用，预测误差是不可避免的。但是，如何使预测误差尽可能小，一般需要将几种预测模型的结果进行综合和修正，才会使预测值更稳定、更可靠。

8.3 预测模型与方法

8.3.1 判断预测方法

所谓判断预测，即定性预测方法，就是在一种有组织的情况下，收集个人对评价目标作出的判断，然后进行预测的方法。这类预测方法是在数据奇缺，或难于作定量分析时使用。比如，某产品首次投入市场前，预测销售量等。一般这类方法用于中长期预测。常用的有“德尔菲法”、“主观概率法”、“市场调查”、“历史类比法”等。判断预测方法是一类简单易行且实用的方法，因此它的应用非常广泛。

常用的判断预测方法有下列几种：

1. 部门负责人评判意见法

这种方法既简便又迅速，即召集生产厂与销售部门居于第一线的专家或负责人，请他们对市场情况和发展远景作出估计，然后再将他们的估计交给业务部门进行分析。这种方法在企业里经常被采用。至于预测的可置信度，则主要取决于企业相关部门负责人与专家平时对情况的了解和掌握程度。

2. 销售人员估计法

这也是工业企业中常用的方法。例如工厂中都有一定数量的销售人员，他们或是按产品，或是按地区各有一定分工。如果要制订明年的计划，则应请这些销售人员根据对地区经济情况的了解、对用户的了解，提出估计值，然后按某一特定的方式相加，作为企业的预测值。

3. 德尔菲法（Delphi）

前述两种方法简单易行，能对趋势变化迅速作出反应，但极易受有声望或能说会道人员的影响，结果的主观性较强。德尔菲法，即依靠技术专家小组背靠背的判断，来代替面对面的会议，使不同专家意见分歧的幅度和理由都能够表达出来，经过客观的分析，以求达到符合客观规律的一致意见。

这种方法由主持预测的单位在选定与预测主题有关的领域专家后，通过函询与这些专家建立直接的联系，以匿名的方式经过几轮的函询，征求并收集专家们的意见，并对每一轮所收集的意见进行汇总、整理，再作为参考资料匿名反馈给各位专家，供他们重新作出分析、判断，以提出新的意见，这样经过多次反复，逐步使专家的意见趋向一致，并以此作为预测的根据。

其具体做法是：聘请企业内、外若干知名专家，对所需预测的问题组成技术专家小组，但组内成员一般没有人是整个问题的专家。预测步骤通常如下：

（1）各种独立性预测在明确目标以后，编制咨询表，小组内每个专家都用简明扼要的书面形式，匿名提出每人的独立性预测。

（2）由协调人员负责综合编辑，使这些论述通顺易懂。

（3）协调人员把一系列综合反映专家意见的书面资料反馈给有关专家做更深入的讨论。

（4）经过多轮次背靠背函询与反馈，最后综合专家们的意见，给出预测结果。

4. 历史类比法

顾名思义，即按类似产品、可替代产品的发展规律或国内外同一产品的发展规律，通过比较分析，进行预测。

8.3.2 时间序列预测方法

时间序列预测方法是根据所预测对象的纵向历史数据资料，按时间进程组成的时间序列数据进行分析，预测未来的方法。时间序列预测是基于历史的继承性这一原则而进行的，就是说短期内某个事物的发展趋势是其过去历史的延伸。时间序列预测注重研究事物发展变化的内因，因此，适合在外界影响比较稳定的条件下作短期预测。

时间序列又称时间数列，是指观测或记录到的一组按时间顺序排列的数据，如某段时间内某种物资市场可供资源量按时间顺序记录的统计数据；某企业的采购成本的历史统计资料等。由于事物的时间序列展示了事物在一定的时期内的发展变化过程，因而可以从事物的时间序列数据入手，寻找出事物的变化特征及变化趋势，并通过选择适当预测模型，运用惯性原理进行趋势外推预测，这种方法比较适应于市场预测。经常使用的时间序列预测方法有“移动平均预测法”、“指数平滑预测法”等。

1. 移动平均预测法

移动平均预测法中的“平均”是指取预测对象的时间序列中最近一组实际值（或历史数据）的算术平均值，其中的“移动”是指参与平均的实际值随预测期的推进而不断更新，并且每一个新的实际值参与到“平均”值时，都要剔除掉已参与“平均”值计算的最陈旧的一个实际值，以保证每次参与“平均”的实际值都有相同的个数，按照上述办法可以简单地推导出移动平均法的计算公式。

已知数据时间序列为：x_0，x_1，x_2，…，x_n，…，以 $M_t^{(1)}$ 表示第 t 时刻的时间序列的移动平均值，以 n 表示参与“平均”的实际值个数，也称数据的间距或移动平均步长，有：

第一个移动平均数由 x_0，x_1，x_2，…，x_{n-1}产生：

$$M_{t=n}^{(1)}=\frac{x_{n-1}+x_{n-2}+\cdots+x_0}{n}$$

第二个移动平均数由 x_1，x_2，…，x_n 产生：

$$M_{t=n+1}^{(1)}=\frac{x_n+x_{n-1}+\cdots+x_1}{n}$$

以此类推：

$$M_{t=n+2}^{(1)}=\frac{x_{n+1}+x_n+\cdots+x_2}{n}$$

$$M_t^{(1)}=\frac{x_{t-1}+x_{t-2}+\cdots+x_{t-n}}{n}$$

由这个通式推导可以看出，在移动平均的过程中，每当新的实际值进入平均值就要剔除参与平均值计算的最陈旧的一个实际值，使每一次参与平均的实际值都有相同的个数。这样以一个段为单位，逐步的运动，逐步放弃旧的历史数据，增加新的历史数据，因此能较好反映事物发展变化的趋势。

例 8.1 某物资企业统计了某年度 1～11 月的钢材实际销售量，统计结果见表 8-1，请用移动平均预测法预测当年 12 月的钢材销售量。

解：分别取 $n=3$ 及 $n=6$ 对 12 个月的钢材销售量进行预测，并将预测结果填入表8 -2 中。

通过计算可知，当 $n=3$ 时，用移动平均法预测的 12 月钢材销售量为 24800 吨，当 $n=6$ 时用移动平均法预测的 12 月销售量为 24433 吨。

表 8 - 1　　钢材销售量统计与预测

月份	实际销售量（吨）	移动平均数 $M_t^{(1)}$		月份	实际销售量（吨）	移动平均数 $M_t^{(1)}$	
		$n=3$	$n=6$			$n=3$	$n=6$
1	22400			7	25700	22533	22417
2	21900			8	23400	23967	22967
3	22600			9	23800	24067	23216
4	21400	22300		10	25200	24300	23416
5	23100	21967		11	25400	24103	24049
6	23100	22367		12		24800	24433

由表 8 - 1 中所列的数据来看：

(1) 由移动平均计算后所得到的新数列，其数据起伏波动的范围变小了。

(2) 异常大和异常小的数据值被修匀了，从而异常数据对移动平均值的影响减弱。

(3) 移动平均预测有较好的抗干扰能力，可以在一定程度上描述时间序列变化的趋势。

移动平均预测法对时间序列中数据变化的反映速度及对干扰的修匀能力，取决于 n 的值。

(1) 随着 n 的减小，移动平均对时间序列数据变化的反映敏感性增加，但修匀能力下降。

(2) 随着 n 的增大，移动平均对时间序列数据变化的反映敏感性减小，但对时间序列的修匀能力却上升。

所以移动平均法的修匀能力与时间序列数据变化的敏感性是矛盾的，两者不可兼得，因此在确定 n 的时候，一定要根据时间序列的特点来确定。

一般的选择原则是：

(1) 根据所需处理的时间序列的数据点的多少而定，数据点多，n 可以取得大一些。

(2) 根据已有的时间序列的趋势而定。趋势平稳并基本保持水平状态的 n 可以取得大一些；趋势平稳并保持阶梯性或周期性增长的，n 应该取得小一些；趋势不稳并有脉冲式增减的，n 应取得大一些。

一次移动平均的缺陷：

(1) 一次移动平均，使用起来比较方便，但是预测结果会出现滞后偏差。

(2) 一次平均对分段内部的各数据同等对待，而没有特别强调近期数据对预测值的影响。

（3）如果近期内情况变化发展比较快，不适合一次移动平均。

（4）在预测过程中需要较多的历史数据，计算量较大。

当一次移动平均法预测还不能分析原始时间序列特征，预测效果不能满足要求时，可以采取二次移动平均方法。二次移动平均预测法是在求得一次移动平均数的基础上，再次进行移动平均预测，其预测公式为：

$$M_t^{(2)}=\frac{M_{t-1}^{(1)}+M_{t-2}^{(1)}+\cdots+M_{t-n}^{(1)}}{n}$$

其中，n，t 的含义同前。

表 8-2　　钢材销售量移动平均值

月份	实际销售额（万元）	一次移动平均值 $M_t^{(1)}$　$n=3$	二次移动平均值 $M_t^{(2)}$　$n=3$
1	22400		
2	21900		
3	22600		
4	21400	22300	
5	23100	21967	
6	23100	22367	
7	25700	22533	22211
8	23400	23967	22289
9	23800	24067	22956
10	25200	24300	23122
11	25400	24133	24111
12		24800	24167

移动平均预测法，在市场较稳定，外界环境变化较少的情况下，是一种较有效的预测方法。但在预测计算过程中，需要较多的历史数据，并且计算量较大，因此预测显得不太方便。

2. 指数平滑预测法

指数平滑预测法，是在移动平均预测法的基础上发展起来的一种预测方法。指数平滑预测法的主要特点是只需要较少历史数据，而且将不同时刻的数据不同等对待，可以克服移动平均预测的缺陷。

一次指数平滑预测法，是指利用时间序列中本期的实际值与本期的预测值加权平均作为下一期的预测值，其基本公式为：

$$F_{t+1}^{(1)}=\alpha x_1+(1-\alpha)F_t^{(1)}$$

式中，$F_{t+1}^{(1)}$——在 $t+1$ 时刻的一次指数平滑值（t 时刻预测值）；α——平滑常数，$0<\alpha<1$；x_t——在 t 时刻的实际值。

指数平滑法有以下几个方面的内涵：

（1）下期预测值＝本期实际值的一部分＋本期预测值的一部分。其中，本期实际值反映着当前的现实，本期预测值是通过历史数据推算而来，所以它反映了发展趋势。

（2）平滑系数越大，现实测定值在预测中的比重就越大，就越能体现预测对象当前的实际波动性。

（3）平滑系数越小，历史数据在预测中占的比重就越大，这就越能反映预测对象的演变趋势。对于波动性大的原始数据预测，应该选择较小的平滑系数。

（4）平滑系数可以看做事物发展的历史总趋势与事物当前变化的现实之间相互权衡的天平砝码。

例 8.2　某企业对某年度 1～11 月某种物资的价格情况进行了统计，试用一次指数平滑法对该年 12 月该物资的市场价格进行预测。

解：应用指数平滑法进行预测，首先应选取平滑常数 α 和确定 $F_1^{(1)}$。

设 $\alpha=0.9$，$F_1^{(1)}=x_1$，则得：

$F_2^{(1)}=\alpha x_1+(1-\alpha)F_1^{(1)}=0.9\times200+0.1\times200=200$，

$F_3^{(1)}=\alpha x_2+(1-\alpha)F_2^{(1)}=0.9\times135+0.1\times200=141.5$

以此类推，计算结果见表 8－3。

表 8－3　某物资市场价格统计预测

月份	期数	市场价格（元/吨）	指数平滑值（$\alpha=0.9$）	月份	期数	市场价格（元/吨）	指数平滑值（$\alpha=0.9$）
1	1	200.00	200	7	7	155.00	187.40
2	2	135.00	141.50	8	8	130.00	158.20
3	3	195.00	189.70	9	9	220.00	132.80
4	4	197.00	196.70	10	10	277.00	211.30
5	5	310.00	298.70	11	11	735.00	270.90
6	6	175.00	187.37	12	12		238.60

通过例 8.2 的求解过程可以看出，应用指数平滑公式进行预测时，应在已知平滑常数和 $F_t^{(1)}$ 的情况下进行，$F_1^{(1)}$ 被称为初始值。

初始值 $F_1^{(1)}$ 是不能直接得到的，应该通过一定的方法选取。当收集到的时间序列数据个数较多且比较可靠时，可以把已有数据中的某一个或已有数据中某一部分的算术平均值或加权平均值作为初始值 $F_1^{(1)}$。若收集到的时间序列数据个数较少或者数据的可靠性较差时，可以采用定性预测的方法选取 $F_1^{(1)}$，如专家评估方法。

平滑常数 α 取值大小体现了不同时期数据在预测中所起的作用，α 值越大，对近期数据影响越大，模型灵敏度越高；α 值越小，则对近期数据影响越小，消除了随机波动性，越能反映长期的发展趋势。如何掌握 α 值，是用好指数平滑模型的一个重要技巧，一般采用误差比较方法，从中选出最能反映实际值变化规律的 α 值。

α 的一般取值原则是：

(1) 初始值 $F_1^{(1)}$ 的准确性小时，α 宜取得大些，以强调重视现实的变化状态。

(2) 初始数据的时间序列中，只有一部分与预测值拟合较好而大部分不好时，说明历史状况不能较好地反映现实，α 宜取较大的数值。

(3) 时间序列虽有不规则摆动，但其长期趋势较为平稳时，α 宜取小些，以强调重视总的演变趋势。

(4) 时间序列摆动的频率和振幅都较大，α 取值要大一些，以强调重视近期实际的变化状态。

(5) 时间序列摆动的频率和振幅较小，α 取值要小一些，以强调用历史发展趋势预测。

例 8.3 某企业采购成本的统计值见表 8-4，试取 $F_1^{(1)}=\frac{x_1+x_2+x_3}{3}$，$\alpha$ 值分别为 0.1、0.5、0.9，分别求该企业第二年一月份的采购成本。

解：令 $F_1^{(1)}=\frac{x_1+x_2+x_3}{3}=\frac{51+35+28}{3}=38$

分别将 $\alpha=0.1$，$\alpha=0.5$，$\alpha=0.9$，代入计算公式，计算的结果见表 8-4。比较各列预测值的不同，可以看出平滑常数取值对预测结果的不同影响。本例中，从实际统计的采购成本观察，在上下半年各有一次波动，其频率适中，因而平滑系数不宜选得过大或过小，在本例中选 $\alpha=0.5$ 时的预测效果是较好的。如果需要进行精确比较，选择平滑系数 α 的值，需要进行预测误差比较，一般取误差平方和作为误差计算标准。

表 8-4　企业采购成本的统计与预测数据

月份	期数	采购成本（元/吨）	预测值（元/吨）		
			$a=0.1$	$a=0.5$	$a=0.9$
1	1	51.00	38	38	38
2	2	35.00	39.3	44.5	49.7
3	3	28.00	38.87	39.75	36.47
4	4	32.00	37.78	33.88	28.85
5	5	48.00	37.20	32.94	31.69
6	6	54.00	38.28	40.47	46.37
7	7	52.00	39.85	47.24	53.24
8	8	48.00	41.07	49.62	52.12
9	9	42.00	47.76	48.81	48.41
10	10	48.00	41.78	45.41	42.64
11	11	41.00	42.20	45.71	45.66
12	12	47.00	42.38	44.86	44.17
1	13		42.84	45.93	46.72

8.3.3 灰色预测方法

灰色预测通过原始时间序列数据的处理和灰色模型的建立，发现、掌握系统发展的规律，对系统的未来状态作出科学的定量预测。灰色系统预测的优点是能在小样本数据的情况下进行预测。本节将简要介绍灰色预测的基本原理和方法。

1. 灰色系统基本知识

（1）灰色系统概念。灰色系统产生于控制理论的研究中。若一个系统的内部特征是完全已知的，即系统的信息是充足完全的，我们称之为白色系统。若一个系统的内部信息是一无所知，只能从它同外部的联系来观测研究，这种系统便是黑色系统。灰色系统介于二者之间，灰色系统的一部分信息是已知的，一部分是未知的。区别白色和灰色系统的重要标志是系统各因素间是否有确定的关系。在社会、经济、生态、物流等各种系统中经常会遇到信息不完全的情况。

（2）灰色系统的特点。灰色系统理论以“部分信息已知、部分信息未知”的“小样本”、“贫信息”不确定型系统的研究对象。

①用灰色数学来处理不确定量，使之量化。在数学发展史上，最早研究的是确定性的微分方程，即在拉普拉斯决定论框架内的数学。微分方程中，一旦获得描写事物的微分方程及初值，就能确知事物任何时候的运动。随后发展了概率论与数理统计，用随机变量和随机过程来研究事物的状态和运动。模糊数学则研究没有清晰界限的事物，如儿童和少年之间没有确定的年龄界限加以截然划分等，它通过隶属函数来使模糊概念量化。灰色系统理论则认为不确定量是灰数，用灰色数学来处理不确定量，同样能使不确定量予以量化。

②充分利用已知信息寻求系统的运动规律。研究灰色系统的关键是如何使灰色系统白化、模型化、优化。灰色系统视不确定量为灰色量，提出了灰色系统建模的具体数学方法，它能利用时间序列来确定微分方程的参数。灰色预测不是把观测到的数据序列视为一个随机过程，而是看做随时间变化的灰色量或灰色过程，通过累加生成和累减生成逐步使灰色量白化，从而建立相应于微分方程解的模型并作出预测。这样，对某些大系统和长期预测问题，就可以发挥作用。

③灰色系统理论能处理贫信息系统。灰色预测模型只要求较少的观测资料即可，这和时间序列分析、多元分析等概率统计模型要求较长资料不一样。因此，对于某些只有少量观测数据的项目来说，灰色预测是一种有用的工具。

（3）生成数。由于生成数据序列有较强的规律性，可以用它来建立相应的微分方程模型，从而预测事物未来的发展趋势和未来状态。在灰色预测方法中，最常用的生成方法有累加生成与累减生成。

①累加生成

记原始序列为：$X^{(0)}=\{x^{(0)}(1), x^{(0)}(2), \cdots, x^{(0)}(n)\}$。

累加生成数序列为：$X^{(1)}=\{x^{(1)}(1), x^{(1)}(2), \cdots, x^{(1)}(n)\}$。

上标“0”表示原始序列，上标“1”表示一次累加生成序列。其中，

$$x^{(1)}(k)=\sum_{i=0}^{k}x^{(0)}(i)=x^{(1)}(k-1)+x^{(0)}(k)$$

②累减生成。累减生成是累加生成的逆运算。记累加生成序列为 $X^{(1)}=\{x^{(1)}(1), x^{(1)}(2), \cdots, x^{(1)}(n)\}$，对 $X^{(1)}$ 做一次累减生成，则得生成序列 $X^{(0)}=\{x^{(0)}(1), x^{(0)}(2), \cdots, x^{(0)}(n)\}$，其中，$x^{(0)}(k)=x^{(1)}(k)-x^{(1)}(k-1)$，规定 $x^{(1)}(0)=0$。

2. 灰色预测模型

灰色预测是通过对原始时间序列数据的生成处理来寻求系统变动的规律的预测方法。该方法不但预测精度高，而且可以进行长期预测，用累加生成拟合微分方程，符合能量系统的变化规律。GM（1，1）模型是灰色预测最为基础的模型，下面对 GM（1，1）模型进行简要介绍。

令 $X^{(0)}$ 为 GM（1，1）建模原始时间序列：$X^{(0)}=(x^{(0)}(1), x^{(0)}(2), \cdots, x^{(0)}(n))$。

$X^{(1)}$ 为 $X^{(0)}$ 的累加生成序列：$X^{(1)}=(x^{(1)}(1), x^{(1)}(2), \cdots, x^{(1)}(n))$

令 $Z^{(1)}$ 为 $X^{(1)}$ 的紧邻均值（MEAN）生成序列：

$$Z^{(1)}=(z^{(1)}(2), z^{(1)}(3), \cdots, z^{(1)}(n))$$

$$z^{(1)}(k)=0.5\,x^{(1)}(k)+0.5\,x^{(1)}(k-1)$$

则 GM（1，1）的灰微分方程模型为：

$$x^{(0)}(k)+az^{(1)}(k)=b$$

GM（1，1）模型符号含义为：G 表示 Grey，M 表示 Model，1 表示 1 阶方程，1 表示 1 个变量；式中，a 为发展系数，b 为灰色作用量。

设 $\hat{\alpha}=(a, b)^T$ 为待估参数向量，则灰微分方程模型的最小二乘估计参数 $\hat{\alpha}=(a, b)^T$ 满足：

$$\hat{\alpha}=(B^TB)^{-1}B^TY_n$$

其中，

$$B=\begin{bmatrix}-z^{(1)}(2) & 1\\ -z^{(1)}(3) & 1\\ \cdots & \cdots\\ -z^{(1)}(n) & 1\end{bmatrix},\qquad Y_n=\begin{bmatrix}x^{(0)}(2)\\ x^{(0)}(3)\\ \cdots\\ x^{(0)}(n)\end{bmatrix}$$

$\frac{\mathrm{d}x^{(1)}}{\mathrm{d}t}+ax^{(1)}=b$ 为 GM（1，1）灰色微分方程 $x^{(0)}(k)+az^{(1)}(k)=b$ 的白化方程，则有：

（1）白化方程 $\frac{\mathrm{d}x^{(1)}}{\mathrm{d}t}+ax^{(1)}=b$ 的解，也称时间响应函数为：

$$\hat{x}^{(1)}(t)=\left(x^{(1)}(0)-\frac{b}{a}\right)e^{-at}+\frac{b}{a}$$

（2）灰色微分方程 $x^{(0)}(k)+az^{(1)}(k)=b$ 的时间响应序列为：

$$\hat{x}^{(1)}(k+1)=\left[x^{(1)}(1)-\frac{b}{a}\right]e^{-ak}+\frac{b}{a},\ k=1, 2, \cdots, n$$

(3) 取 $x^{(1)}(1)=x^{(0)}(1)$，有：

$$\hat{x}^{(1)}(k+1)=\left[x^{(0)}(1)-\frac{b}{a}\right]e^{-ak}+\frac{b}{a},\ k=1,\ 2,\ \cdots,\ n$$

(4) 还原值为：$\hat{x}^{(0)}(k+1)=\hat{x}^{(1)}(k+1)-\hat{x}^{(1)}(k)$

上式即为预测方程。

有关灰色预测建模的问题说明如下：

(1) 原始序列 $X^{(0)}$ 中的数据不一定要全部用来建模，对原始数据的取舍不同，可得模型不同，即 a 和 b 不同。

(2) 建模的数据取舍应保证建模序列等时距、相连，不得有跳跃出现。

(3) 一般建模数据序列应当由最新的数据及其相邻数据构成，当再出现新数据时，可采用两种方法处理：一是将新信息加入原始序列中，重估参数；二是去掉原始序列中最老的一个数据，再加上最新的数据，所形成的序列和原序列维数相等，再重估参数。

3. GM (1，1) 模型应用实例

例 8.4　设某大型企业 2008—2013 年的产品销售额如表 8-5，试建立 GM (1，1) 预测模型，并预测 2014 年的产品销售额。

表 8-5　　2008—2013 年的产品销售额数据

年份	2008	2009	2010	2011	2012	2013
销售额（亿元）	2.67	3.13	3.25	3.36	3.56	3.72

解：设原始时间序列 $X^{(0)}(k)=\{2.67,\ 3.13,\ 3.25,\ 3.36,\ 3.56,\ 3.72\}$

第 1 步，构造累加生成序列：

$$X^{(1)}(k)=\{2.67,\ 5.80,\ 9.05,\ 12.41,\ 15.97,\ 19.69\}$$

第 2 步，构造数据矩阵 B 和数据向量 Y_n：

$$B=\begin{bmatrix}-\frac{1}{2}[x^{(1)}(1)+x^{(1)}(2)] & 1\\ -\frac{1}{2}[x^{(1)}(2)+x^{(1)}(3)] & 1\\ -\frac{1}{2}[x^{(1)}(3)+x^{(1)}(4)] & 1\\ -\frac{1}{2}[x^{(1)}(4)+x^{(1)}(5)] & 1\\ -\frac{1}{2}[x^{(1)}(5)+x^{(1)}(6)] & 1\end{bmatrix}=\begin{bmatrix}-4.235 & 1\\ -7.425 & 1\\ -10.73 & 1\\ -14.19 & 1\\ -17.83 & 1\end{bmatrix},\ Y_n=\begin{bmatrix}x^{(0)}(2)\\ x^{(0)}(3)\\ x^{(0)}(4)\\ x^{(0)}(5)\\ x^{(0)}(6)\end{bmatrix}=\begin{bmatrix}3.13\\ 3.25\\ 3.36\\ 3.56\\ 3.72\end{bmatrix}$$

第 3 步，计算 $\hat{\alpha}=\begin{bmatrix}a\\ b\end{bmatrix}=(B^TB)^{-1}B^TY_n$，其中：

$$B^TB=\begin{bmatrix}707.46375 & -54.41\\ -54.41 & 5\end{bmatrix},\ (B^TB)^{-1}=\begin{bmatrix}0.008667 & 0.094319\\ 0.094319 & 1.226382\end{bmatrix}$$

$$\hat{\alpha}=(B^TB)^{-1}B^TY_n=\begin{bmatrix}-0.043879\\ 2.925663\end{bmatrix}$$

第 4 步，得出预测模型：

$$\frac{dx^{(1)}}{dt}-0.043879x^{(1)}=2.925663$$

$$\hat{x}^{(1)}(k+1)=69.3457e^{0.043879k}-66.6757$$

第 5 步，预测：令 $k=6$，有：$x^{(0)}(7)=x^{(1)}(7)-x^{(1)}(6)=3.88$，即 2014 年的产品销售额预测值为 3.88 亿元。

8.3.4 回归预测方法

回归预测是在分析自变量和因变量之间相关关系的基础上，建立变量之间的回归方程模型进行预测的方法。这类方法注重研究影响某个事物发展变化的外因的作用。回归分析是应用极其广泛的数据分析方法之一，预测时须掌握大量的纵向和横向数据资料，是一类比较复杂的方法。

1. 变量之间的关系

世界上各种事物之间或每一个事物的各个方面之间总处于两种状态，即有关系或无关系。如果把各种事物或每个事物的各个方面用最能反映其本质特征的变量来表示，那么这些变量之间也只能存在两种状态，有关系或无关系。变量之间的关系有两种大的类型：

（1）确定性关系

又称函数关系，一个变量可以被一个或者若干个其他变量按一定规律唯一确定的关系，即变量之间的关系能用确定的数学公式表达，如：

某种商品的销售额（y）与销售量（x）之间的关系可表示为 $y=px$（p 为单价）；

企业的原材料消耗额（y）与产量（x_1）、单位产量消耗（x_2）、原材料价格（x_3）之间的关系可表示为 $y=x_1x_2x_3$。

（2）相关关系

变量之间存在完全确定的函数关系在现实世界中是很少见的，大部分是变量之间存在着某种相互联系、相互制约的关系，而这种关系又有某些不确定性，故称这些变量间存在着非确定性关系，即相关关系。如：商品的消费量（y）与居民收入（x）之间的关系；商品销售额（y）与广告费支出（x）之间的关系；收入水平（y）与受教育程度（x）之间的关系；父亲身高（y）与子女身高（x）之间的关系。

2. 回归分析

变量间非确定性的相关关系不能用精确的函数关系式唯一地表达，但在统计学意义上，它们之间的相关关系可以通过统计的方法给出某种函数表达方式，这种处理变量间相关关系的方法就是回归分析方法。回归分析预测法基本原理是通过大量收集统计数据，在分析变量间非确定性关系的基础上，找出变量间的统计规律，并用数学方法把变量间的统计规律较好地表现出来，以便进行预测。

回归的概念最早来自生物学，指的是世界上的父母生育小孩的时候，一般情况是父母高的生的小孩也高，低的也低，但是高的父母生的小孩要比他们低一点，低的父母生的小孩要比他们高一点，即回归于中间。

3. 一元线性回归预测法

变量间最简单的相关关系，是线性相关关系。一元线性回归预测法就是关于两个变量之间线性相关关系的分析方法。

（1）回归分析建模

对于只涉及一个自变量的简单线性回归模型可表示为：

$$y=a+bx+u$$

模型中，y 是 x 的线性函数；a 和 b 称为模型的参数；u 随机干扰，表示回归模型的不确定性。

（2）参数估计

参数估计就是根据从样本数据，确定变量之间的数学关系式。在回归分析预测中，求得变量的关系方程，是进行预测的关键，最常用的回归模型参数估计方法是最小二乘法，即以因变量的观察值与估计值之间的误差平方和最小来计算参数 a 和 b 的方法，原理如图 8－4 所示。

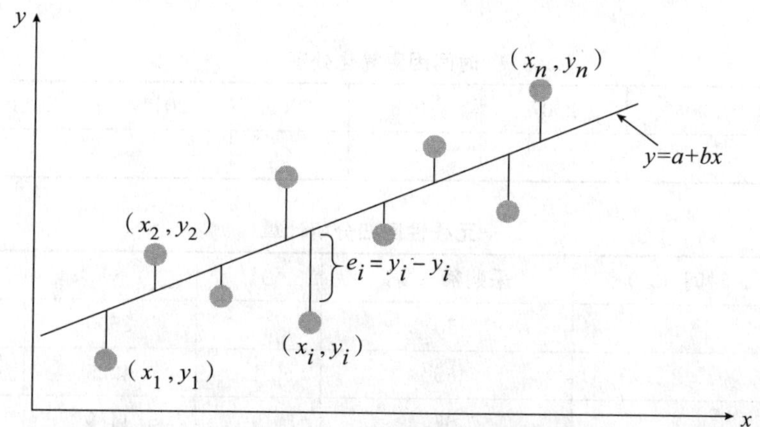

图 8－4　线性回归最小二乘法原理

一元线性回归预测中，误差平方和可用如下表示给出：

$$E(a,\ b)=\sum_{i=1}^{n}(y_i-\hat{y}_i)^2=\sum_{i=1}^{n}e_i^2$$

将 $\hat{y}_i=a+bx_i$ 代入上式，可得：

$$E(a,\ b)=\sum_{i=1}^{n}[y_i-(a+bx_i)]^2=\sum_{i=1}^{n}e_i^2$$

令 $\frac{\partial E}{\partial a}=0$，$\frac{\partial E}{\partial b}=0$ 联立求解，可以得如下结果：

$$\begin{cases} b=\dfrac{\sum\limits_{i=1}^{n}x_iy_i-n\bar{x}\,\bar{y}}{\sum\limits_{i=1}^{n}x_i^2-n\bar{x}^2} \\ a=\bar{y}-b\bar{x} \end{cases}$$

其中，$\bar{x}=\frac{1}{n}\sum_{i=1}^{n}x_i$，$\bar{y}=\frac{1}{n}\sum_{i=1}^{n}y_i$ 。

例 8.5 某企业为了制订企业的采购计划，对企业的历年采购总值进行统计，其结果见表 8-6。经散点图分析得知该企业的年采购总值与时间之间有线性相关关系，试求出其线性回归方程，并预计 2013 年该企业的采购总值。

表 8-6 **企业历年采购总值统计**

年份	2006	2007	2008	2009	2010	2011	2012
采购总值（y）	50	65	67	78	80	78	85

解：由于采购总值与时间线性相关，所以可用最小二乘法求得其线性相关方程。

为计算方便，先将时间因素作简化处理。处理方法如表 8-7 所示。以 2006 年为第一期，直到 2012 年为第七期。在此基础上，将表 8-6 中的数据进行回归预测，其结果见表 8-8。

表 8-7 **时间因素简化处理**

年份	2006	2007	2008	2009	2010	2011	2012
期数	1	2	3	4	5	6	7

表 8-8 **一元线性回归分析计算**

序号	时间（x_i）	采购额（y_i）	x_i^2	y_i^2	$x_i y_i$
1	1	50	1	2500	50
2	2	65	4	4225	130
3	3	67	9	4489	201
4	4	78	16	6084	312
5	5	80	25	6400	400
6	6	78	36	6084	468
7	7	85	49	7225	595
$\sum$	28	503	140	37007	2156

根据一元线性回归模型的参数计算公式，有：

$$b=\frac{2156-7\times4\times71.86}{140-7\times4^2}=5.14$$

$$a=71.86-5.14\times4=51.3$$

因此，企业的年采购额与时间之间的相关方程为：

$$y=51.3+5.14x$$

令 $x=8$，预测 2013 年企业的采购总值：$y=51.3+5.14\times8=92.42$（万元）。

4. 多元线性回归预测分析

在物流系统中，不仅存在一个因素作用于一个变量的情况，而且多个因素同时作用于某一变量的情况也很常见。对前一种情况可以用一元回归分析方法进行有关的预测，那么对后一种情况就需要用多元回归分析方法进行预测。多元线性回归分析方法是一元线性回归理论与技术在多变量线性关系系统中的重要延伸，也是预测中常使用的方法。

多元线性回归分析预测法是对自变量和因变量的 n 组统计数据（x_{1i}，x_{2i}，…，x_{mi}；y_i）（$i=1$，2，…，n），在明确因变量 y 与各个自变量间存在线性相关关系的基础上，进行参数估计，给出线性回归方程，并据此作出因变量 y 的发展变化趋势的预测。多元线性回归分析预测模型，可以用如下线性方程表示：

$$y=b_0+b_1x_1+b_2x_2+\cdots+b_mx_m+u$$

模型中，y 是（x_1，x_2，…，x_n）的线性函数；（b_0，b_1，b_2，…，b_m）称为模型的参数；u 随机干扰，表示回归模型的不确定性。多元线性回归分析预测模型中的参数也采用最小二乘法进行估计，原理与一元线性回归相同。

5. 相关性检验

线性回归预测要求预测对象涉及的自变量和因变量之间呈线性关系。如果所收集的这组数据中涉及的变量间属于线性相关的关系，则所建立的回归方程及以此为基础所进行的分析都是可行的；如果涉及的变量间不是线性相关的关系，则所建立的线性回归方程及以此为基础所进行的所有分析都是错误的，因此所进行的预测也是不科学的。所以在求出线性回归方程后，还应确定两个变量间是否有线性相关关系以及两变量间线性相关的程度，这就是相关性检验问题。

研究两个变量 x 与 y 之间是否存在线性相关关系，通常的办法是将独立的 n 对观测数据（x_1，y_1），（x_2，y_2），…，（x_n，y_n）在坐标上画出散点图，由直观观察进行判断。但这是两个变量的线性相关程度到底有多大，却不得而知。既能判断两个变量线性相关又能回答这两个变量的线性相关程度，可以借助统计分析工具，如 SPSS。SPSS 中对两个变量的线性相关性的检验可以通过 F 检验和 R 检验来进行。

小贴士

SPSS 统计分析软件

SPSS 是世界上最早的统计分析软件，由美国斯坦福大学的三位研究生 Norman H. Nie、C. Hadlai（Tex）Hull 和 Dale H. Bent 于 1968 年研究开发成功，同时成立了 SPSS 公司。2009 年，IBM 公司宣布用 12 亿美元现金收购统计分析软件提供商 SPSS 公司。

SPSS 统计分析过程包括描述性统计、均值比较、一般线性模型、相关分析、回归分析、对数线性模型、聚类分析、数据简化、生存分析、时间序列分析、多重响应等几大类，每类中又分好几个统计过程，比如回归分析中又分线性回归分析、曲线估计、Logistic 回归、Probit 回归、加权估计、两阶段最小二乘法、非线性回归等多个统计过程，而且每个过程中又允许用户选择不同的方法及参数。SPSS 也有专门的绘图系统，可以根据数据绘制各种图形。

8.4 预测误差分析

在预测中，使预测的结果能够尽量与实际情况相符合，是所有预测方法的根本目的。预测结果与实际情况是否相符合的标志就是通过对预测结果与实际情况相比较，得到两者的偏差是否在合理范围内。这里的偏差，称之为预测误差。预测误差分析，是指分析偏差的多少及产生原因，并作为反馈信号以调整和改进所使用的预测模型，使预测的结果与实际情况更相符合。

8.4.1 产生误差的原因

预测是要研究事物发展的客观规律，但经过预测得到的规律并不是实际的客观规律。事物总是发展变化的，它可能发生，也可能不发生，即使发生了，在范圈和程度上也很可能与事先的推断有较大的出入。因此，误差在预测中就是不可避免的。

通常将实际值与预测值之间的差别定义为预测值的误差，表示为：

$$e_i = x_i - x'_i$$

式中，x_i——第 i 时刻的实际值；x'_i——第 i 时刻的预测值；e_i——第 i 时刻的预测误差。在预测过程中，误差产生的原因是多方面的，主要有：

（1）用于预测的信息与资料引起的误差。系统预测的信息与资料是通过市场调查得到的，它是进行预测的基础。数据资料的质量优劣对预测的结果有直接的影响。

（2）预测方法及预测参数引起的误差。预测是对实际过程的近似描述，同时预测中使用的参数仅仅是对真实参数的近似，因此用于预测的方法及预测中使用的参数都会引起预测误差。因此选择适宜的预测方法及预测参数是减少预测误差的关键之一。

（3）预测期的长短引起的误差。预测是根据已知的历史及现实而对未来的描述，但未来是不确定的，影响未来的环境和条件也会与历史及现实有所不同。一般预测期越长，误差越大。

（4）预测者的主观判断引起的误差。预测者的知识、经验和判断能力对预测结果也有很大影响。因为无论是预测目标的制定、信息与资料的收集整理，还是预测方法的选择，预测参数的确定以及对预测结果的分析都需要有预测值的主观判断。

总之，影响预测误差的因素是很多的，在实际的预测过程中应努力减少误差，使预测结果更加可靠。

8.4.2 误差的常用计算方法

在预测过程中，对误差的计算有多种方法，常用的误差计算方法有以下几种：

（1）平均误差

预测值误差的平均值称为平均误差，记为 MD，其计算方法为：

$$MD = \frac{1}{n}\sum e_i = \frac{1}{n}\sum (x_i - x'_i)$$

由于每个 e_i 值有正有负，求代数和有时会相互抵消，所以 MD 无法精确地显示误差。

(2) 平均绝对误差

预测值的误差绝对值的平均值称为平均绝对误差，记为 MAD，其计算方法为：

$$MAD=\frac{1}{n}\sum|e_i|=\frac{1}{n}\sum|x_i-x'_i|$$

公式中由于每个 $|e_i|$ 皆为正值，因而弥补了 MD 的缺点。

(3) 相对误差平均值

预测值相对误差的平均值称为相对误差平均值，其计算方法为：

$$\frac{1}{n}\sum e'_i=\frac{1}{n}\sum\frac{x_i-x'_i}{x_i}$$

(4) 相对误差绝对值平均值

预测值相对误差绝对值 $|e_i|$ 的平均值称为相对误差绝对值平均值，其计算方法为：

$$\frac{1}{n}\sum|e'_i|=\frac{1}{n}\sum\left|\frac{x_i-x'_i}{x_i}\right|$$

(5) 误差平方和

预测值的误差平方和，其计算方法为：

$$\sum e_i^2=\sum(x_i-x'_i)^2$$

(6) 均方差

预测值误差平方和的平均值称为均方差，记为 s^2，其计算方法为：

$$s^2=\frac{1}{n}\sum e_i^2=\frac{1}{n}\sum(x_i-x'_i)^2$$

以上几种误差计算方法中误差平方和、均方差计算最为常用。计算预测误差的目的不仅仅在于表明预测结果与实际情况的差异，还在于通过误差来分析产生误差的原因，从而检验、比较和评价预测方法的有效性及其优劣，并作为反馈信号提供给预测者，作为调整改进预测方法的依据，从中选择出最佳预测方法及预测结果。

8.5 Excel 在时间序列预测建模中的应用

8.5.1 Excel 在移动平均预测中的应用

以例 8.1 为例，在 Excel 中建立相应的预测模型，对 12 月的钢材的销售量进行预测，并比较移动平均步长分别为 3 和 6 时移动平均值的预测精度。

在 Excel 中输入相关的初始参数和相应的计算函数表达式，具体如图 8-5 所示。同时在相应单元格中输入计算表达式，具体如下：

C6=AVERAGE（B3：B5），将 B3 复制到 B14；

D9=AVERAGE（B3：B8），将 D9 复制到 D14；

C16=SUMXMY2（B9：B13，C9：C13）/COUNT（C9：C13），将 C16 复制到 D16。

	A	B	C	D
1 2	月份	实际钢材销售量（吨）	3个月的移动平均	6个月的移动平均
3	1	22400	--	--
4	2	21900	--	--
5	3	22600	--	--
6	4	21400	22300	--
7	5	23100	21967	--
8	6	23100	22367	--
9	7	25700	22533	22417
10	8	23400	23967	22967
11	9	23800	24067	23217
12	10	25200	24300	23417
13	11	25400	24133	24050
14	12	--	24800	24433
15				
16		MSE	2566889	3262222

图 8-5　移动平均法的计算结果

从预测结果来看，移动平均步长为 3 的 12 月钢材销售量为 24800 吨，移动平均步长为 6 的 12 月钢材销售量为 24433 吨，结果与例 8.1 中一致。从两者的预测的均方误差来看，移动平均步长为 3 的预测精度优于移动平均步长为 6 的预测精确度，这从图 8-6 的实际销售量与预测量的拟合曲线也可以看出。

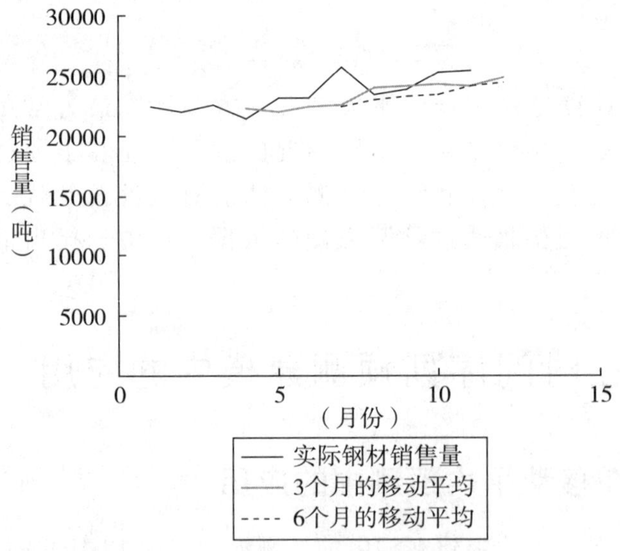

图 8-6　实际销售量与预测量的散点

8.5.2　Excel 在指数平滑预测中的应用

以例 8.2 为例，使用指数平滑法对 12 月该物资的价格进行预测，并看平滑指数 $\alpha=0.9$ 时的预测效果。

在 Excel 中输入相关的初始参数和相应的计算函数表达式，具体如图 8-7 所示。同时在相应单元格中输入计算表达式，具体如下：

D3＝C3；

D4＝0.9×C3＋0.1×D3，将 D4 复制到 D14。

	A	B	C	D
1 2	月份	期数	市场价格（元/吨）	预测值（元/吨）a=0.9
3	1	1	200.00	200.00
4	2	2	135.00	200.00
5	3	3	195.00	141.50
6	4	4	197.00	189.65
7	5	5	310.00	196.27
8	6	6	175.00	298.63
9	7	7	155.00	187.36
10	8	8	130.00	158.24
11	9	9	220.00	132.82
12	10	10	277.00	211.28
13	11	11	735.00	270.43
14	12	12	--	688.54

图 8-7 指数平滑的计算结果

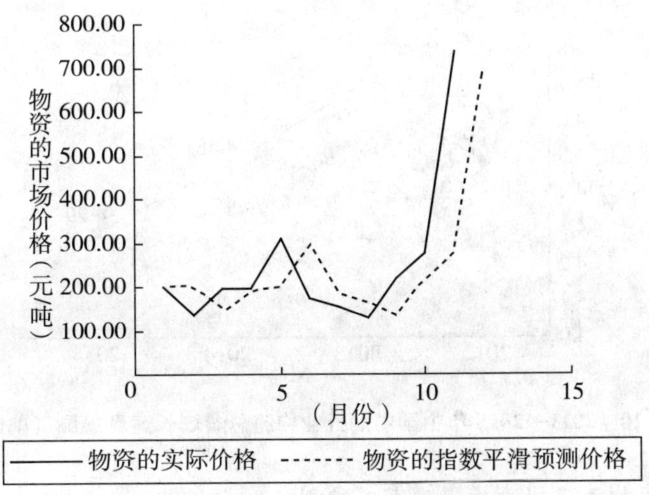

图 8-8 物资实际价格和预测价格的散点

从计算的结果来看，12 月该物资的预测价格为 688.54 元/吨。散点图也能很清晰的看出整体预测趋势与实际价格趋势一致。

案例分析　我国烟草物流市场需求预测

2013 年借着“十二五”期间的大好发展形势，烟草行业物流工程项目建设将进入全面发展的高速阶段。由于中国人工成本不断上升，烟草行业包括原辅料、流通、生产三大环节对于自动化立体库等物流装备的需求空前旺盛。烟草行业势必将扩大物流系统投资规模，加速建设烟草物流系统项目。那么“十二五”期间烟草物流市场发展趋势如何？原辅料供应物流工程市场规模及增长速度如何？

1. 烟草物流市场发展预测

根据前几年烟草物流量的统计数据，利用 2006—2010 年《中国烟草年鉴》发布的烟草数据进行线性回归分析，代入烟草行业生产总值弹性系数得出烟草物流市场 2011—2015 年的物流量预测数据（考虑到国家烟草发展规划 5 年一个周期，所以选取 2011—2015 年这组 5 年数据进行分析预测），如图 8-9、图 8-10 所示。

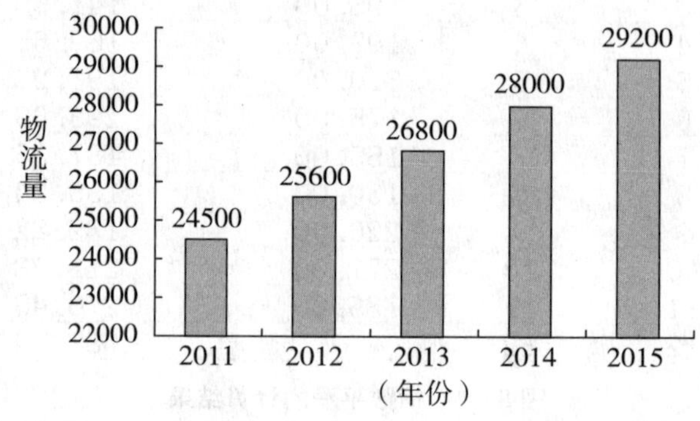

图 8-9　2011—2015 年中国卷烟行业物流总量预测（单位：亿支）

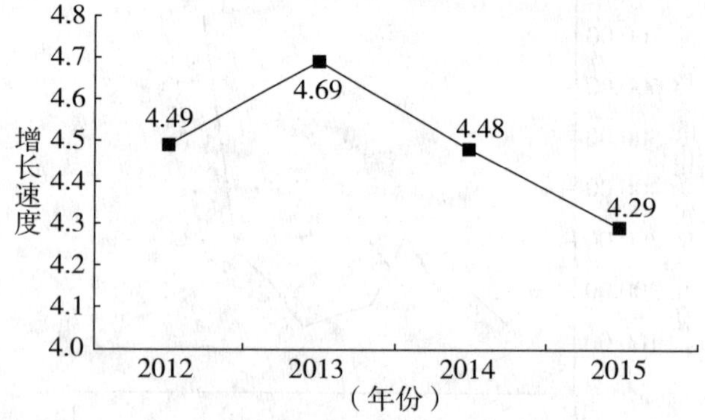

图 8-10　2011—2015 年中国卷烟行业物流总量增长速度预测（单位:%）

2. 原辅料供应物流工程市场规模需求预测

中国物流技术协会信息中心综合过去 10 年的烟草原辅料领域物流工程项目以及物流系统项目市场规模，走访多位烟草以及物流系统行业专家，经过构建数学模型预测，得到 2011—2016 年烟草原辅料领域物流系统市场规模、烟草原辅料物流系统市场规模增长速度数据，如图 8-11、图 8-12 所示。

由上述预测可知，烟草行业物流量在 2011—2015 年将保持一个稳定增长，增长速度大体维持在 4%～5%；预计到 2015 年我国卷烟行业物流总量将接近 3 万亿支，这就为烟草行业生成、流通、原辅料领域的物流自动化普及提供了足够的推动因素。

可以看到，到 2013 年，烟草物流将迎来“十二五”投资高峰，烟草原辅料物流工程建设也将达到增长高峰，物流系统的市场规模约为 2 亿元，通过几年的稳步增长至 2016

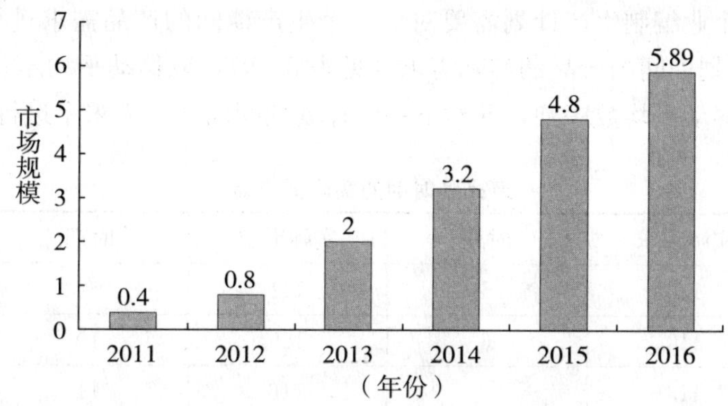

图 8-11　2011—2016 年烟草原辅料物流系统市场规模（单位：亿元）

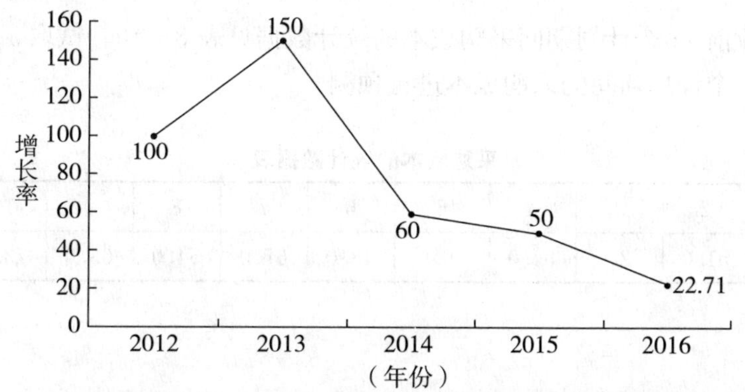

图 8-12　2012—2016 年烟草原辅料物流系统市场规模增长速度预测（单位:%）

年物流系统的市场规模会接近 6 亿元，其增长速度随着原辅料领域物流系统市场规模的扩大不断降低。

（资料来源：中国物流技术协会信息中心）

思考问题

（1）通过以上案例，说明物流需求预测的重要性，准确的物流需求预测需要哪些条件？

（2）通过“十二五”期间我国烟草物流市场变化趋势预测的结果，试阐述我国烟草物流系统投资建设的对策措施。

本章习题

（1）试分析确定性关系和相关关系的区别，举例说明。

（2）试阐述回归预测方法的原理。

(3) 某制造企业编制生产计划需要对下一个生产期间的产品需求进行预测。现在已知企业前 11 个计划期间的产品的实际需求（见表 8-9），取移动平均步长 $n=3$，试应用移动平均法计算移动平均数序列，并对下一个计划期间的产品需求量进行预测。

表 8-9　产品各时期的实际需求量　单位：千件

时期	实际需求	时期	实际需求	时期	实际需求
1	116	5	111	9	115
2	110	6	109	10	108
3	113	7	116	11	110
4	110	8	114	12	?

(4) 某企业前 11 个计划期间采购成本的统计数据见表 8-10，试取 $\alpha=0.4$，应用指数平滑法对下一个计划期间的采购成本进行预测。

表 8-10　采购成本的统计数据表　单位：元/吨

月份	1	2	3	4	5	6	7	8	9	10	11	12
采购成本	62.0	51.0	72.0	64.0	50.0	48.0	67.0	54.0	63.0	73.0	63.0	?

9　物流系统评价

本章重点

⊙ 了解物流系统评价的内容

⊙ 熟悉物流系统评价的步骤

⊙ 掌握物流系统评价指标体系

⊙ 掌握物流系统评价的常用方法

引导案例　上海宇宏物流系统的评价与改进

上海宇宏物流成立于1999年，是航空货运起家的第三方物流，到2009年，已经发展到100多家分支机构，年营业额逐年上升。这主要得益于宇宏物流建立了一套适合其发展的运营模式，拥有较完善的物流系统。但在2008年之前，随着公司的快速发展，宇宏物流面临一序列问题的困扰，主要表现在：内部信息孤岛严重，空运、陆运、供应链项目部独立运行，无法统一控制；财务管理混乱、客户账款拖期、严重影响资金周转；操作严重依赖熟练人员、无法实现标准化；货物丢失破损严重，赔偿金额巨大；复杂的联运使调度疲于奔命，无法有效监控等。针对出现的问题，宇宏物流的高管们着手于对旧有的物流系统进行全面的评价，找出问题的根源。经过系统的分析，他们一致认为原有的物流系统已经难以适应当前的运营规模，应主动舍弃。

找到问题的根结后，宇宏物流于2008年年末上马了Linkpoint运输管理系统，经过几个月的调试磨合，到2009年已经初现成效：直接人员成本降低30%；货损及遗失率降低70%；客户投诉率降低100%；准点率提高20%；客户查货电话月减少1800人次等，同时还增加了危险品与奢侈品运输项目。

9.1　物流系统评价概述

物流系统评价是物流系统规划的一个必不可缺少的步骤和重要组成部分。对物流系统进行了分析和综合之后，提出技术上可行、财务上有利的多种规划方案之后，需要对这些方案进行评价和选择，也就是说，要根据物流系统功能评价标准，详细比较这些方案的优劣，从中选出一个最优方案付诸实施。不仅物流系统方案要在实施之前进行评价，而且许多已有物流系统也要进行评价。物流系统评价的另一个目的是判定物流系统方案实施后是否达到了预定的各项性能指标。

9.1.1 物流系统评价的阶段和原则

1. 物流系统评价的阶段

物流系统规划是一个动态的集体思维与决策过程，评价分析是物流系统规划过程中的一个关键内容。物流系统评价的完整内涵包括现状评价、方案评价和实效评价三个阶段。这三个阶段是先后延续的且周而复始的。

（1）现状评价。现状评价是从分析现有物流系统各子系统间的相互联系与内在影响因素入手，对现有物流系统进行诊断评价，找出现有物流系统的问题症结。通过现状评价可以对现有物流系统进行更为全面的了解，弄清存在的问题，进而为提出有效可行的方案做准备。

（2）方案评价。方案评价是在对物流系统进行综合调查和整体分析的基础上，对提出的各种技术方案进行论证，选择最优方案，为物流系统的决策提供依据。

（3）实效评价。实效评价是对最终方案实施的效果进行分析，如最终方案实施后，物流系统发生了哪些变化？这些变化带来的效益和损失以及所需要的成本是多少？是否达到预期的目标？

2. 物流系统评价的原则

（1）客观公正性：客观公正性、全面、可靠性以及正确性，防止评价人员的主观性影响。

（2）方案的可比性：不同方案比较时，评价的前提条件、评价的内容、评价指标要具有一致性和可比性，包括量纲、时间、单位等。

（3）评价指标的系统性：要求全面反应被评价问题，使评价方法不出现片面性。

（4）评价方法和手段的综合性：综合运用多种方法和工具，定性与定量相结合。

9.1.2 物流系统评价指标体系

1. 评价指标

衡量一个物流系统或一个物流系统方案的好坏需要一套评价标准，而评价标准要以评价指标作为基准。常用的指标有：投资、成本、费用、收益、利润、投资回收期、资源消耗，产品或服务的质量、效用、环境保护等。物流系统评价的因素很多，但在选择评价指标时，不一定要把所有的因素都考虑进去，而应该把主要的、能反映一个物流系统或一个物流系统方案优劣的因素选择为评价因素。当然，主要与次要之分要因物流系统而异，某一评价因素对一个物流系统来说是主要的，而对另一个物流系统来说可能就是次要的。

物流系统评价因素确定之后，就要把这些因素量化成评价指标，并使用统一的尺度。但是，并不是所有的评价因素都容易量化，如成本和利润容易量化，但物流系统的服务水平不易量化。

物流系统的评价指标通常可分为如下几类：

（1）政策性指标。包括政府的方针、政策、法令以及法律约束和发展规划等。

（2）技术性指标。包括产品或服务的性能、寿命、可靠性、安全性等。

（3）经济性指标。包括成本、效益、建设周期、投资回收期等。

（4）社会性指标。包括社会福利、社会节约、综合发展等。

（5）环境保护指标。包括废物排放量、污染程度、碳排放量等。

（6）资源性指标。如物流工程项目中的人、财、物、能源、水源、土地条件等。

2. 物流系统评价指标体系

为了使评价过程条理化，必须建立一个评价指标体系。这个指标体系必须将物流系统内相互制约的复杂因素之间的关系层次化、条理化，并对那些只能定性评价的因素进行恰当的、方便的量化处理。

（1）评价指标体系构建的原则。确定指标不仅要考虑尽可能科学、完整的反映物流系统的影响因素，又要考虑各项指标的可量化、层次性，同时还要考虑各项指标来源的可操作性。在构建评价指标体系过程中，一般遵循以下几个原则：

①可得性。任何指标都应该是相对稳定的，可以通过一定的途径、一定的方法观察得到。物流系统是极其错综复杂的，并不是所有的现象都可以调查测量。任何易变、振荡、发散及无法把握的指标都不能列入评价指标体系。

②可比性。指标选取的可比性是一切定量比较方法都必须考虑的问题。指标体系的设计必须充分考虑到各指标统计的差异，在具体指标选择上，必须是取得共识的指标含义，统计口径和范围尽可能保持一致，以保证指标的可比性。

③定性与定量相结合。对容易量化的指标通常采用定量指标；而对不容易量化的指标则采用定性指标。尽管定量指标比较客观，但是定量指标不能包含所有要测评的信息，因此，不能因为定量指标的数据易于收集和追求片面的客观而放弃定性指标的评价。

④层次性。衡量评价目标的指标非常多时，我们应该把这些指标分出评价层次，在每一层次的指标选取中应突出重点，对评价指标进行重点分析。由于物流的复杂性，因此很难用单一的指标来进行评价，必须进行多角度、多透视点的评价，建立分层次的指标体系。

（2）评价指标体系设计步骤

①认真、全面地分析拟评价的物流系统的各项目标要求。

②拟定指标草案、在调研分析基础上，运用头脑风暴法或德尔菲法制订指标体系。

③经过广泛征求专家意见，反复交换信息、统计处理和综合归纳，不断调整评价指标。

④考虑各种因素后，确定系统的评价指标体系。

9.1.3 评价指标值的量化与标准化

物流系统评价中，由于各个指标的单位不同、量纲不同、数量级不同，不便于分析，甚至会影响评价的结果。因此，必须统一标准，对所有评价指标进行标准化处理，将各评价指标数据转化成无量纲、无数量级差别的标准值，然后再进行分析评价。

所有的评价指标从经济角度可分为两类：一类是效益型指标，这类指标的值越大越好，如利润、客户满意度等；另一类是成本型指标，这类指标的值越小越好，如运输成本、客户抱怨率等。评价指标值的标准化处理之前需要区分各个评价指标的类型，对于效益型指标和成本型指标，标准化处理的方式是不同的。

假设一个多指标评价系统中，有 n 个评价指标 f_j（$1\leqslant j\leqslant n$），m 个决策方案 a_i（$1\leqslant i\leqslant m$）。评价决策矩阵 $A=(x_{ij})_{m\times n}$，其中元素 x_{ij} 表示为第 i 个方案 a_i，在第 j 个指标 f_j 上的指标值，而标准化处理后的评价决策矩阵 $R=(r_{ij})_{m\times n}$。

1. 定量指标的标准化处理

（1）线性比例变换

令 $\hat{f}_j=\max x_{ij}>0$，$\check{f}_j=\min x_{ij}>0$，$(0\leqslant i\leqslant m)$

对于效益型指标，标准化处理值为：$r_{ij}=\dfrac{x_{ij}}{\hat{f}_j}$

对于成本型指标，标准化处理值为：$r_{ij}=\dfrac{\check{f}_j}{x_{ij}}$

这种标准化处理方法的特点是：每一个标准化处理后的评价值有 $0\leqslant r_{ij}\leqslant 1$，而且计算方便，并保留相对排序关系。

（2）极差变换

令 $\hat{f}_j=\max x_{ij}>0$，$\check{f}_j=\min x_{ij}>0$，$(0\leqslant i\leqslant m)$

对于效益型指标，标准化处理值为：$r_{ij}=\dfrac{x_{ij}-\check{f}_j}{\hat{f}_j-\check{f}_j}$

对于成本型指标，标准化处理值为：$r_{ij}=\dfrac{\hat{f}_j-x_{ij}}{\hat{f}_j-\check{f}_j}$

这种标准化处理方法的特点是：对于每一个标准化处理值后的评价值有 $0\leqslant r_{ij}\leqslant 1$，保留相对排序关系，并且对于每一个指标，总有一个最优值为 1 和最差值为 0，因此在评价时会对最差值作较大的惩罚。

2. 定性指标的量化处理

在物流系统评价和决策过程中，许多评价指标是定性的指标，只能用模糊量化方式来描述，例如服务水平、人员素质、公司信誉等。实际操作上一般把定性指标进行模糊化处理，如三档、五档或七档模糊化取值。定性模糊指标也可分为效益型指标与成本型指标两类。对于定性的效益和成本指标，其模糊指标的量化可参照表 9-1 进行。

表 9-1　模糊指标的七档量化

指标状况	最低	很低	低	一般	高	很高	最高
效益指标	0	1	3	5	7	9	10
成本指标	10	9	7	5	3	1	0

3. 统一评价准则法

统一评价准则法是由评价主体（一般为领域专家群体）确定每个指标的评分标准，一般分为三至七档，规定每档得分的条件。这种方法由于采用标准分，得分不受其他方案的得分影响，因此能进行绝对的排序，而不是前两种标准化处理后只能进行相对排序。表 9－4 是根据表 9－2 中的评价数据和表 9－3 中的评价准则，得到的统一准则评价结果。

表 9－2　　物流提供商评价指标与评价数据

评价指标候选服务商	服务差错率（%）	服务响应性	公司信誉	资产规模（万元）	收费标准（占货值%）	员工素质
A1	0.9	很高	一般	500	4.5	低
A2	0.2	一般	很高	1700	5.5	高
A3	0.5	高	高	800	4.0	一般
A4	0.4	高	很高	1200	5.0	很高

表 9－3　　统一评价准则

评价指标得分	5	4	3	2	1
服务差错率（%）	0.1 以下	0.1～0.3	0.3～0.6	0.6～1	1 及 1 以上
服务响应性	很高	高	一般	低	很低
公司信誉	很高	高	一般	低	很低
资产规模（万元）	1000 以上	800～1000	500～800	100～500	100 及 100 以下
收费标准（占货值%）	3.5 以下	3.5～4.5	4.5～5	5～6	6 及 6 以上
员工素质	很高	高	一般	低	很低

表 9－4　　统一评价准则处理结果

评价指标候选服务商	服务差错率（%）	服务响应性	公司信誉	资产规模（万元）	收费标准（占货值%）	员工素质
A1	2	5	3	2	3	2
A2	4	3	5	5	2	4
A3	3	4	4	3	4	3
A4	3	4	5	5	2	5

9.2　物流系统综合评价方法

9.2.1　层次分析法

层次分析法（The analytic hierarchy process，AHP）在 20 世纪 70 年代中期由美国运筹学家托马斯·萨蒂（T. L. Saaty）正式提出。它是一种定性和定量相结合的、系统化、层次化的分析方法。由于它在处理复杂决策问题上的实用性和有效性，很快在世界范围得到重视。

应用层次分析法进行综合评价的基本步骤：

1. 建立递阶层次结构模型

在深入分析实际问题的基础上，将有关的各个因素按照不同属性自上而下地分解成若干层次，同一层的诸因素从属于上一层的因素或对上层因素有影响，同时又支配下一层的因素或受到下层因素的作用。最上层为目标层，通常只有1个因素，最下层通常为方案或对象层，中间可以有一个或几个层次，通常为准则或指标层。当准则过多时（譬如多于7个）应进一步分解出子准则层。

例 9.1 评选干部的递阶层次结构模型

对三个干部候选人 P_1、P_2、P_3，按选拔干部的五个评价指标：工作作风、政策水平、写作能力、口才、业务知识、健康状况等，构成如下递阶层次结构模型。

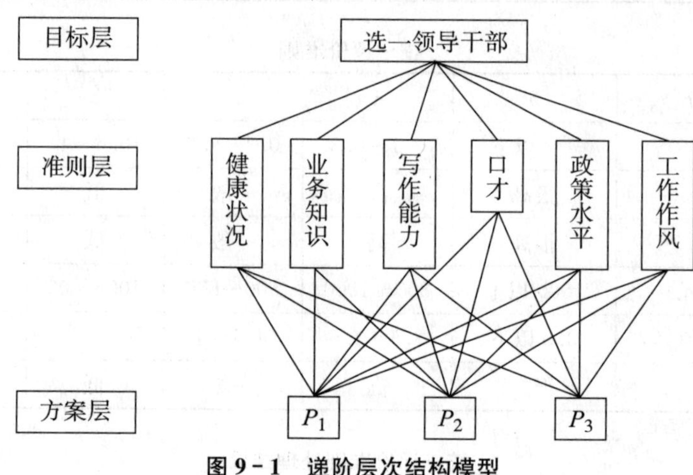

图 9-1 递阶层次结构模型

2. 构造成对比较矩阵

从层次结构模型的第2层开始，对于从属于（或影响）上一层每个因素的同一层诸因素，用成对比较和1—9比较标度构造重要性成对比较矩阵，直到最下层。

比较第 i 个元素与第 j 个元素相对上一层某个因素的重要性时，使用数量化的相对权重 a_{ij} 来描述。设共有 n 个元素参与比较，则 $A=(a_{ij})_{n\times n}$ 称为成对比较矩阵。成对比较矩阵中 a_{ij} 的取值可参考 Satty 的提议，在1—9及其倒数中间取值，如表9-5所示。

表 9-5 **判断矩阵标度及其含义**

标度 a_{ij}	含义
1	表示两个因素相比，具有同样的重要性
3	表示两个因素相比，前者比后者稍微重要
5	表示两个因素相比，前者比后者明显重要
7	表示两个因素相比，前者比后者强烈重要
9	表示两个因素相比，前者比后者极端重要
2，4，6，8	表示上述两相邻等级的中间值
倒数	对角线两边的值呈倒数关系

表 9-5 中，$a_{ij}=1$，表示元素 i 与元素 j 的重要性相同；$a_{ij}=3$，表示元素 i 比元素 j 稍微重要；$a_{ij}=5$，元素 i 比元素 j 明显重要；$a_{ij}=7$，表示元素 i 比元素 j 强烈重要；$a_{ij}=9$，表示元素 i 比元素 j 的极端重要；$a_{ij}=2n$，$n=1$，2，3，4，表示元素 i 与 j 的重要性介于 $a_{ij}=2n-1$ 与 $a_{ij}=2n+1$ 之间；当 $a_{ij}=n$，则 $a_{ji}=\frac{1}{n}$。

3. 计算权向量并做一致性检验

从理论上分析得到：如果 A 是完全一致的成对比较矩阵，有：

$$a_{ij}\cdot a_{jk}=a_{ik}，1\leqslant i，j，k\leqslant n$$

定理 9.1：n 阶正互反矩阵 A 是一致性的，当且仅当其最大特征值为 n。

定理 9.2：正互反矩阵 A 具有一致性，表明对各个因素所作的两两比较是可传递的。

性质 9.1：一致性互正反矩阵 A＝（a_{ij}）具有性质：A 的最大特征值$\lambda=n$ 对应的特征向量 $w=(w_1，w_2，\cdots，w_n)$ 为各指标因素对目标的权向量。

由性质 9.1，可知对于一致性成对比较矩阵计算最大特征根及对应特征向量，特征向量（归一化后）即为权向量。

但实际上在构造成对比较矩阵时要求严格满足一致性条件是不可能的。因此退而要求成对比较矩阵具有有一定程度的一致性，即可以允许成对比较矩阵存在一定程度的不一致性。

检验成对比较矩阵 A 一致性的步骤如下：

（1）计算衡量一个成对比较矩阵 A（$n>1$ 阶方阵）不一致程度的一致性指标 CI：

$$CI=\frac{\lambda_{\max}(A)-n}{n-1}$$

（2）查找平均随机一致性指标 RI。RI 称为平均随机一致性指标，它只与矩阵阶数 n 有关。RI 是这样得到的：对于固定的 n，随机构造正互反成对比较矩阵 A，其中 a_{ij} 是从 1，2，…，9，1/2，1/3，…，1/9 中随机抽取的。这样的矩阵 A 是不一致的，取充分大的样本数得到 A 的最大特征值的平均值，并计算随机一致性指标，即为平均随机一致性指标值，如表 9-6 所示。

表 9-6　不同维度的平均随机一致性指标值 *RI*

n	1	2	3	4	5	6	7	8	9
RI	0	0	0.58	0.90	1.12	1.24	1.32	1.41	1.45

（3）计算一致性比率 CR：

$$CR=\frac{CI}{RI}$$

当 $CR<0.1$ 时，判定成对比较矩阵 A 具有满意的一致性，或其不一致程度是可以接受的；否则就要重新构造成对比较矩阵 A，直到达到满意的一致性为止。

例 9.2　对如下成对比较矩阵，进行一致性检验。

$$A=\begin{bmatrix} 1 & 1/2 & 4 & 3 & 3 \\ 2 & 1 & 7 & 5 & 5 \\ 1/4 & 1/7 & 1 & 1/2 & 1/3 \\ 1/3 & 1/5 & 2 & 1 & 1 \\ 1/3 & 1/5 & 3 & 1 & 1 \end{bmatrix}$$

计算得到：$\lambda_{\max}(A)=5.073$，$CI=\dfrac{\lambda_{\max}(A)-5}{5-1}=0.018$，查得 $RI=1.12$，有：

$$CR=\frac{CI}{RI}=\frac{0.018}{1.12}=0.016<0.1$$

这说明A具有满意的一致性，A的不一致程度是可接受的。

A的最大特征值对应的标准化特征向量为：

$$w=(0.263,\ 0.475,\ 0.055,\ 0.090,\ 0.110)^{T}$$

需要说明的是，A 的特征值和特征向量计算有时候比较复杂，可以用根法、和法、幂法等简化求解，还可以用 *Matlab* 工具中的计算特征值语句求解：（Y，D）＝eig（A），D 为矩阵 A 的特征值，Y 为相应特征向量。

4. 计算组合权向量。计算最下层对目标层的组合权向量，并进行组合一致性检验，若检验通过，则可按照组合权向量表示的结果进行决策。

9.2.2 模糊综合评价法

模糊综合评价法是一种可对评价对象进行全面的定量化评价，为正确决策提供依据的评价方法。模糊综合评价的理论基础是模糊数学。模糊数学是研究和处理模糊性现象的一种数学理论和方法，1965年美国控制论学者 L．A．Zadeh 发表论文《模糊集合》，标志着这门新理论的诞生。

人们在评价事物时，对于同一件事物评价会不一样，而且会根据他们的判断对复杂问题分别作出一些模糊评价，诸如："大、中、小"，"高、中、低"这样的模糊描述。为了更精确的反映模糊评价，可以通过模糊数学提供的方法进行运算，从而得出定量化的综合评价结果。模糊综合评价法的步骤如下：

1. 确定评价因素、评价等级

为了便于阐述模糊综合评价法的步骤，假定评价指标体系只有一层。

设 $U=(u_1,\ u_2,\ \cdots,\ u_m)$ 为被评价对象的 m 个影响因素，即评价指标。

$V=(v_1,\ v_2,\ \cdots,\ v_m)$ 为刻画每一评价指标所处状态的 n 个评语，即评价等级。

$B=(b_1,\ b_2,\ \cdots,\ b_m)$ 为权重向量，b_i 表示第 i 个指标的相对权重。

2. 确定评价指标权重

权重反映了各个指标在综合评判过程中所占的地位或所起的作用，权重的设置会直接影响综合评价的结果。为客观地反映实际情况，可以采用专家估测法来确定，也可以采取层次分析法确定权重，即模糊层次分析法。

3. 构造模糊评判矩阵

首先对因素集中的单因素 u_i（$i=1, 2, \cdots, m$）进行单因素评判，即分别对因素 u_i 属于评判等级 v_j（$j=1, 2, \cdots, n$）的隶属度进行评定，得出第 i 个因素 u_i 的单因素评判集：

$$r_i=(r_{i1}, r_{i2}, \cdots, r_{in})$$

这样对 m 个评价指标进行单因素评判，就构造出一个总的评判矩阵 R，即确定了从 U 到 V 的模糊关系矩阵 R：

$$R=(r_{ij})_{m\times n}=\begin{bmatrix} r_{11} & r_{12} & \cdots & r_{1n} \\ r_{21} & r_{22} & \cdots & r_{2n} \\ \vdots & \vdots & & \vdots \\ r_{m1} & r_{m2} & \cdots & r_{mn} \end{bmatrix}, (i=1, 2, \cdots, m; j=1, 2, \cdots, n)$$

其中，r_{ij} 表示评判指标 u_i 被评为 v_j 的隶属度。具体来讲，r_{ij} 表示第 i 评判指标 u_i 在第 j 个评价等级 v_j 的频率分布，一般将其规一化，使之满足 $\sum_{j=1}^{n} r_{ij}=1$。

4. 模糊综合评价与决策

R 中不同的行反映了某个评价对象从不同因素（评价指标）来看对各个评判等级的隶属度。利用模糊算法将判断矩阵 R 和评价指标权重向量 B 进行计算，便得出该评价对象从总体上对于每一个评价等级的隶属度向量 $A=(a_1, a_2, \cdots, a_n)$，即：

$$A=B\times R$$

上式中的"×"为模糊矩阵乘法符号。模糊数的运算原则：模糊乘积，两数取小；模糊求和，取最大值。

5. 确定综合评价结果

根据该评价对象对每一个评价等级的隶属度向量，对评价对象作出综合评判。模糊综合决策一般采用最大隶属度原则，即选择评价等级隶属度最大的值对应的评价等级作为评判结果。

例 9.3　某物流服务提供商为了掌握市场对其提供的物流服务的满意程度，进行模糊综合评价。考虑时效性、信息化程度、误差率、价格、灵活性五种指标，构成因素集，记作 $U=$｛时效性，信息化程度，误差率，价格，灵活性｝；评语级 V 为：$V=$｛很好，好，一般，差｝。各因素的权重为：$B=\{0.10, 0.10, 0.18, 0.27, 0.35\}$。

(1) 单因素评价。首先请若干专家评价"时效性"因素，设有 20%的人认为很好，有 50%认为好，有 30%的人认为一般，没有人认为差，于是得矩阵 R 的第一行；依次类推，得到模糊关系矩阵 R：

$$R=\begin{bmatrix} 0.2 & 0.5 & 0.3 & 0 \\ 0.1 & 0.3 & 0.5 & 0.1 \\ 0 & 0.1 & 0.6 & 0.3 \\ 0 & 0.4 & 0.5 & 0.1 \\ 0.5 & 0.3 & 0.2 & 0 \end{bmatrix}$$

(2) 模糊综合评价。利用模糊关系矩阵 R 和评价指标权重向量 B 进行计算：

$$A=B\times R=(0.35, 0.30, 0.27, 0.15)$$

可以知道物流服务的满意程度评价为：35%评价为“很好”，30%评价为“一般”，27%评价为“好”，18%评价为“差”。根据最大隶属度原则，物流服务的满意程度的综合评价为“很好”。

案例分析　物流服务供应商选择综合评价

某企业需要进行物流业务外包，初步筛选后有3个物流服务供应商A、B、C可供选择。为了易于度量和比较，采用AHP法建立物流供应商评价指标体系进行评价。

1. 构建评价指标体系

第三方物流是由供方和需方以外的物流企业提供物流服务的业务模式，它提供的不是实实在在的产品，而是服务。本节构建由服务质量、服务能力、规模实力和服务价格四个维度组成的物流服务商评价指标体系，具体结构见图9-2。

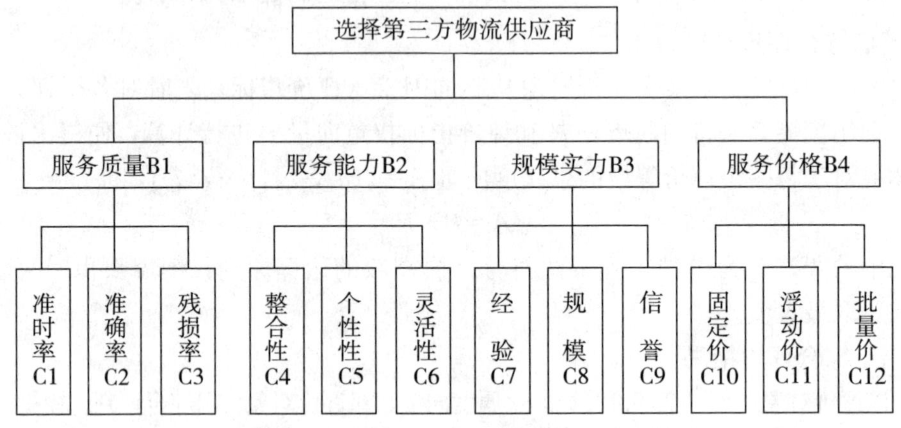

图9-2　选择物流服务商评价指标体系

2. 构造判断矩阵并一致性检验

利用1—9标度法进行成对比较，同时参考专家意见，确定各因素之间的相对重要性并赋以相应的标度分值，构造出各层次中的所有判断矩阵，并计算权向量和一致性检验。

根据服务质量、能力、规模和价格对目标层的相对重要性两两比较，得A—B判断矩阵：

表9-7　A-B判断矩阵

A	B1	B2	B3	B4
B1	1	2	3	2
B2	1/2	1	2	1
B3	1/3	1/2	1	1/2
B4	1/2	1	2	1

最大特征根：$\lambda_{max}=4.0104$，经归一化处理得到特征向量：

$\bar{\omega}$=（0.424，0.227，0.122，0.227）

一致性检验：$CI=\frac{\lambda_{max}-n}{n-1}=0.003467$，查表有 RI=0.89，得：

$CR=\frac{CI}{RI}$=0.003895<0.1

可知该判断矩阵有较好的一致性。

依据同样的规则确定 B—C 判断矩阵，并计算特征向量（见表 9-8、表 9-9、表 9-10、表9-11）；经计算，所有单排序的一致性比例 CR<0.1，即每个判断矩阵一致性都是可以接受的。

表 9-8　　B1-C 判断矩阵

B1	C1	C2	C3	w
C1	1	2	3	0.550
C2	1/2	1	2/3	0.210
C3	1/3	3/2	1	0.240
检验	$\lambda_{max}=3.073, CR=0.063<0.1$			

表 9-9　　B2-C 判断矩阵

B2	C4	C5	C6	w
C4	1	1/2	1/3	0.167
C5	2	1	2/3	0.333
C6	3	3/2	1	0.500
检验	$\lambda_{max}=3, CR=0<0.1$			

表 9-10　　B3-C 判断矩阵

B3	C7	C8	C9	w
C7	1	2/3	2	0.333
C8	3/2	1	3	0.500
C9	1/2	1/3	1	0.167
检验	$\lambda_{max}=3, CR=0<0.1$			

表 9-11　　B4-C 判断矩阵

B4	C10	C11	C12	w
C10	1	2/3	2	0.333
C11	3/2	1	3	0.500
C12	1/2	1/3	1	0.167
检验	$\lambda_{max}=3, CR=0<0.1$			

3. 层次总排序

层次总排序是指同一层次所有因素对于目标层（最上层）的相对重要性的排序权重。总排序权重要求自下而上地将单准则下的权重进行合成，如将A—B矩阵权重和B—C矩阵权重相乘，即得到C层因素相对目标层的权重。计算结果如表9－12所示。

表9－12　　层次总排序

B层及权重 C层及权重	服务质量B1	服务能力B2	规模实力B3	服务价格B4	C层因素总权重排序
	0.424	0.227	0.122	0.227	
准时率C1	0.550				0.233
准确率C2	0.210				0.089
残损率C3	0.240				0.102
整合性C4		0.167			0.038
个性性C5		0.333			0.076
灵活性C6		0.500			0.114
经验C7			0.333		0.041
规模C8			0.500		0.061
信誉C9			0.167		0.0204
固定价格C10				0.333	0.076
市场浮动价C11				0.500	0.114
批量价格C12				0.167	0.038

由表9－12可见，在方案评比中，准时率（C1）占有最重要的地位，其总权重为23.32％。此外，市场浮动价（C11）及灵活性（C6）也比较重要，权重分别为11.35％和10.18％。

4. 综合评价结果

综合考虑各因素的影响，邀请专家团对C层各因素指标进行评分，得到C层各因素的最终得分（见表9－13）。结合上述计算的总排序权重，可得各物流服务供应商的综合评价值：A为7.2578，B为7.136，C为7.673。因此，物流供应商C综合评价为最优。

表9－13　　各评价指标的得分值

X	$x1$	$x2$	$x3$	$x4$	$x5$	$x6$	$x7$	$x8$	$x9$	$x10$	$x11$	$x12$
A	8	7	8	9	5	6	6	8	7	6	8	8
B	6	5	7	6	10	9	8	6	7	8	8	6
C	7	6	8	9	6	7	10	8	10	9	9	8

本章习题

(1) 按照时间先后的阶段，物流系统评价可以分为哪些类别?

(2) 什么是评价指标体系，构建评价指标体系应遵循哪些原则?

(3) 试阐述应用层次分析法进行物流系统评价的步骤。

(4) 试根据你对物流园区特征的认识，构建物流园区选址方案综合评价指标体系，并以递阶层次结构图来表示。

(5) 什么是效益型指标和成本型指标，请结合表 9－14 中指标说明。

(6) 某连锁零售企业拟选择第三方物流企业来外包其物流业务，有 A1、A2、A3、A4 四家物流企业入围。假设表 9－14 为各第三方物流企业评价指标的专家评估数据，请应用极差变换对原始数据进行标准化处理，其中定性指标采用 7 档模糊量化赋值处理。

表 9－14　　第三方物流企业评价指标的专家评估数据

评价指标 / 服务商	服务差错率（%）	服务响应性	公司信誉	资产规模（万元）	收费标准（千元）	员工素质
A1	0.6	一般	很高	700	5.5	一般
A2	0.7	很高	一般	2500	4.7	很高
A3	0.3	高	很高	900	6.8	高
A4	0.1	一般	高	1000	4.9	一般

10 应急物流系统规划与运作机制

本章重点

⊙ 熟悉应急物流系统的概念和组成结构

⊙ 了解应急物流系统的特征

⊙ 熟悉应急物流系统的设计原则

⊙ 掌握应急物流的运作模式

引导案例 汶川大地震的救灾应急物流

2008 年 5 月 12 日发生的汶川大地震，举世震惊，给灾区人民造成了巨大的损失和痛苦：死亡人数近 7 万人，失踪约 2 万人，直接经济损失高达 8451 亿元，生态环境遭到严重破坏。面对这突如其来的特大自然灾难，我国政府通过各大媒体迅速发布相关信息，紧急启动救灾应急预案，总理亲赴灾区指挥救灾。在政府和广大人民群众的共同努力下，救援工作迅速展开，极大限度的挽回了受灾群众的生命和财产损失。此间，中央政府、民政部、商务部、救灾部队积极组织物流活动将救灾物资运到灾区。救灾过程中各类物资和人员的紧急输送以及信息的快速传播，就是物流领域中“应急物流”的概念。应急决策比任何常规决策都更能考验政府的决策机制和决策能力，因此应急物流也比任何常规物流更能考验政府的救援机制和救援能力。一个国家、一个地区如何面对重大灾害、面对重大突发事件，建立和完善应急决策和应急物流体系，已经成为国内外学者广泛关注的一个重大课题。

10.1 应急物流系统概述

10.1.1 应急物流发生的原因

(1) 自然灾难。中国是世界上自然灾难发生较多的国家之一，经常发生地震、台风、滑坡、泥石流、火灾、水灾、旱灾以及其他自然灾难，这些灾难一旦出现，必然会产生大量的应急物流需求。据统计，2003 年的 SARS 给中国带来了 176 亿美元的损失，其中物流活动造成的损失至少 30 亿美元。2008 年 1 月 10 日～2 月 6 日，中国南方的雪灾所造成的直接经济损失达 1516.5 亿元。同一年，四川汶川地震和青海玉树地震，造成十几万人的生命死亡，数以亿计的财产损失。自然灾难产生的应急物流需求每年给社会造成的额外物流成本目前无法估计，应是中国支出的最大的应急物流成本。

（2）决策失误。由于决策所需的信息不完备以及决策者的素质限制等原因，任何决策者都无法确保所有决策均正确无误，但一旦决策错误，就会造成物资上的损失，这些损失往往在物流系统中体现出来。比如，空调企业假如对天气猜测失误，预期可以大量销售的空调因为天气转凉而大量堆积于仓库，或者预期气温不会升高，结果产量不足导致紧急追加生产和紧急调运，这都会增加应急物流成本。近些年，多次出现过厂家因为应急而用飞机运送空调的例子。决策不能确保不失误，但失误以后要确保有预案，只有这样才有可能有效地降低应急物流成本。

（3）国际环境复杂。随着中国的强大，中国的国际环境变得更加复杂。中国的对外贸易依存度越来越高，石油、钢铁等重要能源和原材料成为世界的主要进口国。以石油和钢铁为原材料的企业的供给链变得非常复杂，中国与欧洲的进出口商品几乎100%都是通过海运，走苏伊士运河和马六甲海峡，而这些咽喉要道经常遭到武装劫匪和恐怖分子的袭击，从国外到中国的海上、陆上和空中物流通道经常受到战争的威胁和干扰。这些都对中国的国际物流形成了很大的威胁，增加了交货成本和海上货物运输成本，也给中国经济的发展增加了很多风险。只要中国进一步强大，这种风险就会加剧。因此，对于中国的外向型企业来说，建立应急物流系统对它们显得格外重要。

（4）消费者权益保护。为了保护消费者的权益，消费者向商家退货现在更加自由和方便，汽车、家电等产品假如有质量问题，厂商必须召回，这在国外已经为法律所规定，中国现在还没有，但此类法律正在制定中。三菱帕杰罗、本田CRV、尼康数码相机在中国都有过召回的纪录，当然这些跨国公司都有良好的召回物流系统。但中国的本土企业在面临产品召回时，可能会不知所措，相当多的企业根本就没有建立处理这样的应急物流需求的应急物流处理机制。一旦发生这样的召回事件，其应急物流成本一定会吞噬掉这些产品的销售利润。为了保护消费者权益，厂商必须建立处理紧急退货、召回等事件的应急物流系统。

10.1.2　应急物流系统概念

应急物流是指以提供自然灾害、公共卫生事件、重大事故等突发性事件所需应急物资为目的、以追求时间效益最大化和灾害损失最小化为目标，借助现代信息技术，整合应急物资的运输、包装、装卸、搬运、仓储、流通加工、配送及相关信息处理等各种功能而形成的特殊的物流活动。

应急物流系统（Emergency Logistics System）是指为了完成突发性的物流需求，由各个物流元素、物流环节、物流实体组成的相互联系、相互协调、相互作用的有机整体。统计表明：有效的应急救援系统可将事故损失降低到无应急系统的6%。

一般应急物流系统的结构如图10－1所示。

应急物流在我国尚属一个新兴概念，我国应急物流系统还很不完善，需要加强对应急物流系统的理论与实践研究，不断完善应急物流系统理论。应急物流系统的建立，是以物流软硬件基础设施、法律法规的建立和完善作为保障的。应积极学习先进国家的经验，尽早建立高效、快速的应急物流系统。

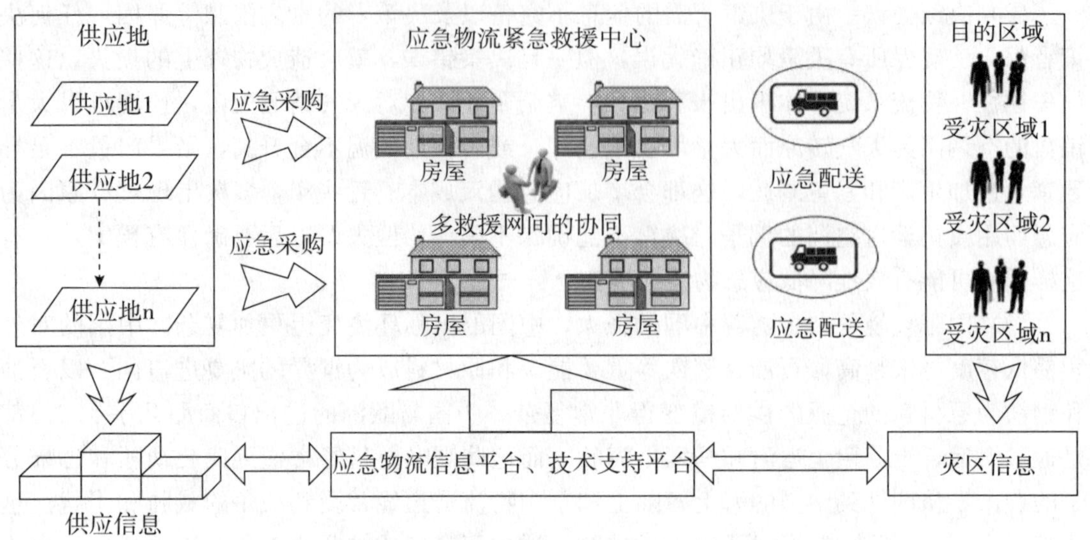

图 10-1　应急物流的一般体系结构

10.1.3　应急物流的分类

（1）按照规模可以分为企业级应急物流、区域级应急物流、国家级应急物流、国际级应急物流。

（2）按照起因可分为自然灾害应急物流、事故疾病应急物流、军事应急物流等。

（3）按照是否有军队参与可分为地方应急物流、军队应急物流、军队地方联合参与应急物流。

（4）按照应急发生起因的数量可以分为单一型应急物流、综合型应急物流。

（5）按照应急物流的层次可以分为微观应急物流、中观应急物流、宏观应急物流。

10.1.4　应急物流系统运作流程

应急物流系统的运作流程必须进行合理的设计，才能在灾难到来的时候保证人民的生命和财产安全，把物流成本控制在最低范围内。当重大突发事件爆发后，应急指挥中心根据突发事件的类型和级别，迅速启动相应等级的响应机制、及时向社会公众发布有关灾情的权威信息，评估受灾地区所需要的救援物资种类、数量，组织救援物资供应。向有关单位下达任务，提出目标要求，明确分工责任，规定时间节点，并对运作执行情况进行不间断的跟踪监督，及时收集、整理反馈信息，根据实际情况灵活调整。运作执行部门根据指挥调度部门下达的任务，组织精干力量，采取有效措施，将救援物资经过备货、分拣、配货、包装、贴标签等作业后，根据救援物资需求的紧迫程度组织配送运输，确保应急物流顺利开展。应急物流中心实时跟踪救援物资的运送情况，及时收集灾情的变化情况，制定新的物资配送方案。

应急物流系统包括应急物流协调指挥中心、物资供给端、物流中心以及物资需求端，各个部门间实现信息的双向传递，实时回馈信息，将物资供给者所提供的物资加工分类后配送到受灾区。应急物流系统的一般运作流程如图 10－2 所示。

（1）应急物流指挥中心。突发事件发生后，应急物流系统首先必须立即成立应急协调指挥中心，统筹指挥做好救援物资的筹集、运输、调度、配送等工作，中心本身并不进行物资采购、储存、运输等具体的业务，它主要负责根据收集来的信息，对各加盟物流中心的物资采购、储备、运输等方面进行指导工作，使整个应急体系高效有序地运作。

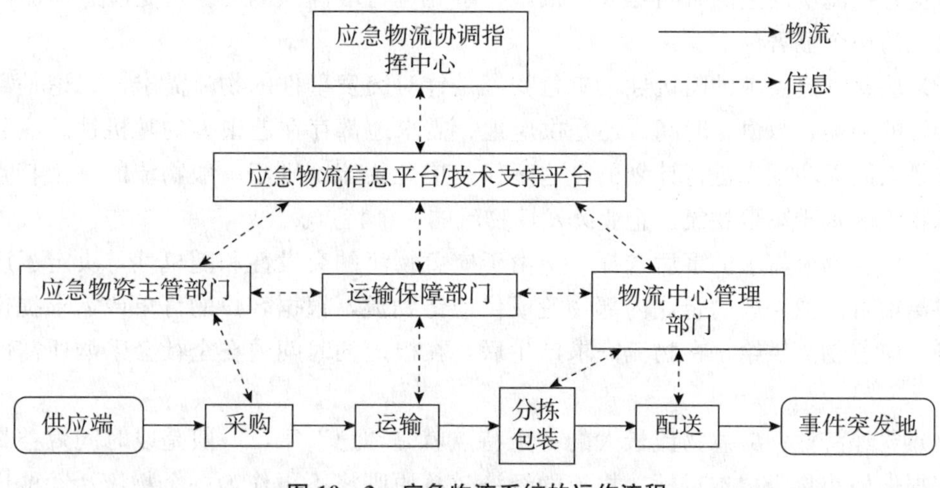

图 10－2 应急物流系统的运作流程

（2）物资供应端。企业物流的供应部门一般有固定的合作厂商、固定的上游原料供货商，应急物流则不同，除了备用的应急物资储备，物资的供应端是多元且杂乱的。如果物资未加以整合分类就直接往灾区运送，将造成物资的浪费，配送低效率与物资重复运送等问题均可能会产生，因此如何对供应端进行统筹集结或直接指派是应急物资供应端管理中的一个重要课题。

（3）物流中心。其功能类似普通物流的配送中心，主要功能为将供给端送来的物资在进行分拣、加工、包装等处理后分别送到各个需求点，减少物资再度转运、装卸的人力与时间成本，提高应急物资从物流中心到灾区灾民手中的输送效率。应急物流中心应该是一个功能强大、适应性强、反应灵敏的信息网络中心，它由众多的普通商业物流中心、企业加盟而成，可以根据灾情灵活抽调各加盟物流中心组成一个保障体系。如果遇上“非典”这种全国性的灾害，还可以将多个地区性的应急物流中心联网，组成一个区域性、全国性的应急物流体系，实施应急保障，使整个应急物流系统有序、高效、实时、精确。

（4）物资需求端。灾害发生时造成的混乱让信息流通不畅，在第一时间内也许无法得到需求详细信息，因而必须透过事前的资料收集，针对灾害发生区的地理特性、人口分布、人口结构等相关特性进行分析，预测物资需求量。同时，随着救援活动的进行，物资需求端会逐渐的恢复本身应有的机能，对应急物资需求的急迫性以及需求量会不断的变化，应当及时进行信息反馈，关注需求的变化。

10.1.5　应急物流和应急物流系统的特点

1. 应急物流的特点

应急物流是一般物流活动的一个特例，它具有区别于一般物流活动的如下特点：

（1）突发性或非正常性。突发性或非正常性是指应急物流需求发生的时间的不确定性，即应急物流所发生的时间是人们很难在事先进行准确预测的。这是应急物流区别于一般物流的一个显著标志。

（2）应急物流需求的随机性。应急物流是针对突发事件的物流需求，无论是需求的应急物资的种类、数量、时间，还是供应地、需求地都存在着很大的随机性。应急物流的需求是人们无法预先进行计划的。这不仅是应急物流区别于一般物流的一个特点，也是应急物流区别于军事物流、企业突发性物流的一个特点。

（3）应急物流需求的事后选择性。由于应急物流的突发性和随机性，决定了应急物流的供给不可能像一般的企业内部物流或供应链物流，根据客户的订单或需求提供产品或服务。应急物流供给是在物流需求产生后，在极短的时间内在全社会采购所需的应急物资。

（4）弱经济性。应急物流最大的一个特点就是“急”字，一般是以时间效益最大化和灾害损失最小化为根本目标，物流的经济效益原则将不再作为一个物流活动的中心目标加以考虑。同时，由于不存在订货与交货的缓冲时间，必须争分夺秒，以满足应急需求，也就是说，应急物流系统以灾区满意度及快速配送为主要目标，实现对突发事件的快速响应，期望能在正确的时间、正确的地点提供正确的物资给事件发生区，在此前提下尽量降低应急物流成本。

（5）时间约束的紧迫性。应急物资多是为抢险救灾之用，应急物流速度的快慢直接决定了突发事件所造成危害的强弱。

（6）应急物流的社会公益性。在应急物流中社会公共事业物流多于企业物流。

（7）非常规性。应急物流不同于一般物流，许多平时的中间环节将被省略，物流运作过程中将采取非常规的手段得以快速进行，以保证应急物资尽快达到目的地。

（8）政府与市场的共同参与性。在应急物流中，政府在组织指挥协调中起到关键作用，而作为执行主体市场中的企业，也同样需要参与。

2. 应急物流系统的特点

应急物流的特点决定了应急物流系统与一般的企业内部物流系统或供应链物流系统具有如下不同的特点：

（1）应急物流系统的“时间”要素特点。应急物流系统除了应具有一般物流系统的基本要素外，还应具有特有的“时间”要素。由于应急物流的突发性特点，应急物流需求发生的时间具有极大的不确定性和应急物流需求时间约束的紧迫性，决定了在应急物流系统中“时间”是一个重要的系统因素。

（2）应急物流系统的快速反应能力。应急物流的突发性和随机性，决定了应急物流系统应具有快速反应能力，具有一次性和临时性的特点。这一特点决定了应急物流系统区别于一般的企业内部物流或供应链物流系统的经常性、稳定性和循环性。

（3）应急物流系统的开放性和可扩展性。应急物流需求的随机性和不确定性决定了在应急物流系统的设计上，应具有开放性和可扩展性。应急物资的采购量一般相当大，时间上要求很高，供应商往往不是单一的，绝大部分商品都会由多个供应商同时提供。由于要求采购时间短，程序紧凑简单，在进行应急物资采购时，应该开辟多种渠道，保证物资的质量和数量。

与普通物流系统相比，应急物流系统在系统目标、驱动模式、设施特性等方面都有较大差别，二者的比较如表 10－1 所示。

表 10－1　　普通物流系统与应急物流系统特征对比

比较项目	普通物流系统	应急物流系统
系统目标	成本最小、利润最大	快速实现物资的物理性流动
物资供应端	建立稳定的物资供应关系	多元而杂乱的物资供应关系
配送网络设施	中长期规划	随时改变，具有较强的柔性
物资需求端	可以预测出需求量	需求量无法准确预测
驱动模式	推动或拉动模式	推动模式向拉动模式过渡
库存	相对稳定	波动性很强
系统单元	供应商、制造商、批发商、零售商、客户	物资运转点、物资需求点
设施特征	常设性或外包	临时征用

10.1.6　应急物流系统的设计原则

应急物流的特点决定了应急物流系统具有如下特殊的设计原则：

（1）事前防范与事后应急相结合。应急物流需求的事后选择性决定了一个高效率的应急物资信息系统和应急运输工具信息系统应该成为应急物流系统的重要组成部分。在突发事件暴发前，建立以应急物资和应急运输工具为主题的信息系统或数据仓库，对于突发事件暴发后，应急物流系统的高效运转具有重要意义。

（2）时间效率重于经济效益。应急物流的突发性、流量不均衡性和时间约束的紧迫性决定了在应急物流系统的设计中时间效率重于经济效益。应急物流系统要对应急物资的采购机制、运送机制进行设计，对各种运载工具的运输能力、运输路径和运送方案进行比较，并给出满意方案。应急物流系统设计还应包括运用 GPS、GIS 等手段对运输过程进行控制调度。

（3）市场机制与行政机制、法律机制并存。应急物流多是针对突发性的灾难性的自然或社会公共危害而进行的物流活动，物流的控制主体多为政府，受到突发事件危害的主体不是某个人或某个企业，而是整个社会公众或社会公众的一部分，突发事件所造成的危害随着应急物流速度的加快而减弱。所以在应急物流系统的设计中不仅依靠市场机制，更要依靠行政机制和法律机制。

10.2 应急物流系统的供应链运作机制

应急供应链是指为保障由大规模突发事件引起的应急物资的生产与供给，围绕政府应急指挥部门通过对信息流、物流和资金流的计划、协调与控制将各单元连成一个临时性的供需网络。应急供应链的特点是供应方是被动的，供应方无法预先知道需求方的要求，而需求方也无法提前把需求信息反馈上去，拉动供应链的运动。

应急状态下的供应链与一般模式下的供应链不同，在应急救灾活动中，组织者是推动链条运动的主要动因，而供应链的目的则是在高效的基础上实现对灾区的救助。应急供应链，应该具有灵活的快速响应的能力，保障应急物资的高效及时供应，保证供应链内部各个组成节点协调运作，实现供应链系统整体性优势。以政府为主导，全民参与的紧急灾害应急物流供应链模式，如图 10－3 所示。

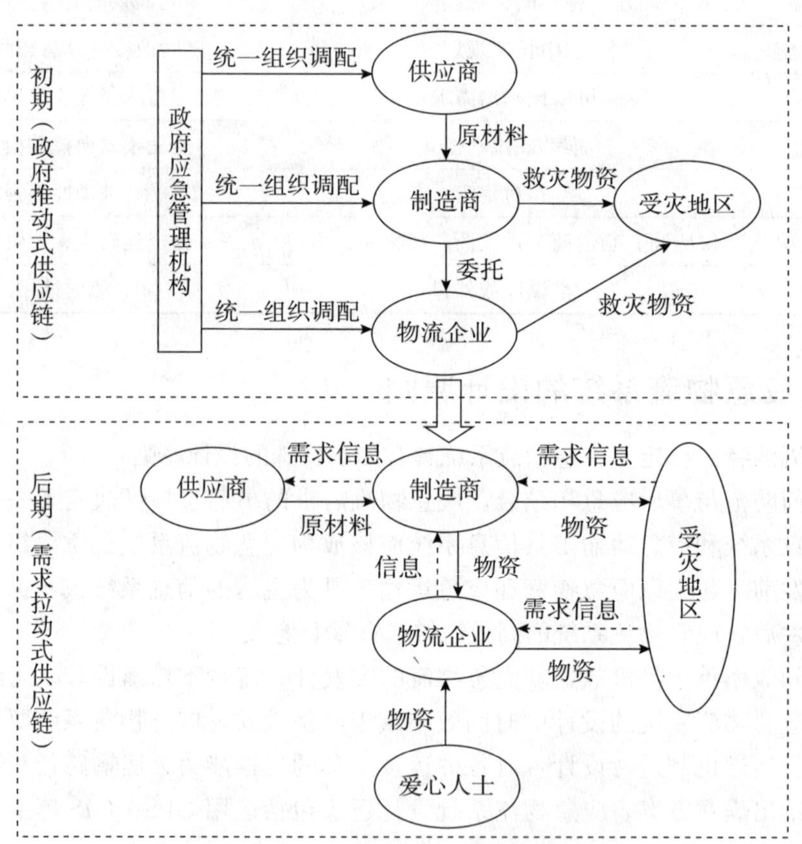

图 10－3　应急物流的供应链运作机制

应急供应链应包含三个基本状态：平时状态、灾时初期和灾时后期。

（1）平时状态是指没有发生突发事件而且没有征兆要发生突发事件的阶段，这一阶段的应急供应链是在常态下运作，其构建的主要目的是为政府部门供应应急储备物资。

（2）灾时状态是指对已发生突发事件的性质及严重程度等的判断，确定实施方案，并根据这一方案进行应急处理，直到事件的后处理过程。①灾时初期，这一阶段是应急项目全面启动的阶段，应急虚拟供应链中的成员按照预案迅速且有条不紊地展开。在这一阶段政府应急管理机构是应急供应链的协调中心，救灾物资的配送工作也主要由政府行政单位负责，应急虚拟供应链中成员企业以协调助理的形式参与到决策活动中去，由政府统一管理协调。政府及物流企业同时考虑救灾实际情况，根据救灾预案，主要采用供应推动的较原始的供应链模式，主动向灾区运送货物。②灾时后期，这一阶段延续上一阶段持续向灾区运送救灾物资。不同的是在这一阶段，各种紧急情况都趋于平缓，政府在这一阶段可将权利下放到各个企业。由各个企业及物流公司负责，同社会民众，爱心人士一道，考虑各地的生产自救具体情况，由上一阶段被动的供应推动模式，根据灾区需求转为较主动的需求拉动模式，有针对性的生产，供应物资。

以日本地震灾害救援为例说明应急供应链运作机制。

由于特殊的地理位置以及地质条件，日本经常遭受地震、台风等自然灾害的侵袭。因此，在设计防灾、救灾计划，以及开展防灾、救灾演习上，日本政府一向非常重视，已经建立起了完整的救灾体系。在救灾的应急物流上进行分阶段管理，将救灾物资的配送工作分为三个阶段，第一阶段由政府行政单位负责，第二阶段由物流公司负责（根据政府要求采取主动的方式进行配送），第三阶段仍由物流公司负责（但根据灾区需求采取较为被动的方式，即依据订单进行配送）。事实上，对于灾区的物资供应，在救灾第一、第二阶段，考虑救灾实际，根据救灾预案，主要采用供应链推动方式，主动向灾区运输物资。而到第三阶段，则考虑各地生产自救情况，转为灾区需求拉动方式，根据灾民需要有针对性地供应物资。

10.3 应急物流系统的保障机制

应急物流系统的保障机制是指为了保证在突发事件发生后，应急物流系统能够高效运转，完成系统的各项功能，实现系统的目标，整个社会的行政制度、公共政策、法律制度和技术支持设施所应具备的条件。

1. 监测预警机制

监测与预警是一切应急事件救援、处置、处理的基础，各级职能部门应根据国家有关法律法规收集、归纳、整理、分析相关信息，并将有关信息上请下达，形成联动。对早期发现的、影响可能较大的潜在隐患，以及可能发生的灾害性突发事件，应通过主管领导或管理部门会同卫生、防疫、地质、气象、消防、防洪、环保等有关专家进行风险预测评估，提供预警意见，及早采取应对措施。

2. 全民动员机制

应急物流中的全民动员机制可通过传媒和通信告知民众受灾时间、地点，受灾种类、范围，赈灾情况等。

3. 政府协调机制

紧急状态下处理突发性事件的关键在于政府职能的有效发挥，主要包括：对各种国际资源、国内资源的有效协调、组织和调用；及时地提出解决应急事件的处理意见、措施或预案；组织筹措、调拨应急物资、应急救灾款项；根据需要紧急动员相关单位生产应急抢险救灾物资；采取一切措施和办法协调、疏导或消除不利于应急物资保障的人为因素和非人为障碍。

4. 法律保障机制

法律保障对应对处理重大自然灾害、突发性公共卫生事件及安全事件有着至关重要的作用，它可以规范个人、社团和政府部门在非常时期法律赋予的权利、职责和应尽的义务。

5. “绿色通道”机制

为了保证应急物资的顺利送达，可在重大灾害发生及救灾赈灾时期，建立地区间的、国家间的“绿色通道”机制，即建立并开通一条或者多条应急保障专用通道或程序，在必要时可以给予应急物资优先通过权，这样可有效简化作业周期和提高速度，从而提高应急物流效率，缩短应急物流作业时间，最大限度地减少生命财产损失。

6. 应急报告与信息公布机制

突发事件的应急报告是决策机关掌握突发事件发生、发展信息的重要渠道，而以实事求是、科学的态度公布突发事件的信息，是政府对社会、公众负责任的体现，有利于缓解社会的紧张氛围。信息的及时收集和传递是应急物流保障，也是有效救灾的重要手段。

7. 应急基金储备机制

应急物流活动中的资金流是不可忽视的管理环节，对于我国经济建设发展需求来说，突发事件的侵袭会对地区甚至全国造成各方面不利影响。应急基金的筹措和管理无论方式如何，法制化、规划化和经常化是十分重要的。

8. 应急物流系统的快速反应机制

应急物流系统的快速反应机制的建立，可以让政府在尽可能短的时间内，评估事件可能造成的危害，制定出针对突发事件所需要的应急物资的品种和数量以及应急物流的实施方案。

9. 应急物流系统的技术支持平台

应急物流系统的高效率运作必须建立应急物资信息系统或数据仓库、应急物流运载工具信息系统或数据仓库，构筑应急物资运输调度平台，以及基于 GPS、GIS 的应急物资运输监控平台。

10.4 我国应急物流存在的问题和对策

10.4.1 我国应急物流存在的问题

我国的应急物流尚处于起步阶段。多次的自然灾害的成功救援，表明我国具有较强的应急救援能力，但也暴露了一些应急物流需要完善之处，人们认识到我国应急物流在交通基础设施建设、应急物流信息系统、保障体制等方面的不足。主要体现以下几个环节：

(1) 组织环节。我国应急保障工作滞后，其保障机制具有以行政命令为主要手段、不计物流运作成本和代价高昂的特点。危机一旦爆发，各级政府领导就成立相应的处理领导小组，以危机的及时处理作为压倒一切的中心工作。这样以行政强制力为基础的应急物流处置机制使得整个物流流程更加紧凑，同时物流活动表现出极强的军事化色彩，确保救灾物资迅速准确到位。但是也会带来一定问题：①在突发公共事件发生后，迫切需要大量的物资运输，单一的组织不能很好地完成任务，需要多部门、多渠道解决问题。因此，多头指挥的情况时有发生。在日常管理中，多种运输方式内部互不干涉，在重大危机发生后，就暴露出指挥中心组织能力弱、运力资源集结不到位的问题，无法充分发挥多种运输方式的优势及相互补充作用，导致紧急处置时时效性差，应急能力无法完全发挥。②我国没有正规化、立法化的应急保障机制，全国人民就会齐上阵，使得整个社会秩序紊乱，应急物流保障社会成本变高，效率变低，同时遗留的问题也比较多。

(2) 采购环节。应急物资采购时，一般都存在产品质量难以保证的问题。由于时间紧迫，部门筛选比较匆忙，导致物流信息不对称，难以制定出科学的采购方案。

(3) 储备环节。首先我国应急物流布局不合理。目前，我国仅在沈阳、天津、南宁、成都、武汉、西安等地 10 个城市建设有中央急救储备库。这样的应急物资仓库显然不足，且仓库基本集中在中东部，很难对西部重大灾害实施快速响应。其次，我国应急物流储备明显不足。例如随着社会工业化发展，越来越多的农民进入城市，致使农民越来越依赖外部资源，而农村经济发展比较落后，商业基本上是小商品店，一旦受灾，根本无法满足当地生活所需，农民会处于危险境地。

(4) 运输环节。当前，我国少数地区交通运输状况较为落后，公路、铁路、水路及航空运输无法衔接，甚至将物资运输到目的地都很困难。另外，我国现行应急物流缺乏专业队伍和专业设备，导致运输组织衔接不畅。应急物流作为新兴行业，其专业性很强，面临任务都是艰难险重的，需要专业人士负责。在我国，一般遇到紧急突发事件时就会出动部队，远远达不到专业性要求。

(5) 配送环节。纵观历年来我国应急物资发放情况，均是通过政府工作人员、救灾部队发给群众。效率不高，分发面窄，效果差强人意。另外，应急物流配送体系不太健全，配送方式欠灵活，交通运输存在一些问题。目前，国内尚没有任何法规性文件对于应急条件下交通铁路的维护和抢修、相关设备的征用、预案的制定、实施程序、经费保障以及平时演练等方面进行规范，导致应急物资配送“无法可依”。

(6) 信息环节。我国现行应急物流信息化程度偏低，难以满足应对紧急状况的要求。发生突发事件后，特别是地震发生后，受灾地区与外部几乎是中断联系。由于缺乏统一的应急物流信息共享和发布平台，应急指挥机构无法准确掌握突发事件的详细资料及应急物流的运作情况，造成分析判断不准确。另外，各级政府由于只了解本辖区的交通基础设施和运输工具的基本情况，与外部运输方式间缺乏相应的沟通，一旦出现应急物流需求，往往因为衔接不畅而延误时机。

10.4.2 我国应急物流的发展对策

1. 高度重视应急物流的重要性

严密防范和有效应对各类突发事件，已成为各国应急管理机构关注的重要问题，应急物流体系是其中的重要保障和有力支撑。因此，必须明确应急物流、应急储备的重要性及其公共服务功能与公共财政性质。“兵马未动，粮草先行”，应急物流就是应对突发事件的“粮草”，必须有预案、有储备，“储得下、调得动、用得上”。必须由各级财政足额投入，绝不能含糊，更不能弄虚作假、缺斤短两。同时，要讲究科学合理，安排适度，而不是多多益善。

2. 建立各种类型的应急物流预案

我国的应急物流需要是非常迫切的，应急物流需要的种类也是多种多样的。因此，我们要有针对性地发展我国的应急物流。比如，地震、泥石流、山体滑坡、冰雪之类自然灾害发生时的应急物流；SAS、甲型 H1N1、禽流感等疫病发生时的应急物流。

3. 加强应急物资的储备和管理

应急物资的及时补充是稳定灾区民心，保障社会安定的重要条件和基础，因此加强应急物资的储备和管理尤为重要。如此，则当灾难发生时，能够在第一时间向灾区补充充足的应急物资，同时能够尽快帮助灾区重建，保障灾区人民的基本生活。在全国范围内新建一些救灾物资的储备中心和应急中心，储备专门用于救灾、安置灾民的救灾物资。同时在救灾物资储备上要尽量从灾民的日常生活需求出发，以确保灾区人民的基本生活。在应急物资管理方面，必须严格按照制度、程序调拨，加强监督管理，以防把救灾物资挪为他用，甚至发生贪污腐败的现象。

4. 完善法律法规

应急物流在我国起步晚，发展不完善，处于起步的发展阶段。法律法规有关应急物流方面的保障对应对自然灾害、公共事件等突发性事件的处理有着至关重要的作用。2006 年，经国资委、民政部批准，国内第一个从事应急物流的专业化组织——中国物流与采购联合会应急物流专业委员会成立，并制定、发布了《应急物流科研指南》。目前有关应急救灾物资方面的法律有《国家自然灾害救助应急预案》（国办函〔2005〕34 号），国务院办公厅《关于加强汶川地震抗震救灾捐赠款物管理使用的通知》（国办发〔2008〕39 号），民政部、财政部《中央级救灾储备物资管理办法》（民发〔2002〕193 号），民政部《救灾捐赠管理办法》等。

案例分析　雅安地震紧急救援分秒必争

四川！芦山！2013 年 4 月 20 日 8 时 2 分，四川省雅安市芦山县发生 7.0 级地震，震源深度 13 千米。生命逝去，家园破碎，汶川特大地震发生五年后，距汶川仅 85 千米的芦山，又一场大灾让举国震惊。由于抗震等级高，通往灾区的京昆高速公路成都至雅安段、雅安至西昌段、成温邛高速公路受震灾影响不大，通行基本正常，成为抢险救灾的主通道。但是，318 国道、210 省道、211 省道以及三条县道多处路段受损中断，救援工作一度受阻。

时间就是生命，黄金 72 小时救援期，公路是救援“生命线”，一秒钟也不能耽误。

第一时间，交通运输部领导了解地震受灾交通情况，提出明确工作要求，迅速启动路网应急处置机制，部领导及公路专家赶赴灾区指导抢险保通工作。

第一时间，四川省启动应急预案，成立交通抢通保通指挥部，副省长王宁任指挥长，省交通运输厅厅长彭琳任副指挥长，靠前部署公路抢通保通工作。交通运输部门把抢通、保通和保运工作作为头等大事和首要任务，迅速组织抢险机具、人员赶赴现场。

第一时间，国家交通应急保障专业力量——武警交通运输部队调集驻川的一总队官兵先行赶赴灾区现场实施救援，随后又派出两个梯队陆续前往增援。

与救灾物资捐助同样重要的是救灾物资的运输问题。与汶川地震一样，芦山地震发生在龙门山断裂带上，地质结构复杂，空间十分有限，加之余震不断，公路抢通保通难度很大。四川路桥集团、成渝公司、蜀工公司、阿坝州公路局应急分队、甘孜州交通局应急分队等 15 支抢险队伍出动 1700 多人，投入各类机械设备 300 多台套。武警交通运输部队投入兵力 600 名，机械设备 167 台套，分三路展开抢通救援行动。各方力量齐心协力，科学施策，多点并进，重点攻坚，争分夺秒抢通救灾通道。

20 日下午，318 国道雅安至天全段大深溪处的巨石塌方经爆破处理恢复通行，从雅安到震中芦山县的救灾主通道抢通；211 省道甘孜境内石棉到泸定段冷碛处断道抢通、邛崃至芦山公路抢通。21 日 17 时，经过 30 多个小时的艰苦奋战，210 省道宝兴县灵关镇至宝兴县城段抢通。至此，救灾生命通道 210 省道全线抢通，形成都江堰—小金—宝兴—芦山—雅安的生命环线通道；芦山地震灾区主要通道全部抢通。

沿着抢通的“生命通道”，救援人员、救灾物资源源不断输往震中，运输保障、服务工作有条不紊。成雅、雅西、邛名、成温邛、成灌、绕城及都汶高速公路对所有车辆实行免费通行，四川全省其余高速公路对抗震救灾车辆实行免费通行，重庆、陕西等相邻省份高速公路也开辟了救灾车辆免费通道；成雅高速公路还设置了 4 个抗震救灾服务站，免费提供咨询、食品及药品等服务。此外，四川交通运输部门组织调动应急运力客车 738 辆、货车 1122 辆，出动客车 120 辆、货车 139 辆，开展救灾人员及物资运输工作。

自雅安地震发生以来，众多企业纷纷伸出援手，捐款、捐物，利用自身优势为抗震救灾提供帮助。马云、王石、马化腾等企业家也一直奔走、呼吁、行动。中国物通网在震后第一时间召开紧急会议，立即研究部署，并结合自身的企业的特点优势，决定联合中央人民广播电台高速公路广播迅速开启“4·20 雅安地震救灾物资特别通道”，发出了“让爱心及时到达，让物资一路畅通，我们在行动”的呐喊，为抗震救灾开辟了一条绿色物流通道。中国物通网拥有 20 万运输车辆信息，38 万国内物流公司信息，包含了国内所有运输线路，各种车辆类型，能够输运各种物资。灾难面前，该平台上进驻的物流企业与运输车辆涌现出大批爱心车主与敢于承担社会责任的物流企业，他们愿意义务运输承载各界爱心的物资去援助灾区的同胞。

思考问题

（1）基于以上案例，分析应急物流系统的主要特征。

（2）在灾害救援应急物流中，政府和企业的相互关系如何？

本章习题

（1）试举例说明应急物流及应急物流系统的特点。

（2）浅议政府职能在应急物流管理中的作用。

（3）应急供应链和传统供应链的区别以及优缺点是什么？

（4）请阐述应急物流系统的组成与设计原则。

（5）试结合我国典型自然灾害案例，说明应急物流的保障机制。

11　逆向物流系统规划与设计

本章重点

⊙ 了解逆向物流系统的基本概念和特点

⊙ 掌握逆向物流系统的基本运作模式

⊙ 熟悉基于再制造的零部件回收物流系统

引导案例　富士施乐的“零废弃”资源循环系统

施乐公司是一家主营复印机业务的跨国公司。早在20世纪五六十年代，施乐公司就已经是世界上著名的办公设备的生产者。1991年，为应对欧洲市场的一系列环保法规，施乐公司将“建成无垃圾公司”作为战略目标，目的是通过采取积极的“环境领导计划”来获得竞争优势。从1995年起，富士施乐开始构建资源循环系统，将回收的废旧产品以及墨盒进行彻底分类、分解，并把由此获得的与新产品质量无异的零件投入再生产环节，对无法重新使用的部件则重点进行再资源化处理。“零废弃”是富士施乐资源循环追求的目标。富士施乐整合资源循环系统的理念是3R原则，即：Reduce（减少），在产品设计之初就把周期循环计划融入进去，考虑再利用、再资源化设计，有害物质的削减设计；Reuse（再利用），封闭式循环系统，回收使用过的机器、零部件并进行再利用；Recycle（循环再生），主要指零废弃系统，包含了封闭式循环系统、零部件再利用、有害物质分类、原材料再资源化和热能循环利用，做到“零填埋”、“零污染”、“零非法丢弃”。富士施乐公司2000年在日本实现了“零废弃”，2010年富士施乐爱科制造（苏州）有限公司的资源循环再利用率已达到99.5%以上。富士施乐资源循环系统的特点主要有：①致力于对废旧的产品进行回收、修复和再制造。②回收的废旧产品被分解为单个部件，在生产线上放入可保证与新品同等质量的部件，制造新产品，并使无法再利用的部件实现再资源化。③维修或更新时，使用一些体现新技术的新部件取代已经不能再用的老部件，而对其他的一些部分并不改变。④在逆向物流拆解、再利用、再制造的过程中，将信息反馈到设计环节，产品在设计时充分考虑再制造、再利用和再循环因素。

富士施乐公司将收回的产品经过多个步骤，拆解、分类、检验、再制造、再利用、再循环和最终处置，避免大量废物变成垃圾，节约了原材料投入和能源消耗，塑造了企业社会责任形象，创造了企业的竞争优势。富士施乐公司设备再制造和零部件再利用/再循环，每年使得数亿磅废品避免成为垃圾，其逆向物流管理和废旧资源再利用获得了巨大的经济和社会收益。

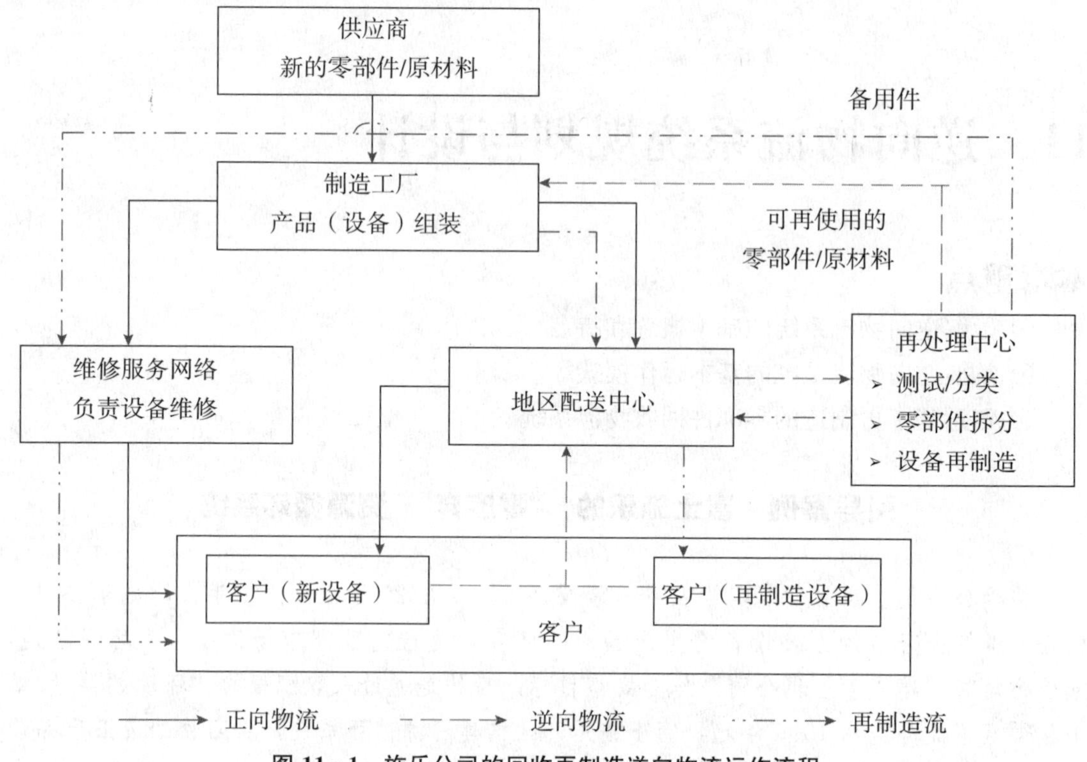

图 11-1　施乐公司的回收再制造逆向物流运作流程

11.1　逆向物流概述

11.1.1　逆向物流定义

逆向物流（Reverse Logistics）是指物资从产品消费点到产品来源点的物理性流动，同时伴随相应的信息流和资源流。逆向物流活动包括对物料、在制品、成品和相关信息的逆向流动进行设计、实施和控制，目的是恢复回流产品部分价值或对其进行适当的处理。逆向物流涉及的范围较广，但最主要的流动还是废次、废旧、废弃产品从顾客、零售店向供应链上游的流动，并通过重用、翻新、加工、再制造等形式进行产品和物料的循环利用。逆向物流是在正向物流运作过程中产生和形成的，没有正向物流，就没有逆向物流；逆向物流流量、流向、流速等特性是由正向物流属性决定的。

逆向物流有广义和狭义之分。我国 2001 年制定的国家标准 GB/T 18354－2001《物流术语》中所讲的逆向物流的定义是狭义的，逆向物流指不合格物品的返修、退货以及周转使用的包装容器从需方返回到供方所形成的物品实体流动。广义的逆向物流除了包含狭义的逆向物流定义之外，还包括废弃物回收物流的内容，其最终目标是减少资源浪费。

11.1.2 逆向物流的驱动因素

(1) 政府颁布的法律法规约束。工业化过程中，企业生产消耗了大量的能源，同时也产生了大量的废旧品，造成了环境的污染。能源的匮乏与环境破坏受到各国政府的重视，尤其是发达国家，他们纷纷出台环境保护、废弃物处理及循环利用的相关法律法规，强制性约束企业的浪费，并督促企业对废弃物进行回收利用。如日本颁布的《促进资源有效利用法》、《促进容器和包装分类回收法》、《建筑及材料回收法》、《家用电器回收法》等，德国的《包装条例》、《循环经济与废弃物管理法》，欧盟的《电子垃圾处理法》、《报废电子电器设备指令》及包装和包装废品的指导性意见等，从各个方面对企业的循环利用进行要求与约束。2006 年欧盟实施了 ROHS（《电气电子设备中限制使用某些有害物质指令》）和 WEEE（《废弃电气电子设备指令》）两项绿色指令，继 WEEE、ROHS 指令之后，2007 年欧盟另一项主要针对能耗产品的技术壁垒指令——《用能产品生态设计框架指令》（EUP 指令）正式转化为欧盟成员国的法规。2012 年，欧盟 WEEE 新指令规定废旧电器产品的回收率达到 85%、再利用率达到 80%，EUP 指令更要求耗能产品在设计阶段就要考虑环保和可回收再制造。我国政府对废旧产品的处理再利用问题也越来越重视，近几年相继制定了 170 项环境保护国家标准和行业标准，新颁布了 500 多项地方性法规，从法律法规方面约束了企业对废弃物的处理。这种约束有效地促进了企业对其所生产产品的生命周期全过程负责，改善了产品的再利用情况。

此外，生产者责任延伸制度（EPR）也促进了废旧产品的回收再利用。生产者延伸责任制是一项环保政策，目的是为了保护环境以及减少废旧产品对环境的危害，通过对产品生产商规定让其对自己产品的整个生命周期承担责任，责任性尤其体现在对 EOL 产品进行回收、再循环、再利用和废弃处理等方面。随着生产者责任延伸制度的提出，各国政府纷纷要求企业同时承担制造与再制造的责任。生产者延伸责任制对于减少废弃物量、促进环保产品的设计以及实现社会回收目标具有激励力度，目前全球实施 EPR 制度的回收集中在包装物、电子器具、电池与蓄电池、轮胎以及汽车等产品。

(2) 低碳经济的不断发展。废旧产品的回收再制造相比新产品制造，具有更良好的低碳排放、低能耗特征，而且废旧产品的无害化处理也远比废旧产品回收消耗更多的能源，带来更多的碳排放量。随着碳税、碳限额、碳交易等碳管理方式的实施，碳排放将成为企业供应链运作成本核算的重要内容，企业将面临日趋严峻的节能减排压力。合理地回收处理废旧产品不仅能提高资源的利用率、减少资源的浪费，而且能够促进低碳经济的发展。逆向物流与低碳经济是相互促进和相互补充的，节能减排任务对于物流领域而言不再只是前瞻性的理论课题，而是正在逼近的现实压力。随着低碳经济的发展，逆向物流正在逐渐成为物流系统中最具“低碳经济发展”的要素，新的利润增长点。

小贴士

低碳经济

低碳经济，是指在可持续发展理念指导下，通过技术创新、制度创新、产业转型、新能源开发等多种手段，尽可能地减少煤炭石油等高碳能源消耗，减少温室气体排放，达到社会经济发展与生态环境保护双赢的一种经济发展形态。我国政府对世界庄严宣布到2020年实现我国单位国内生产总值二氧化碳排放比2005年下降40%～45%。

(3) 市场经济的效益驱动。企业回收的产品一般分为两种情况，一是下游顾客退货产生的，二是企业主动召回的有缺陷的产品或者回收终端消费者的废旧品。企业将回收产品进行分类、检测、再加工、再利用等环节让它们重新进入供应链环节。这虽然增加了废旧品的处理费用，但是通过回收再利用，可挖掘废旧物品中残留的价值，节省了资源成本，直接增加经济效益，在电子行业、汽车领域及家用电器行业尤为明显；另外，对废旧物品的回收再利用，减少了环境污染与资源浪费，增加了企业社会责任，提升了企业的社会形象，间接地提高企业的经济效益。另外，企业便利的退货物流，加强了与消费者及合作伙伴之间的关系，使消费者对企业的忠诚度提高，更有利于扩大市场份额。

此外，废旧产品回收再利用蕴含巨大商机。我国已进入家用电器和机械装备报废的高峰期，每年家用电器报废量超过5000万台，报废量年均增长20%，预计到“十二五”末期，家电“五大件”年报废量将达到1.6亿多台。有关咨询机构分析，我国未来再制造产业前景广阔，每年的市场规模可达100亿美元，到2015年相关产业产值可达1900亿元。例如，上海这样的国际化大都市，每年产生废品约265万吨以上，主要有废钢120万吨以上，废纸约120万吨以上，废橡塑10万吨以上，废玻璃15万吨以上，还有每年约产生1000万元以上的电子废弃物，并以年平均15.7%的速度增长。废钢铁是炼钢的主要原料，而每利用一吨废纸可造纸0.8吨，相当于节约4立方米木材，1吨废塑料再生利用则可制造出0.7吨汽油或柴油，据上海市供销社系统统计口径，总价值有200亿元的废旧物资可回收。

(4) 产品生命周期日益缩短。随着技术进步的加快以及人们消费观念的发展，许多产品的生命周期变得越来越短，这种现象在电子行业非常明显。新产品和升级换代产品以前所未有的速度推向市场，推动消费者频繁购买。当消费者从更多的产品选择和产品功能中受益时，也不可避免的导致了消费者拥有更多不需要的产品，同时也带来了更多的包装、更多的退货和更多的浪费问题。缩短的产品生命周期增加了进入逆向物流的物资容量以及管理成本。

(5) 电子商务销售渠道的兴起。直销电视购物、网络营销和电子商务的出现使商品直销得到了快速发展。直销压缩了渠道成本，但是也增加了退货的可能性，其中的原因包括产品在运输过程中被损坏，消费者得到的实际物品与在电视或网上看到的商品不同，或者对商品不满意等。直销渠道给逆向物流带来了机会和压力。一般零售商的退货率是5%～10%，而通过产品目录和网络销售的产品的退货比例则高达35%。由于直销渠道面对的顾客是全球范围的，退货物品管理的复杂性就会增加，管理成本也将上升。

（6）供应链中的力量转移。买方市场的形成导致市场竞争不断加剧，买家在供应链中处于强势地位。处于供应链下游的节点企业比如零售商，可以拒绝承担未售出商品和过度包装品的处理责任，而将这些责任交给上游的节点企业。事实上，很多零售商确实就是这么做的。在美国，大多数返还给上游供应商的商品（要么来源于消费者，要么是因为未售出）都被最初的供应商收回，由他们对这些产品进行再加工和处理。随着供应链中的力量转移，逆向物流变得频繁、重要起来。

11.1.3 逆向物流的原则

1. “事前防范重于事后处理”原则

逆向物流实施过程中的基本原则是“事前防范重于事后处理”，即“预防为主、防治结合”的原则。因为对回收的各种物料进行处理往往给企业带来许多额外的经济损失，这势必增加供应链的总物流成本，与物流管理的总目标相违背。因而，对生产企业来说要做好逆向物流一定要注意遵循“事前防范重于事后处理”的基本原则。

2. 绿色原则（“5R”原则）

绿色原则主要体现在将环境保护的思想观念融入企业物流管理过程中。“5R”原则，即：Reduce，节约资源、减少污染；Recevaluate，绿色消费、环保选购；Reuse，重复使用、多次利用；Recycle，分类回收、循环再生；Rescue，保护自然、万物生存。

3. 效益原则

生态经济学认为，现代企业是一个由生态系统与经济系统复合组成的生态经济系统。物流是社会再生产过程中的重要一环，物流过程中不仅有物质循环利用、能源转化，而且有价值的转移和价值的实现。因此，现代物流涉及了经济与生态环境两大系统，理所当然地架起了经济效益与生态环境效益之间彼此联系的桥梁。经济效益涉及目前和局部的企业经济利益，而环境效益则关系到更宏观和长远的利益。经济效益与环境效益是对立统一的，后者是前者的自然基础和生存环境，而前者是后者的经济表现形式。

4. 信息化原则

尽管逆向物流具有极大的不确定性，但是通过信息技术的应用（例如条码、RFID、GPS、EDI等技术）可以帮助企业大大提高逆向物流系统的效率和效益。例如，条码、RFID技术可以储存更多的商品信息，有关商品的结构、生产时间、材料组成、销售状况、处理建议等信息就可以通过条码、RFID加注在商品上，以便于对进入回收流通的商品进行有效及时的追踪。

5. 法制化原则

尽管逆向物流作为产业而言还只是一个新兴产业，但是逆向物流活动从其来源可以看出，它就如同环境问题一样并非新生事物，它是伴随着人类的社会实践活动而生，只不过在工业化迅猛发展的过程中使这一“暗礁”浮出水面而已。然而，正是由于人们以往对这一问题的关注较少，所以市场自发产生的逆向物流活动难免带有盲目性和无序化的特点。这亟需政府制定相应的法律法规来引导和约束。

6. 社会化原则

从本质上讲，社会物流的发展是由社会生产的发展带动的，当企业物流管理达到一定水平，对社会物流服务就会提出更高的数量和质量要求。企业回收物流的有效实施离不开社会物流的发展，更离不开公众的积极参与。在国外企业与公众参与回收物流的积极性较高，在许多民间环保组织如绿色和平组织（Green Peace）的巨大影响力下，已有不少企业参与了绿色联盟。

11.1.4 逆向物流系统的目标

具体而言，逆向物流系统的目标就是如何在产品的整个生命周期过程中实现“5R”，即研究（Research）、重复使用（Reuse）、减量化（Reduce）、再循环（Recycle）、挽救（Rescue）的目标。

11.1.5 逆向物流的分类及特点

1. 逆向物流的分类

（1）按照回收物品的渠道来分。按照回收物品的特点可分为退货逆向物流和回收逆向物流两部分。退货逆向物流是指下游顾客将不符合订单要求的产品退回给上游供应商，其流程与常规产品流向正好相反。回收逆向物流是指将最终顾客所持有的废旧物品回收到供应链上各节点企业。

（2）按照逆向物流材料的物理属性分。按照逆向物流材料的物理属性可分为钢铁和有色金属制品逆向物流、橡胶制品逆向物流、木制品逆向物流、玻璃制品逆向物流等。

（3）按成因、途径及其产业形态来分。按成因、途径和处置方式的不同，逆向物流被学者们区分为投诉退货、终端使用退回、商业召回、维修退回、生产报废与副产品以及包装等六大类别。

（4）按照回收方式分类。按照回收的废弃物的处理方式，可以分为：再使用（Reuse）、再制造（Remanufacturing）、再循环（Recycling）、销毁处理（Destroying）等类别。

2. 逆向物流的特点

逆向物流作为企业价值链中特殊的一环，与正向物流相比，既有共同点，也有各自不同的特点。二者的共同点在于都具有包装、装卸、运输、储存、加工等物流功能。但是，逆向物流与正向物流相比又具有其鲜明的特殊性。

（1）分散性。逆向物流产生的地点、时间、质量和数量是难以预见的。废旧物资流可能产生于生产领域、流通领域或生活消费领域，涉及任何领域、任何部门、任何个人，在社会的每个角落都在日夜不停地发生。正是这种多元性使其具有分散性。而正向物流则不然，按量、准时和指定发货点是其基本要求。

（2）缓慢性。人们不难发现，开始的时候逆向物流数量少，种类多，只有在不断汇集的情况下才能形成较大的流动规模。废旧物资往往不能立即满足人们的某些需要，它需要经过加工、改制等环节，甚至只能作为原料回收使用，这一系列过程的时间是较长的。同时，废旧物资的收集和整理也是一个较复杂的过程。这一切都决定了废旧物资缓慢性这一特点。

(3) 混杂性。回收的产品在进入逆向物流系统时，不同种类、不同状况的废旧物资常常是混杂在一起的。当回收产品经过检查、分类后，逆向物流的混杂性随着废旧物资的产生而逐渐衰退。

(4) 多变性。由于逆向物流的分散性及消费者对退货、产品召回等回收政策的滥用，有的企业很难控制产品的回收时间、空间和成本，这就导致了多变性。主要表现在以下四个方面：逆向物流具有极大的不确定性；逆向物流的处理系统与方式复杂多样；逆向物流技术具有一定的特殊性；相对高昂的成本。

11.2　逆向回收物流系统设计

11.2.1　逆向物流系统运作流程

逆向物流链中包含一系列的节点，每个节点分别对回收产品进行各种不同的处理活动。逆向物流系统中的主要参与者是回收产品供应商、回收商、再制造商、分销商和消费者等。一般而言，逆向物流链包括以下几个环节：收集、检测/分类（包括检查、分拆)、再加工、再分配、再投入到市场。逆向物流与正向物流一起构成了闭环供应链。

一般的逆向物流流程包含下面的主要作业环节：

(1) 回收。回收是指从消费者那里收集产品并移动至各节点企业的过程，在此过程中，废弃物开始进入逆向物流系统，这里的节点企业可以是制造商、供应商、零售商、分销商及其指定的回收中心。

(2) 检测与分类。检测是用来决定回收的产品或零部件是否可以再利用，并根据产品构造的特点以及产品和各零部件的性能确定合适的处理方案的活动。分类是根据产品的特性制定相应的回收方式或回收路线，并衡量和决定需要对产品进行哪些处理。在逆向物流网络中，废旧物品从消费者处流向回收中心，在回收中心被检验，并被分成下述几种不同的处理方式：可直接利用或经简单加工可以利用，简单处理后运往配送中心再销售；具有可利用零部件的产品或者是能够再循环为原材料的产品，拆解后运往工厂在生产过程中实现再利用和再循环；剩下的确实无再利用价值的产品将被无害化处理。

(3) 再加工。再加工是加工回收的产品或零部件，恢复其使用价值，将其转化为有用产品的过程。这种转化可以采取包括修理、再制造、翻新、重新包装以及清理、更换和再装配等形式完成。

(4) 再分销。再分销是指将可再循环利用的产品经过再加工后变成的再生产品，重新销售到潜在市场的物流活动，一般包括直接分销、通过二手市场销售等形式。直接分销是以低于零售价的价格将回收产品直接销售给用户，也可以先对回收产品或零部件进行修理、翻新、再制造或重新包装等处理活动，然后再销售给用户。通过二手市场销售的通常以低于零售店甚至处理店的价格在跳蚤市场上销售或销售到其他国家。

(5) 无害化处理。无害化处理是指出于环保的考虑，对那些在技术、环境或经济上都不具有利用价值的产品或零部件所进行的销毁处理，它包括垃圾处理、掩埋、堆积、焚烧等活动。

正向物流与逆向物流相结合的闭环供应链及逆向物流运作如图 11－2 所示。

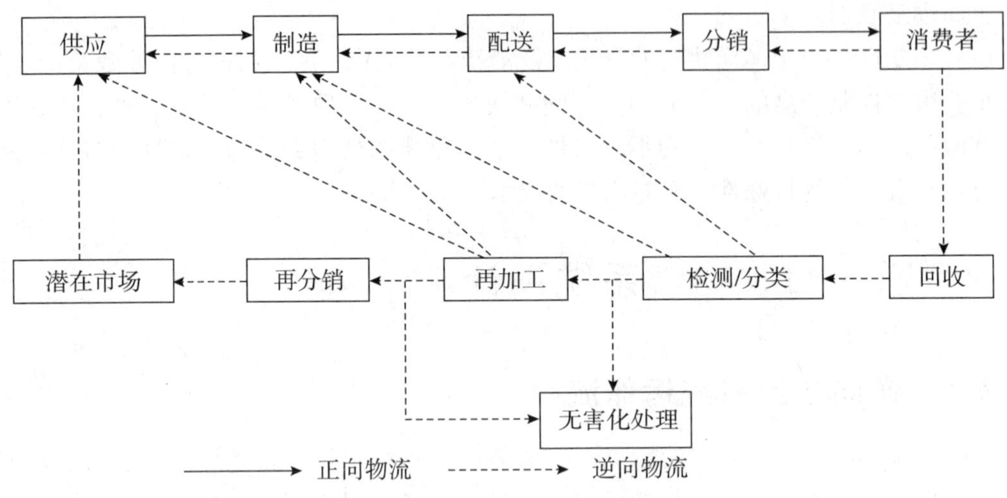

图 11－2　闭环供应链及逆向物流运作示意

> 小贴士
>
> **闭环供应链**
>
> 闭环供应链（Closed－Loop Supply Chain），是指在传统的正向供应链上加入逆向反馈过程而形成的一个完整的闭环系统，是近几年在逆向供应链基础上发展起来的新概念，因具有节约资源和减少环境污染等优点，已成为推进节能环保和低碳经济发展的有效载体。与开环供应链相比，闭环供应链不仅包括从“资源→制造→销售→消费”的正向过程，还包括从“废旧产品→回收→再制造→再销售→消费”的逆向过程。

11.2.2　逆向物流回收模式

参与逆向物流的回收主体，主要有：生产商（Original Equipment Manufacturer，OEM）、生产商联合体（Producer Responsibility Organization，PRO）、第三方（Third－Party，TP），由此形成逆向物流的几个典型回收模式：生产商负责回收（OEM Take－Back，OEMT）、生产商联合体负责回收（PRO Take－Back，PROT）、第三方负责回收（TP Take－Back，TPT）以及多主体负责混合回收模式等。

1. 生产商负责回收

(OEMT) 在生产商负责回收模式中，可以由生产商（Manufacturer）自己直接负责回收消费者（Consumer）废弃的 EOL 产品，也可以由负责中间销售的分销商（Distributor），包括零售商（Retailer）和批发商（Wholesaler）负责回收并转交生产商进行处理。生产商负责回收模式中，生产企业需要建立独立的逆向物流体系，自己管理退货和废旧物品的回收处理业务。企业要建立分布广泛的逆向物流网络，以便回收各种回流物品并将其送到企业的回流物品处理中心进行处理。生产商不但要负责产品的生产销售和售后服务（包括退货的管理），还要负责产品在消费之后的废旧物品以及包装材料的回收和处理。图 11－3 为生产商负责逆向物流模式示意图。

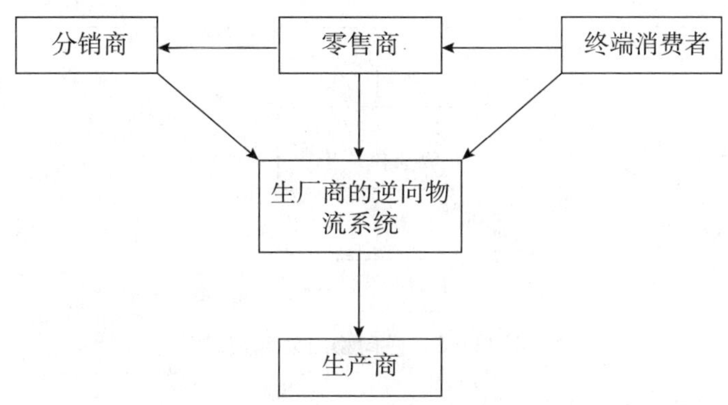

图 11－3　生产商负责回收逆向物流模式

2. 生产商联合体负责回收（PROT）

如果由单个的企业来处理废旧家电并回收其中的资源，既需要先进的技术，还需要大量的资金。但通过政府规制条件下的联合逆向物流系统，不仅可为各合作企业提供廉价的原材料，保证该企业运作过程中的原材料来源，实现企业间的合作共赢，还可减轻单个企业建立逆向物流系统上的投资压力，具有专业技术优势，容易实现规模经营。图 11－4 为联合运作模式示意图。

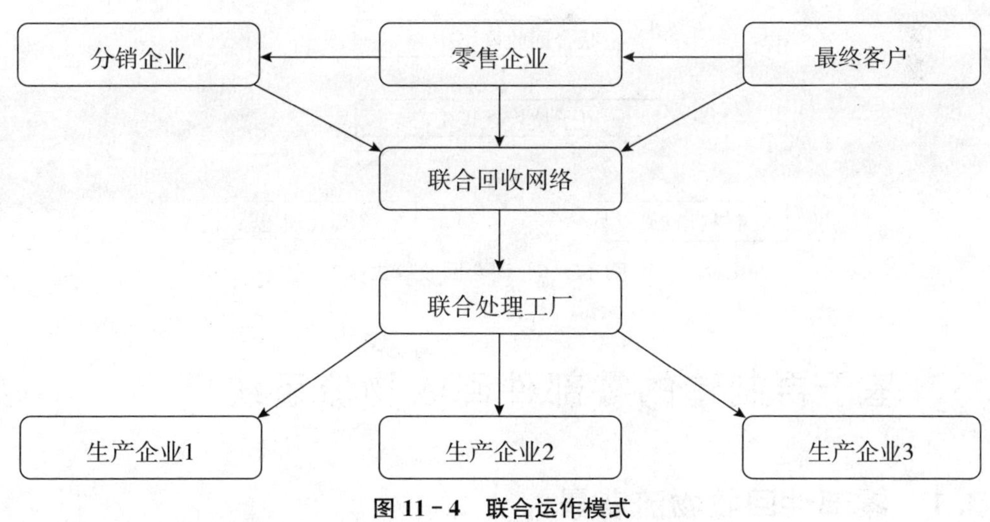

图 11－4　联合运作模式

3. 第三方负责回收（TPT）

第三方负责回收模式，即生产商在销售产品后，自己并不直接参与对 EOL 产品的回收工作，而是将其回流产品的回收处理工作的部分或者全部业务，以支付费用等方式外包给专门从事逆向物流服务的第三方企业负责实施。在 TPT 模式中，第三方物流回收企业在负责回收 EOL 产品之后，可以转交给生产商进行相应的处置工作，也可以转交给第三方生产商（Third - Party Manufacturer，TPM）进行处理。图 11 - 5 为逆向物流外包模式示意图。

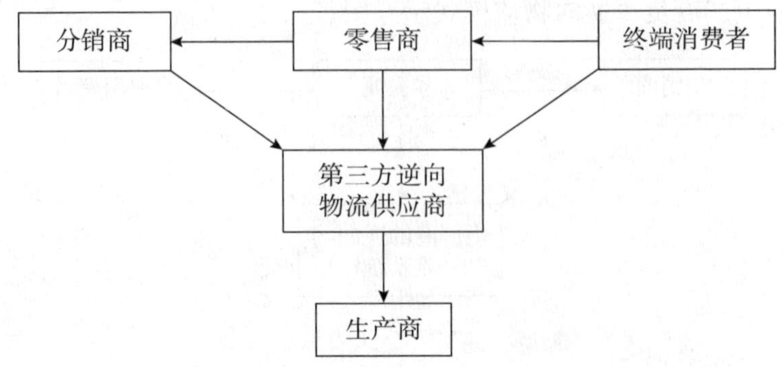

图 11 - 5　逆向物流外包模式

4. 混合回收模式

混合回收模式是制造企业、第三方物流企业、零售商建立彼此价值链上的互补性合作，共同进行废旧产品的回收。其中，零售商作为回收点，第三方物流企业负责废旧产品的运输、仓储等物流活动，而制造企业负责废旧产品回收物流体系的设计和运作，三者共同合作，实现共赢。图 11 - 6 为混合运作模式示意图。

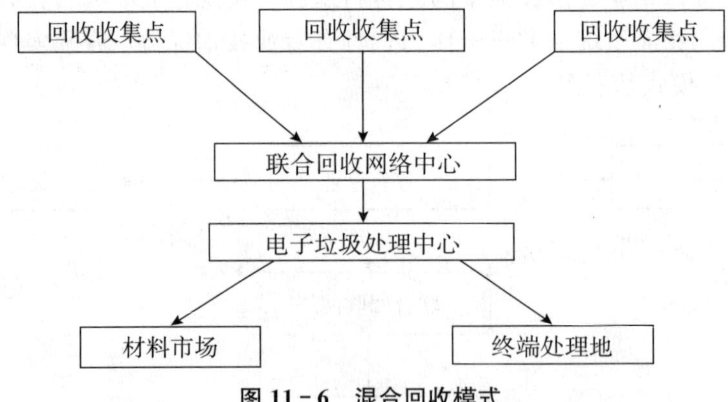

图 11 - 6　混合回收模式

11.3　基于再制造的零部件回收物流系统

11.3.1　零部件回收物流背景

再制造是指将工业产品运用高科技进行专业化修复或升级改造，使其恢复到像新品一样或优于新品的批量化制造过程。相比新品，再制造产品成本是新品的 50%，同时节能 60%、节材 70%，几乎不产生固体废物，大气污染物排放量降低 80%以上，对环境的不良影响与制造新品相比显著降低。据美国 Argonne 国家实验室统计资料显示：新制造一辆汽车的能耗是再制造的 6 倍，新制造一台汽车发动机的能耗是再制造的 11 倍。许多国家和政府正积极推进再制造产业发展，鼓励社会消费再制造产品，推进经济结构调整和产业改造升级。美国从事再制造的公司超过 5 万家，年销售总额超过 50 亿美元，规模最大的再制造产业是汽车领域的再制造；在日本，本田、日产等汽车公司到 2015 年的汽车零部件回收利用率将达到 95%以上。

零部件再制造主要是指以旧的零部件为“毛坯”，在经过检测、清洗、表面工程等先进技术的加工之后，使其性能恢复到新品的质量和技术水平。因为省去了采矿、冶炼、锻铸、机械加工等多道工序，所以再制造可以实现节约成本、节约能源、节约原材料。对于广大的消费者来说，再制造能够带来的更是切身的实惠。以再制造的发动机为例，它的价格仅为新机的 55%，因此与更换新机相比，用户仅此一项就可节约花费 7000 多元。除此之外，使用再制造零部件还可以大大缩短维修所需的时间。除了汽车之外，还有很多商品可以再制造，如家用电器、家具等。

汽车零部件再制造在国外已经是一个成熟的产业，在技术方面并不存在问题，而且经过再制造的零部件在质量和性能上也接近于新件。美国从事汽车零部件再制造的企业有 5000 多家，产值达到 360 亿美元。通过再制造生产的汽车零部件占美国汽车售后服务市场份额的 45%～50%；欧盟则对汽车报废和再制造有严格的规定，根据规定，从 2006 年 1 月起，欧盟所有报废汽车材料的最低回收利用率为 85%，最低再利用率达到 80%；2015 年 1 月后，欧盟报废汽车材料回收利用率将达到 95%，再利用率将达到 85%。欧美等国汽车零部件再制造的范围已经涵盖了发动机、传动装置、离合器、转向器、启动机、化油器、闸瓦、水泵、空调压缩机等部件，并在技术、加工、销售等方面形成一套完整体系，汽车零部件的回收再利用率约占 80%。

我国已进入汽车、家用电器和机械装备报废的高峰期，再制造显示出在社会、资源、环境效益等方面的巨大优势。在我国，截至 2010 年年底，汽车保有量虽已超过 8500 万辆左右，继 2010 年中国汽车产销突破 1800 万辆后，未来几年中国汽车工业的发展还将保持稳健的发展。若保守地按年增长率 10%计算，到 2016 年国内民用汽车保有量将超过 2 亿辆，2020 年后，预计可达到峰值为 3.5 亿～4 亿辆的规模。由此，若按发达国家汽车保有量与再制造业的发展和比例来算，中国汽车零部件的再制造市场规模和前景将非常广阔。这就意味着一个数量庞大的报废汽车群正在形成和扩大，而如何利用好报废汽车中蕴含的可再生的汽车资源已经迫在眉睫。

11.3.2　废旧汽车零部件回收逆向物流体系

1. 废旧汽车零部件回收与拆解

（1）汽车回收体系的主体关系如图 11－7 所示。

（2）废旧汽车回收运作流程如图 11－8 所示。

（3）汽车拆解技术。

汽车拆解涉及的常用概念：

①拆卸（Disassembly）

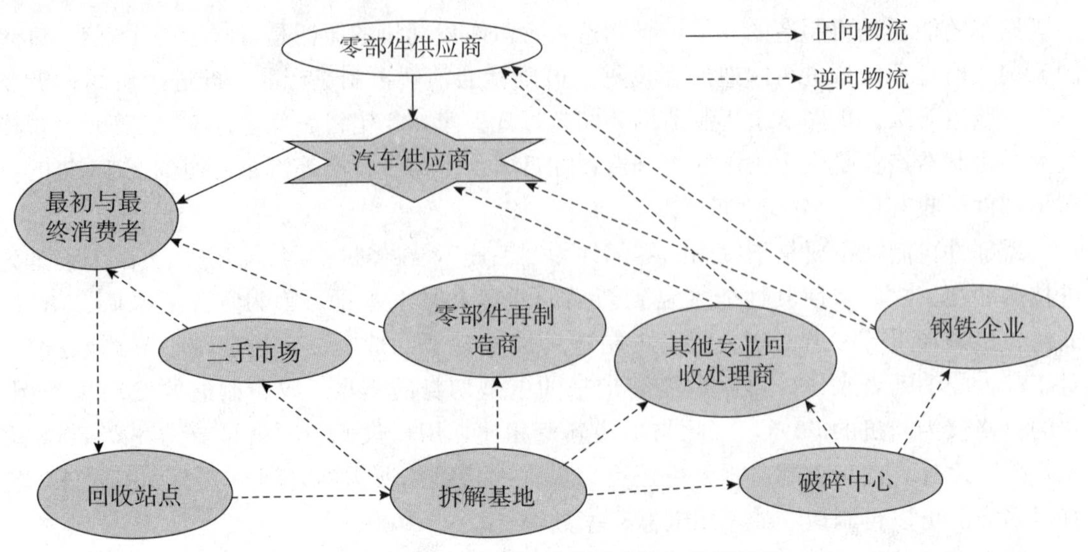

图 11－7 废旧汽车零部件回收逆向物流体系

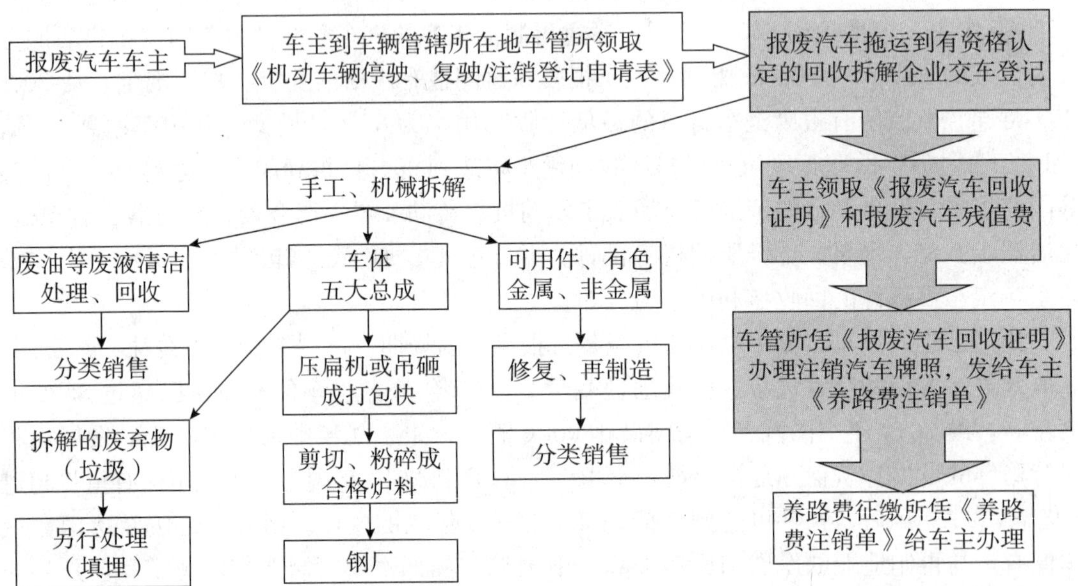

图 11－8 废旧汽车回收运作流程

拆卸是对产品或装配体进行分解使其成为零部件的操作过程，或是采用某些方法或利用某种工具解除产品零部件间的约束或联接使之分离的操作过程。

②拆卸类型（Types of Disassembly）

非破坏性拆卸（Non－destructive Disassembly），零件不被损伤；

准破坏性拆卸（Partly destructive disassembly），连接件可损伤；

破坏性拆卸（Destructive Disassembly），零部件可能被损伤。

③拆解（Dismantling）

拆解除有拆卸的意思外，还包括使产品或零部件被分解或破碎成材料形态的操作。

拆卸强调过程，拆解侧重状态。

拆解分为：完全性拆解（Full Dismantling）；局部性拆解（Part Dismantling）；选择性拆解（Selectivity Dismantling）。

④可拆解性（Dismantlability）

按 GB/T 19515－2004/ISO 22628：2002 的定义：可拆解性是零部件可以从车上被拆解下来的能力，也可以理解为：零部件从产品或装配体上被拆卸下来或被分解成期望形态与纯度材料的难易程度。

一般的拆解工艺流程为：预备处理→拆卸分解→分类存放→车体压实。图 11－9 为汽车零部件的流水式拆解作业流程，图 11－10 为汽车拆解主要工艺装备。

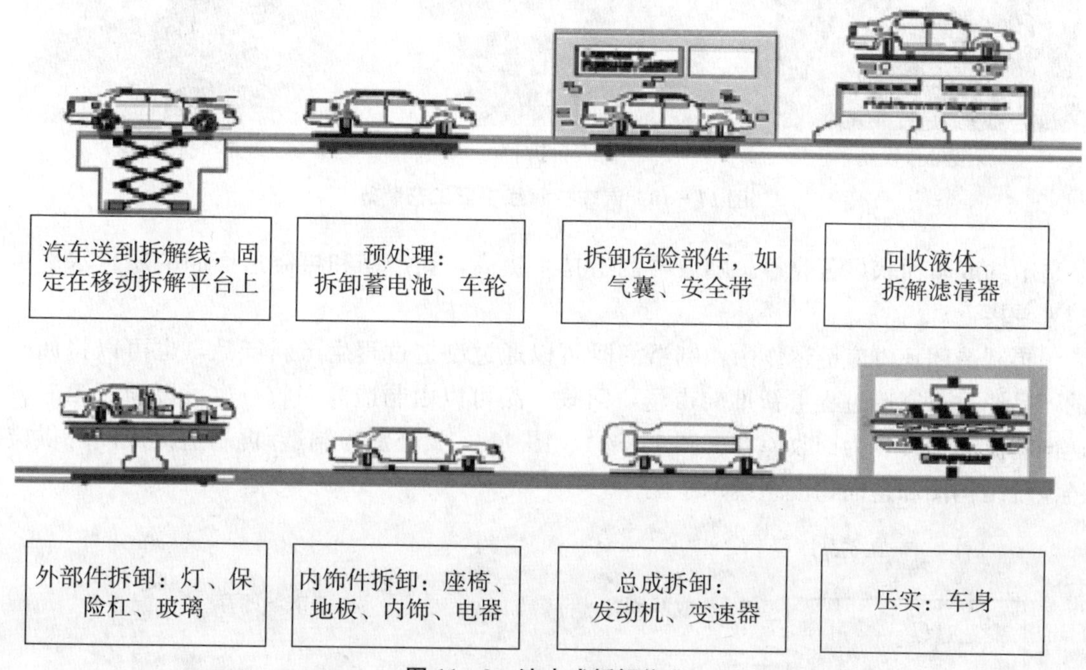

图 11－9　流水式拆解作业

2. 汽车零部件回收再制造

汽车废旧零部件再制造工程已经在汽车工业发达国家得到了广泛应用，在美国、日本、欧盟等发达国家和地区，汽车再制造已形成了一套完整的产业体系。随着中国汽车生产量和废旧汽车量的增加，对整车及零部件再制造具有极大需求。特别是我国政府推进汽车再制造产业发展的规制与激励政策不断颁布，今后越来越多的汽车生产制造企业将同时承担制造与再制造的责任，对产品生命周期全过程负责。

汽车零部件通过产品的正向交付与逆向回收再制造，使传统的供应链运作从“资源→制造→销售→消费”的开环过程变成了“废旧产品→回收→再制造→再销售→消费”的闭环反馈式循环过程，形成了闭环供应链运作模式。闭环供应链的再制造过程实现了资源的循环利用，不仅为社会带来巨大的财富，同时给企业带来了可观的经济利益。IBM、宝马、施乐等知名企业的再制造实践证明再制造成本低于新产品成本，并通过再

车轮拆解

发动机室盖拆解

废液抽排

废液抽排设备

仪表台拆解

排气管拆解

图 11-10　汽车拆解线主要工艺装备

制造节约成本而获显著收益。随着再制造技术提高，新产品和再制造产品的质量水平也越来越接近。

再制造闭环供应链运作中，制造商既可以通过制造过程生产新产品，也可以将回收的产品经过再制造过程重新推向市场，回收产品可以由制造商回收，也可以通过第三方逆向物流渠道转化为回收库存。图 11-11、图 11-12 分别为制造/再制造集成闭环供应链系统结构图和逆向物流系统示意图。

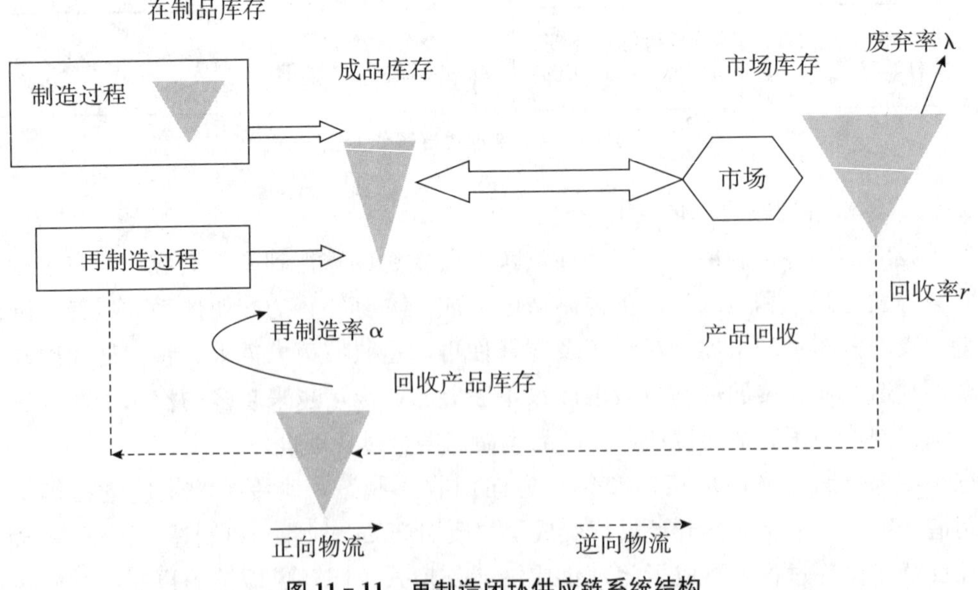

图 11-11　再制造闭环供应链系统结构

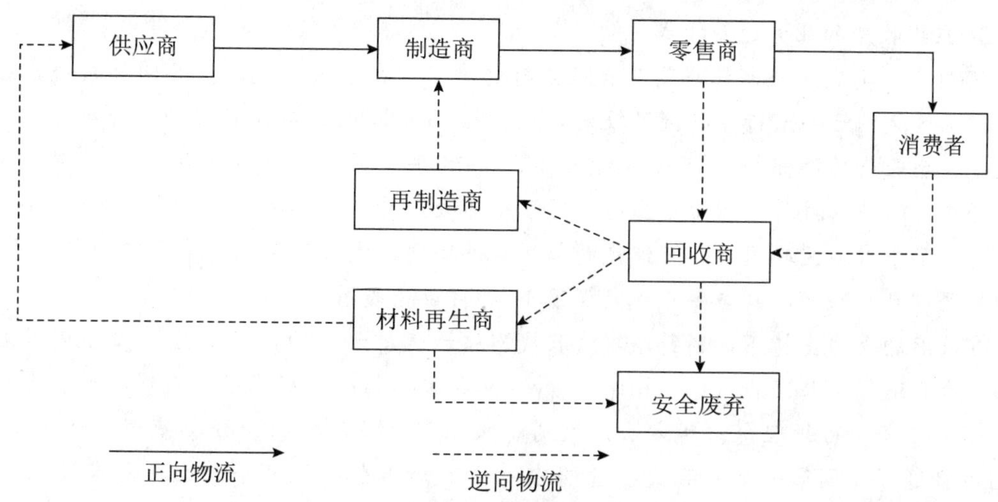

图 11-12 基于再制造的逆向物流系统示意图

案例分析 新锦华在线收废逆向物流系统

1. 背景介绍

今天是城市的废品，明天是城市的矿山。在上海中心城区，市民和企事业单位只要轻点鼠标（http：//www.962300.cc）或者拨打 962300 呼叫电话就能立刻享受到方便、快捷地上门废弃物回收服务。从 2009 年 12 月底起，上海全市 18 个区县实现了“在线收废”联网交投全覆盖。

上海新锦华公司“在线收废”系统自 2003 年 7 月 18 只正式开通至今，创下了四项全国第一：第一个开通了在线收废网站；第一个启用了电话呼叫中心；第一个在上海这个特大型城市中实现了全市联网；第一个组建了一支“正规军”回收网络队伍。从而形成了上海市再生资源回收体系四大特色：一个城市一个收废热线；一个街道（乡镇）一个交投站；一个区域一个分中心；一个收废员一张 IC 卡。这些做法为“十年磨一剑，一网成大业”奠定了坚实的网络回收基础。

“在线收废、电话收废、环保收废”，彻底改变了传统式的摇铃收废，改变了杂乱无序的收废人员队伍，改变了人们对这个行业前景的认识。它的意义在于：将信息技术嫁接入废品回收物流行业，为此，引起了各大新闻媒体广泛关注。例如：中央电视一台、中央电视二台、中央电视四台、中央新闻台、人民日报、中国商报、中华全国总社报、现代物流报——作了相关报道。上海的上海电视台、解放日报、文汇报、新民晚报等各主流媒体也都作了一个“产业革命”的相关报道。从此，新锦华“在线收废”在全国废品回收物流行业内起到了领跑作用。

2010 年上海世博会召开之际，新锦华“在线收废”是上海市向所有海内外来宾递出的一张亮丽的名片，这是对上海城市环境管理的最好阐述，更是“城市，让生活更美好”世博主题的充分体现。

2. 在线收废的业务运营模式

2003 年 7 月，上海新锦华商业有限公司创建了“在线收废”的废品回收系统，经过在长宁区区域内 3 年试行，取得了较好效应。2007 年以来，在政府推动、行业协调、市场规范、企业运作的市场经济模式操作下，2008 年 8 月，随着徐汇区新锦华“在线收废”分中心的正式挂牌，新锦华公司实现了全市九个中心城区的联网交投。2009 年，公司在完成了中心城区联网后，又继续向郊区延伸联网，完成了金山、嘉定、闵行、青浦、崇明郊区（县）联网，到当年年底实现了 18 个区县全覆盖。

在政府的大力支持下，新锦华在线收废网络迅速扩大。2003 年 7 月 18 日新锦华在国内第一个开通了废品交投网络（http：//www.962300.cc），提出了“在线收废、电话收废、环保收废”的新理念、新方法，做到一次上门、多项回收、分类处理、诚信服务。2008 年开通了全国第一个废品交投呼叫中心。新锦华在线收废平台已在全市设立了 18 个分中心、208 个交投站，收废网络覆盖 18 个城区 100 个街道 78 个镇、覆盖面积 500 平方千米。为上海这样一个超大城市实现循环经济的发展，提供了整套网上解决方案的可能。据统计，从 2003 年以来，新锦华“在线收废”加速发展，取得了良好的经济效益，从 2007 年 1～6 月，共实现销售 53.31 亿元，实现利润 1818.6 万元，上缴税收 7221.41 万元。

新锦华实行“在线收废、电话收废、环保收废”的新模式，推行“方便快捷、价格公道、服务规范、安全司靠”的品牌收废服务，大大净化了市场收废环境。新锦华在线收废网站公告了“在线收废服务条款”，“在线收废”收废价格等，将在线收废相关事项告知市民。各区分中心在线收废联网过程中都进行了信息管理员和上门收废服务员上岗培训，强调“七统一，三个无”的规范服务，“七统一”，即统规划、统一标志、统一着装、统一价格、统一衡器、统一车辆、统一管理。“三无”，即在线收废服务覆盖区域内无盲区、无失约、无投诉，使“在线收废”行业的信息处理和上门收废服务得到了统一规范管理，受到了市民的好评。

据统计，自 2003 年“在线收废”启动以来，到 2010 年 6 月底，累计实现网上交投点击率 39.89 万次，电话预约交投 5 万余次，其中 2009 年 1～12 月网上交投点击率是 9.12 万次，电话交投 1.23 万次。2010 年 1～6 月网上交投点击率是 8.47 万次。比 2009 同期增加 101%，电话预约交投 2.04 万次，比 2009 年同期增加了 116%。自从 2009 年 8 月启动“家电以旧换新”政策以来，截至 2010 年 6 月底，共回收五大类废旧家电 88 万台，其中电视机回收量 74 万台，占总量的 83%，其他依次为洗衣机、冰箱、电脑和空调。

3. 在线收废的社会经济效益

(1) 减少资源浪费，规范收废市场

像上海这样国际化的大都市，每年产生废品约 265 万吨以上，主要有废钢 120 万吨以上，废纸 120 万吨以上，废橡塑 10 万吨以上，废玻璃 15 万吨以上。还有每年产生 1000 万台以上的电子废弃物，并以年平均 15.7%的速度增长。废钢铁是炼钢的主要原料，而每利用一吨废纸可造纸 0.8 吨，相当于节约 4 立方米木材，1 吨废塑料再生利用则可制造出0.7吨汽油或柴油，据上海市供销社系统统计口径，总价值有200亿元的废旧物资可回收。

随着人们生活水平的不断提高，废品回收市场逐年扩容，又因市政建设市容整治和废旧回收行业特性，上海的正规废品回收网点逐渐减少，造成目前废品回收市场被一支庞大的“三无”（无营业执照、无合法经营场地、无专业培训）的马路收废“游击队”占领。“马路游击队”的存在尽管也起到了一定的资源回收利用作用，但其带来的治安、市容、回收效率低下、二次污染严重、交投操作不规范，甚至还会出现无序的恶性竞争以及滋生偷盗物资的黑色渠道等这些问题将成为城市管理的顽疾。

(2) 整合社会资源，增加就业岗位

新锦华在线收废全市联网的服务模式，有效地整台了社会资源。2002年上海市为了治理废品回收和增加就业岗位，花了大量的财力、物力、人力，建立了各街道废品回收网络，并吸纳了一些下岗人员和社会闲散人员就业。但由于缺乏进一步的深化管理和市场化的企业统一运作，随着时间的推够，这些社会资源逐渐在流失。

新锦华在线收废全市联网，使这些社会资遁又被重新整合起来了。废品回收中的净增就业岗位得到了整固和增加，据目前初步统计，新锦华在线收废在全市的分中心和废品交投站及回收点，共计吸纳4050名下岗人员和社会闲散人员、外来务工人员1000多人上岗。

对原有闲散在各街道小区的无证收废人员，在新锦华在线收废网络建设中，各街道采取变堵为疏的方法，经过街道有关部门的挑选、推荐并经过企业的培训，持证上岗有组织地纳入了规范有序的在线收废行列，这些社会闲散收废人员对此做法非常乐意接受。

(3) 倡导绿色物流理念，品牌服务市民欢迎

多年来，新锦华在线收废倡导的就是绿色物流理念，并做好四个相应服务：一是流动回收与定点回收的绿色物流服务方式：二是有偿投售与无偿交投相结合的绿色物流服务方式；三是预约登记与上门服务相结台的绿色物流服务方式；四是全方位与随叫随到的绿色物流服务方式。“收废到您家，请找新锦华”正逐渐被上海市民和企业世所接受和认可。

“在线收废”的交投订单来自居民、企业、学校、机关等各行各业，交投的订单从上万元的金属材料到仅有二三元的废纸、塑料瓶。很多市民通过在线收废交投几次以后觉得非常方便，还要求定时定期上门收废。短短几年来新锦华“在线收废”已初步显示了发展循环经济、改善社会民生上的多重效应，新锦华在线收废的新模式也获得了越来越多市民和企事业单位的支持。新锦华在线收废网络中心会同各社区积极开展“在线收废进社区”的活动，通过在小区内设点宣传在线收废、免费发放印有“在线收废”交投信息的环保袋，获得了小区居民的热烈欢迎。目前新锦华“在线收废”平台通过全市设立的18个分中心、208个交投站和近2000名挂牌收废服务人员的努力，正在向实现以信息技术为载体的现代再生资源回收绿色物流网络体系迈进，成为城市再生资源回收利用绿色物流的新兴产业。

新锦华“在线收废”模式值得我国城市在合理废物资源，减少资源浪费，增强环境

科持续发展能力等方面借鉴，我们期待更多的“新锦华”在中国遍地开花。

（资料来源：2010 年《中国物流管理优秀案例集》）

思考问题

（1）通过以上案例分析，试阐述城市废弃物回收有哪些困难？

（2）通过以上案例分析，与普通回收模式相比，在线回收模式具有什么优势？

本章习题

（1）什么是逆向物流，如何构建逆向物流体系？

（2）逆向物流的回收模式有哪些，各有何特点？

（3）逆向物流系统网络特征有哪些？

（4）试结合实例分析逆向物流的驱动因素。

（5）什么是再制造，基于再制造的逆向物流体系有何特点？

12　物流系统仿真基础理论

本章重点

⊙ 了解物流系统仿真基本知识
⊙ 掌握排队系统的分类、基本指标及特征
⊙ 熟悉物流系统仿真中的常见随机变量分布及生成方法

引导案例　高速公路车辆收费排队系统

高速公路设有一个车辆进出通道，汽车到达服从泊松分布，平均到达速率为150辆/小时，收费服务时间服从负指数分布，平均服务时间为15秒/辆。收费处空闲和忙的概率各是多少？是否会发生拥堵？

类似以上排队现象在物流管理领域经常遇到，如配送中心的产品入库、物流园区的车辆进出、产品流通加工中的包装过程等。排队过程如果设计不合理就会出现拥堵、工作人员劳动强度过高或过低、固定设施投入过多等问题。作为物流系统规划人员，在设计排队系统时，应把排队时间控制在一定限度内，在服务质量和服务成本之间找到平衡，应用计算机仿真模拟给出最合适的方案。

12.1　物流系统仿真概述

物流系统仿真（Logistics System Simulation），是根据物流系统规划与设计的目的，在分析物流系统各要素性质及其相互关系的基础上，建立能描述物流系统结构或行为过程的，且具有一定逻辑关系或数量关系的仿真模型，通过计算机实验，对一个系统按照一定的决策原则或作业规则由一个状态变换为另一个状态的动态行为进行描述和分析。

随着我国物流产业的发展，物流系统越来越复杂，对物流系统分析、规划与设计的要求也越来越高。因此，在物流系统规划与设计中应用计算机仿真技术进行模拟分析和辅助决策，不仅可以避免新上马的许多物流项目的失误和缺陷，而且可以保证物流系统规划方案和物流运作决策措施的合理性和有效性。只有进行了计算机仿真模拟了的物流系统设计方案才能真正地为物流企业解决实际问题，规划与设计出可行的设计方案。

12.1.1　物流管理系统分类

1. 确定性系统和随机系统

按照系统输入与输出之间的联系，可以将系统分为确定性系统和随机系统。

(1) 确定性系统是指输出完全由系统的输入以及相应的转换关系（包括决策、措施等）所决定的系统。这里，系统的输入、转换关系和输出都是确定的，只要知道输入，就可预先确定系统的输出。

(2) 随机系统在既定的输入下，系统的输出是非确定的，带有随机的性质。产生随机性的原因是由于在系统的输入和转换过程中存在多种难以预知的偶然因素的作用。然而，尽管随机系统的输出不能完全预知，但它们通常遵循一定的统计分布规律。确定系统输出（或输入）的统计分布以及对系统的输出进行估计，是系统模拟的主要任务之一。

大多数管理系统都属于随机系统。对于这类系统，当其复杂性超过一定限度，运用数学解析方法建立系统模型并求解往往是很困难的，甚至是不可能的。在这种情况下，系统仿真模拟方法就显出其优越性。需要指出的是，把一个实际的管理系统看做确定性系统还是看做随机系统，取决于研究的目的和手段。一般来说，如果是研究系统的结构、作用机理，就可以将系统看做是确定性的。而若是研究系统的参数优化、作业计划的合理安排以及预测等，通常应将系统看做是随机的。确定性假定的简化程度高，而随机性假定更接近真实情况。

2. 连续系统和离散系统

按照系统状态随时间变化的性质，可以将系统区分为连续系统和离散系统。连续系统的状态是随着时间连续变化的；离散系统的状态变化只是发生在一些离散的时点上。从系统模拟的角度来看，通常将状态随时间连续变化或只在均匀的离散时点上变化的系统都看做连续系统，而把那些在非均匀离散时点上发生状态变化的系统看做离散系统。

3. 线性系统和非线性系统

根据系统要素之间相互作用的性质，可以将物流管理系统分为线性系统和非线性系统。由于要素之间的关系最终会影响到系统输入与输出之间的依赖关系，所以，只要系统中含有非线性环节，就是非线性系统。

实际的管理系统大多是非线性系统，而将其看做线性系统不过是一种抽象和简化。线性系统模型比较简单，可以应用已有成熟的线性系统分析方法进行研究。由于线性模型在建模、分析和求解方面的优点，在构造系统模型时，总是尽可能地使非线性系统线性化，即使对于一些无法将其完全线性化的非线性关系，也可以设法使之分段线性化。

是否要作线性假设，主要取决于研究目的和可能采用的研究方法。一般来说，构造系统的解析模型并试图求得解析解时，线性的假设是必不可少的，而采用系统模拟方法将不受这种限制。有时，在模拟模型中引入一些关键的非线性关系，将使模型的输出更丰富和更接近实际系统，从而使得分析的结论更可靠。

12.1.2 物流系统仿真类型

系统模拟存在有三种类型：离散型、连续型、离散—连续复合型。在某种情况下，对于同样的系统，既可以采用离散性变化（突然变化）的模型进行模拟，也可以采用连续性变化（光滑变化）的模型进行模拟。通常，模拟时间是系统模拟的主要自变量，其他的变量为因变量，因变量是模拟时间的函数。

1. 连续型系统模型

连续系统是指系统的状态随时间呈连续性变化。为了反映连续系统的特征，仿真模型建立了一组由状态变量组成的状态方程，他们可以是代数方程、微分方程、函数方程、差分方程等。这些方程描述了各项状态变量与主要自变量的关系。通过连续系统的仿真模型，可以对系统状态在整个事件序列中的变化进行动态描写。

2. 离散型模拟

离散系统的状态变量仅仅在离散时间点上有跳跃变化。大量的管理系统可以采用离散型模拟进行研究。离散型模拟按照工作机理的不同，或者按照分别侧重于事件、活动和过程的不同，可以分为三类：①以事件为基础；②以活动扫描为基础；③以过程为基础。在物流系统仿真中，采用以事件为基础的仿真方法较多。在以事件为基础的仿真中，系统的建模是通过定义系统状态在事件发生时刻的变化来实现的，建模的任务在于确定导致系统状态改变的事件以及与各类事件相对应的逻辑关系。

如单队—单服务台系统中，可以辨认出 5 种类型的事件：①顾客到达；②顾客排入队列；③顾客离开队列接受服务；④服务开始；⑤服务结束，顾客离去。

我们注意到事件①与事件②是同时发生的，可以合并为一个事件，称为顾客到达事件；事件③和事件④与事件⑤也是同时发生的，它们也可以合并为一个事件，称为顾客离去事件。因此，系统的事件可简化为顾客到达和顾客离去两种，如图 12 - 1、图 12 - 2 所示。

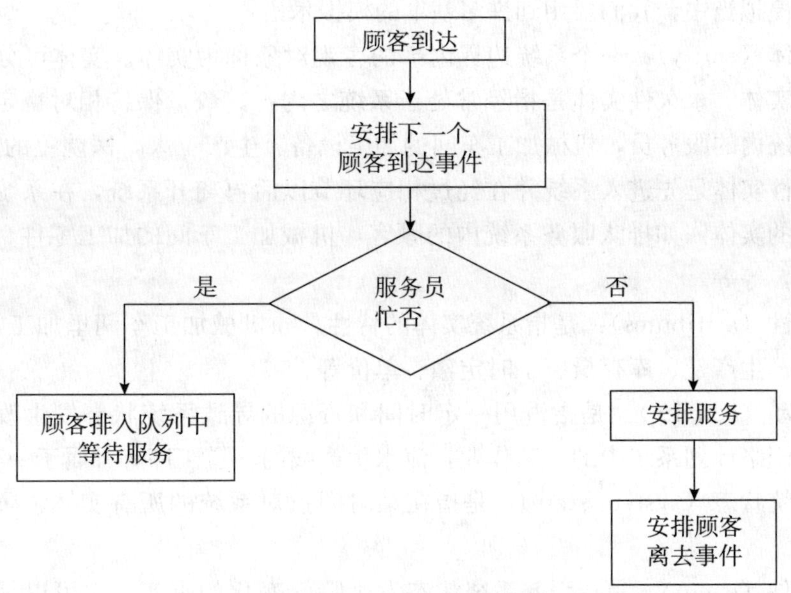

图 12 - 1 顾客到达流程

3. 复合型模拟

在复合型模拟中，因变量可以作连续性及离散性的变化，或者作连续性变化并具有离散性突变。实际的管理系统大多是一些复合系统。在系统模拟研究中将其看做连续系统还是离散系统也取决于研究目的。一般来说，若研究对象是宏观系统，或研究的目的

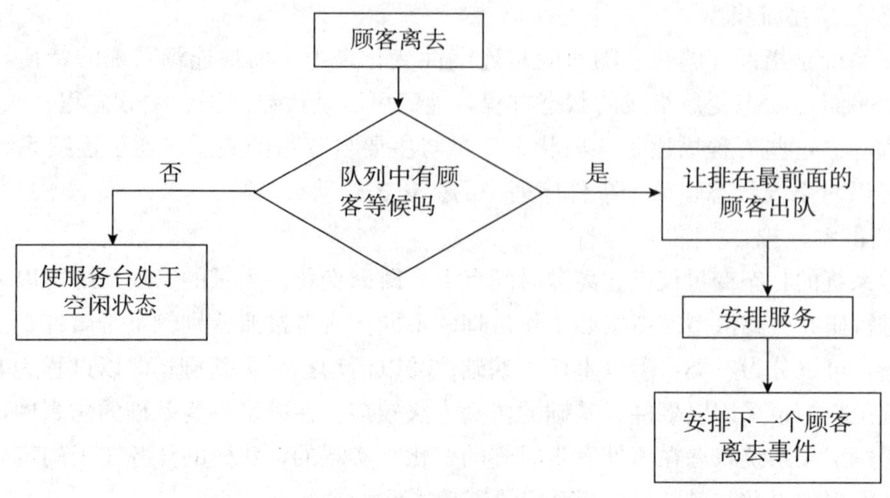

图 12－2　顾客离去流程

是系统动态形为的模式及其结构原因，就适宜将系统看做连续系统；若研究对象是微观系统或研究的目的是处理过程的优化和参数的优化等，就适宜将系统作为离散系统来处理。

12.1.3　系统模拟的术语和类型

在系统模拟当中，我们要用到许多基本的模拟术语：

（1）实体（entity）：一个系统边界内部的客观对象称为实体。实体可分为永久性实体和临时性实体。永久性实体是指经常处于系统之内，其数量保持相对稳定的实体。如排队服务系统内的服务员，机械加工车间的加工设备、生产工人，医院里的医生、护士，等等。临时性实体是先进入系统并在经过相应环节以后再离开系统，在系统内的数量经常发生变化的实体。如排队服务系统内的顾客，机械加工车间的加工零件、原材料，医院里的病人，等等。

（2）属性（attributes）：是指系统实体的特性。如机械加工车间里加工零件的类型、材质及规格、生产量、库存量、工时定额、单价等。

（3）活动（activity）：是指占用一定时间和资源的导致系统状态发生改变的一定过程。譬如，网络计划系统中的一项作业，流水生产线的一道工序等都属于一项活动。

（4）系统状态（system state）：是指在某时间点对系统的所有实体、属性和活动的描述。

（5）事件（event）：是指引起系统状态发生瞬间变化的事实。它可以是一个实体的产生或消失、系统实体属性值的改变，或者一项活动的开始或结束。事件可以分为时间事件和状态事件。时间事件是指依照系统的作业规则在预定时间发生的事件，状态事件是当系统状态符合某种条件而发生的事件。

（6）进程（process）：由若干个有序事件及若干个有序活动组成，一个进程描述了它所包括的事件及活动间的相互逻辑关系及时序关系。

（7）仿真钟（the simulation clock）：用于表示仿真时间的变化。系统仿真模拟中，系统的状态是在离散时间点上发生变化的，并且由于引起状态变化事件发生时间的随机性，仿真钟的推进步长是随机的。如果两个相邻发生的事件之间系统状态不发生任何变化，则仿真钟可以跨过这些“不活动”周期。从一个事件发生时刻推进到下一个事件发生时刻，仿真钟的推进呈跳跃性，推进速度具有随机性。仿真模型中，时间控制部件是必不可少的，以便按照一定的规律来控制仿真钟的推进。

（8）环境（environment）：存在于系统周围的对象和过程（实体和活动），称为系统的环境。

（9）模型验证（verification of model）：是检验计算机模拟程序是否正确反映系统模型。

（10）模型确认（validation of model）：是指检验系统模型是否正确地描述现实系统。

图 12-3 表示了一个排队服务系统的离散型模拟的事件、活动与过程的关系。

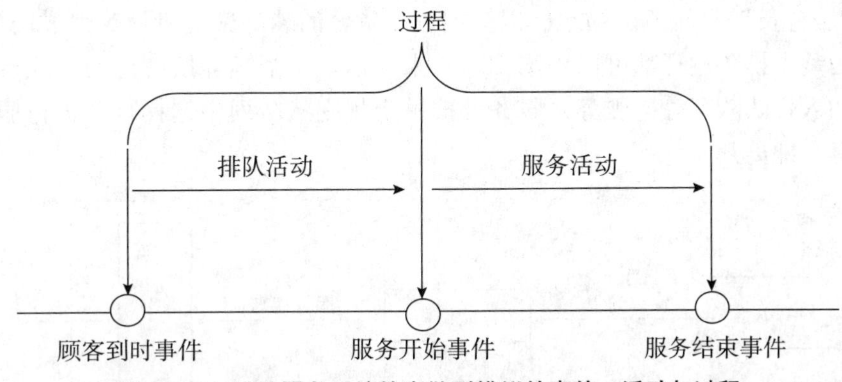

图 12-3　排队服务系统的离散型模拟的事件、活动与过程

12.2　排队系统基础理论

排队论（Queuing Theory），又称随机服务系统理论，是研究排队系统的数学理论和方法。排队论被广泛应用于解决诸如车站、码头、机场等交通运输枢纽的堵塞与疏导，产品入库存储、包装分拣等物流系统排队问题。

12.2.1　排队系统的概念

在日常生活中排队现象对人们来说是最熟悉不过的了，购买火车票的时候、在银行存取款的时候、在超市出口等待付款的时候、在食堂排队就餐的时候，以及其他许许多多的场合，都需要排队等候。称任何等待一项服务的人或事物为顾客，称提供这项服务的人和事情为服务台。因此，当顾客的数量超过了服务台的容量时，也就是说到达的顾客不能立即得到服务时，就形成了排队现象。表 12-1 就是一些典型的排队的例子。

表 12-1　常见排队实例

到达的顾客	服务台	服务内容
电话呼叫	电话总机	接通呼叫或取消呼叫
购票旅客	售票窗口	收款、售票
出故障的设备	修理员	排除设备故障
在公路收费站排队的车辆	收费车道	收费
到达港口的货船	装卸码头或泊位	装货（卸货）
银行顾客	金融服务	办理银行业务

上述各种问题互不相同，却都有要求得到某种服务的人或物和提供服务的人或机构。排队论里要求服务的对象统称为“顾客”，而把提供服务的人或机构称为“服务台”或“服务员”。不同的顾客与服务组成了各式各样的排队系统。如港口服务系统中，“顾客”是船舶，“服务员”是航道、锚地、码头泊位、货物的装卸搬运机械等组成的搬运机构。排队问题的基本排队过程都可以用图 12-4 来表示。每个顾客按一定的方式达到服务系统，首先加入排队队列等待服务，服务台按一定规则从队列中选择顾客进行服务，获得服务的顾客立即离开。

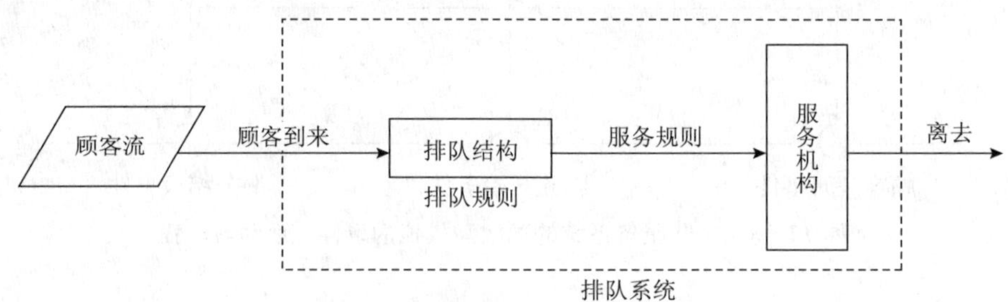

图 12-4　排队系统一般模型

12.2.2　排队系统的构成与分类

一般来说，排队系统由输入过程、排队规则和服务机构等三个部分组成。

1. 输入过程

输入过程是指顾客按照一定的规则到达排队系统的过程，又称为顾客流。描述输入过程需明确以下几点：

（1）顾客到达是随机的，还是定时的。如：班车、班机、自动装配线上各部件必须按确定的间隔时间到达装配点等均属定时到达。描述顾客到达的规律可用含时间参数 t 的随机变量来描述。假设随机变量的分布与 t 无关，常用的顾客到达特征描述形式有两种：一是用顾客流的概率分布来描述，这里“顾客流”即指顾客到达服务系统的过程；二是用顾客相继到达间隔时间的概率分布来描述。具体描述时需要知道单位时间顾客到达平均数或顾客相继到达平均间隔时间。

（2）顾客总体数。顾客总体（亦称顾客源）的顾客数可能是有限的，也可能是无限的。例如：工厂内可能发生故障的机器总数是有限的；而流入水库的上游河水，去商店买货的顾客均可认为总体是无限的。

(3) 顾客到达的方式。顾客到达的方式，可能是单个到达、也可能是成批到达。待处理的工件可能是一个一个的到达，而卸载的货物可能是成批到达。

(4) 顾客到达的概率分布。顾客到达可以是相互独立的，即前面顾客的到达情况对后面顾客的到来没有影响；也可以是彼此关联的（前者影响后者或互有影响）。顾客到达的概率分布一般有定长、泊松分布、负指数分布、爱尔朗分布等。

2. 排队规则

排队分为有限排队和无限排队两类。前者是指系统的空间是有限的，当系统被占满时，后面的顾客将不能进入系统；后者是指系统中的顾客数是可以是无限的，队列长度不受限制，顾客到达后均进入系统排队或接受服务。

(1) 等待制。顾客到达时，若所有服务台均被占用，该顾客就排入队伍，等候服务，一直等到服务完毕才离开。如排队等待售票，故障设备等待维修等。等待制中，服务次序可以来用下列几种规则：

①先到先服务（FCFS）：这是最常见的服务规则。

②后到先服务（LCFS）：仓库叠放的钢材，后放上去的先被领走，一般是后到先服务；在情报信息系统中，最新消息先刊登，后到的信息往往是最有价值的，因而常采用后到先服务的规则。

③随机服务（SIRO）：当服务台空闲时，从等待的顾客中随机地选取一名进行服务，顾客被选中的概率相同，如电话交换台接通呼叫。

④优先权服务（PR）：老人、小孩先进车站，医院对重病号给予优先诊治，加急电报优先投递等。

⑤n个服务台的情形：顾客到达时可按如下规则在每个服务台前排队，第1，$n+1$，$2n+1$，…，个顾客排成第1队；第2，$n+2$，$2n+2$，…，排成第2队，等等。也可排成一队，有服务台空闲时队首顾客接受服务。

(2) 损失制。指当顾客到达时，若所有服务台均被占用，顾客不愿等待而离开系统。如电话拨号出现忙音，顾客不愿等待而挂断电话，如需要则需要重新拨号。

(3) 混合制。这是等待制和损失制相结合的一种服务规则，一般是允许排队，但又不允许无限等下去。

①队长有限。顾客到达时，若队长$<N$，就排入队伍；若队长$=N$，顾客就自动离去，另求服务。

②等待时间有限。顾客在系统中等待的时间不超过某个给定的值T，超过T后顾客就自动离去。

③逗留时间（等待时间与服务时间之和）有限。如敌机飞过我高炮射击区域所需时间为T，若敌机已飞出该区域还未被击落，就算消失。

3. 服务机构

服务机构是指为顾客进行服务的机构。服务机构可以从以下几个方面来描述：

（1）服务机构的数量。服务台有单台和多台之分。从构成形式上看，有单队单服务台、单队多服务台串联、单队多服务台并联、多队多服务台并联式等。

（2）服务方式。指在某一时刻接受服务的顾客数量，有单个服务和成批服务。

（3）服务时间的分布。一般来说，对某一个顾客服务的时间是一个随机变量，与顾客达到的时间间隔分布一样，服务时间的分布有定长、负指数分布、爱尔朗分布等。

（4）服务台的利用率。单服务台的利用率可以用顾客平均到达速度 λ 与平均服务速度 μ 的比值来表示为 $\rho=\frac{\lambda}{\mu}$。若利用率 $\rho>1$ 则表示单服务台已不能保证服务系统业务的正常工作，这时应该增加服务台。对于 n 个服务台，反映单个服务台负荷的服务台利用率为：$\rho=\frac{\lambda}{n\mu}$，若 $\rho\leqslant 1$，则意味着服务系统的业务能够持续地顺利进行，但不能希望它接近 1，因为这意味着顾客较长的队列和服务台的较大工作强度。

12.2.3 排队系统的基本指标

对于一个排队系统，运行状况的好坏既涉及顾客的利益，又涉及机构的利益，还有社会效果好坏的问题。为了研究排队系统运行的效率、估计服务质量和设计改进措施，必须确定一些基本指标，用以判断系统运行状况的优劣。下面介绍几种常用的指标。

（1）队长和队列长。队长是指系统中排队等待服务和正在接受服务的顾客总数。队列长是指系统中排队等待服务的顾客数。一般情况下，队长和队列长都是随机变量，而且期望值越大，说明服务率越低。

（2）等待时间和逗留时间。等待时间是指顾客在系统中排队等待的时间，即从顾客到达时刻起到开始接受服务这段时间。逗留时间是指一个顾客从到达排队系统到服务完毕离去的总停留时间。一个顾客在系统中的逗留时间为等待时间与服务时间之和。

（3）忙期和闲期。忙期是指从顾客到达空闲服务机构起到服务机构再次为空闲的这段时间长度，即服务机构连续繁忙的时间。这是一个随机变量，是服务员最关心的指标，因为它关系到服务员的工作强度。忙期和一个忙期中平均完成服务顾客数是衡量服务机构效率的指标。与忙期相对的是闲期，即服务机构连续保持空闲的时间。在排队系统中，忙期和闲期总是交替出现。

12.2.4 排队系统分类

1. 单线系统

如果整个服务机构只有一个服务台，便称为单线系统。单线排队系统是一种简单的离散事件系统，从物流系统的角度来看，它的各功能要素也很明确。

（1）实体。排队系统的实体包括顾客和服务台，一般情况下顾客服务结束后会离开系统，属于临时实体，而服务台要至始至终给顾客提供服务，故多属于永久实体。

（2）属性。顾客的到达时间间隔、需求服务类型、服务台的服务时间等都是排队系统实体的属性。

(3) 事件。排队系统的事件主要包括顾客进入系统、开始排队、开始服务、离开队列、服务台开始、结束或终止服务等，每一事件的发生都对相关实体的活动造成影响。

(4) 活动。顾客的排队、服务，服务台的忙、闲、停等是排队系统的主要活动。

单线系统中，又可分为单线单站（见图 12-5）和单线多站（见图 12-6）两种排队系统类型：

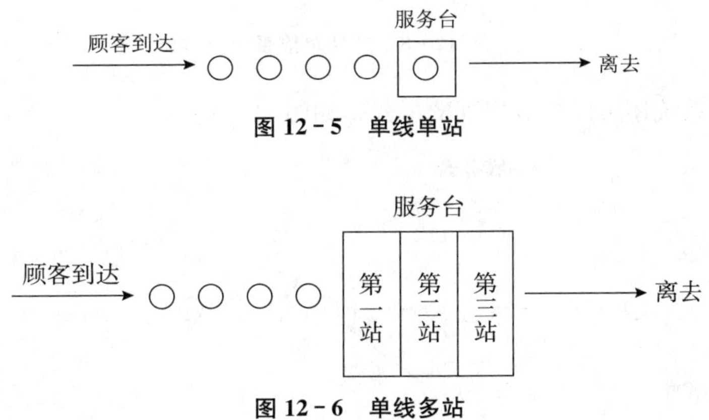

图 12-5　单线单站

图 12-6　单线多站

2. 多线系统

当服务台不只一个，而且每个服务台都可以单独地对顾客进行服务，这样的服务机构便称为多线系统，见图 12-7。在多线系统中，还可分为多线单站和多线多站的情况。多线排队系统由于服务台有多个，它的排队规则相应复杂一些，顾客可能根据先后顺序排成一队，然后到空闲的服务台接受服务，比如银行叫号系统，顾客也有可能依次在每一服务台前排成一队，在排队过程中如果有短队形成，长队的队尾顾客可能还会有换队行为。多线系统的各项复杂排队规则使得采用纯数学方法求解模型变得异常复杂，但如果采用建模仿真的方法进行分析的话相应会简单许多，这也是仿真分析的优势所在。

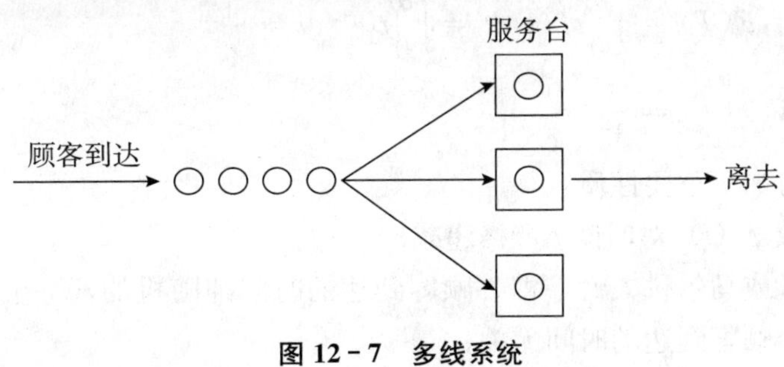

图 12-7　多线系统

3. 并列系统

除上述单线系统和多线系统外，还有一种并列系统。在这种系统中，顾客应事先按照某种规则排成固定的几列，并分别在各列所在服务台依次接受服务。图 12-8 就是一种并列的单线系统。

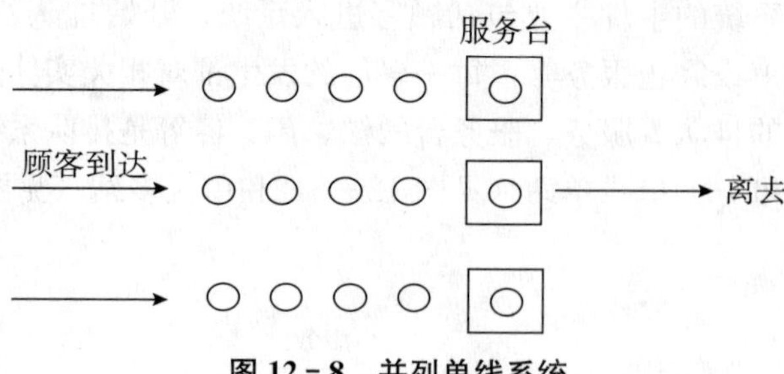

图 12－8　并列单线系统

多个多线的系统还可以构成串列的形式，如图 12－9：

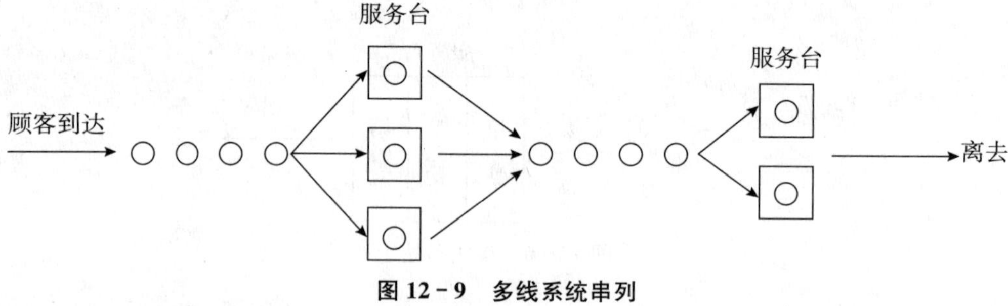

图 12－9　多线系统串列

12.2.5　排队系统中的常用分布

在排队系统中，顾客相继到达的时间间隔与服务的时间主要有负指数分布、泊松分布、爱尔朗分布、均匀分布等。

1. 负指数分布

由概率论可知，如果随机变量 t 服从负指数分布，则其分布函数为：

$$F(t)=1-e^{-\lambda t},\ t\geqslant 0,\ \lambda\geqslant 0$$

概率密度函数：$f(t)=\lambda e^{-\lambda t}, t\geqslant 0, \lambda\geqslant 0$

T 的期望值为：$E(T)=\int_0^{\infty} tf(t)\mathrm{d}t=\int_0^{\infty} t\lambda e^{-\lambda t}\mathrm{d}t=\frac{1}{\lambda}$

T 的方差为：$Var(T)=\frac{1}{\lambda^2}$

负指数分布有如下重要性质：

（1）密度函数 $f(t)$ 对时间 t 严格递减；

（2）无记忆性或马尔科夫性，即各顾客到达的时间纯随机的，一个顾客到达所需要的时间与过去一个顾客到达的时间无关；

（3）当顾客到达过程是泊松流时，顾客到达的时间间隔 $f(t)$ 必服从负指数分布。

2. 泊松分布

泊松分布是应用最为广泛的一类随机变量分布，它常用来描述排队系统中顾客到达的过程、城市的交通事故等。

若随机变量 X 的概率密度函数为 $P\{X=n\}=\frac{\lambda^n e^{-\lambda}}{n!}$（$\lambda>0$，$n=0$，1，2，…）时，称 X 服从参数为 λ 的泊松分布。记为 $X\sim P(\lambda)$，其均值和方差分别为：

$$E(X)=\lambda,\ Var(X)=\lambda$$

定理 12.1 在排队系统中，如果达到的顾客数服从以 λt 为参数的泊松分布，则顾客相继达到的时间间隔服从以 λ 为参数的负指数分布。

可以看出，“到达的顾客数是以 λ 为参数的 Poisson 流”与“顾客相继达到的时间间隔服从以 λ 为参数的负指数分布”两个事实是等价的。

3. k 阶爱尔朗分布

设 X_1，X_2，X_3，…，X_k 是 k 个相互独立的，具有相同参数 μ 的负指数分布随机变量，则随机变量 $X=X_1+X_2+X_3+\cdots+X_k$ 服从 k 阶爱尔朗分布，X 的概率密度函数为：

$$f(t)=\frac{k\mu(k\mu t)^{k-1}}{(k-1)!}e^{-k\mu t},\ t>0$$

记为 $X\sim E_k(\mu)$，随机变量 X 的均值和方差分别为：

$$E(X)=\frac{1}{\mu},\ Var(X)=\frac{1}{K\mu^2}$$

如果顾客连续接受串联的 k 个服务台的服务，各服务台的服务时间相互独立，且均服从参数为 μ 的负指数分布，则顾客接受 k 服务台总共所需要的时间就服从 k 阶爱尔朗分布。

4. 均匀分布

设连续型随机变量 X 的分布函数为：

$$F(x)=\frac{x-a}{b-a},\ a<x<b$$

概率密度函数为：

$$f(x)=\begin{cases}\frac{1}{b-a}, & a<x<b\\ 0, & \text{其他}\end{cases}$$

则称随机变量 X 服从 $[a, b]$ 上的均匀分布，记为 $X\sim U[a, b]$。

随机变量 X 的均值和方差分别为：

$$E(X)=\frac{a+b}{2},\ Var(X)=\frac{(a-b)^2}{12}$$

在实际仿真模拟中，当我们无法区分在区间 $[a, b]$ 内取值的随机变量 X 取不同值的可能性有何不同时，我们就可以假定 X 服从 $[a, b]$ 上的均匀分布。

12.3 随机变量的生成方法

使用随机变量的系统进行仿真，必须要确定其随机变量的概率分布，以便在仿真模拟中对这些分布进行取样，得到所需要的随机变量。在实际仿真模拟中涉及随机现象的分布规律是各种各样的，因此需要随机生成不同概率分布特征的随机变量。生成随机变量有许多种不同的方法，它们一般都是以［0，1］区间上服从均匀分布的随机数为基础，再通过适当的变换生成。这种［0，1］区间上的均匀分布通常记作U［0，1］。产生随机变量的方法有多种，在离散事件系统的仿真模拟中，产生随机数的方法主要是逆变法和卷积法。最常用的随机变量生成方法是逆变法（Inverse Transform Method）。

12.3.1 逆变法

定理12.2 若给定任何随机变量 X 的累积概率分布函数为 $F(X)$，则 $Y=F(X)$ 是在（0，1）区间内的均匀分布随机变量，并与 X 的分布特征无关。

证明：设 y 为（0，1）区间的任意常数，令 $Y=F(X)$，$F(X)$ 为 X 的累积概率分布函数。

因 Y 也是一个随机变量，令 $G(Y)$ 为 Y 的累积概率分布函数，则

$G(y)=P\{Y\leqslant y\}=P\{F(x)\leqslant y\}=P\{X\leqslant F^{-1}(y)\}=F\{F^{-1}(y)\}=y$

所以 $G(y)=y$，Y 分布函数为在(0,1)区间上的一条直线，Y 的概率密度函数为：

$$g(y)=\frac{\mathrm{d}G(y)}{\mathrm{d}y}=\frac{\mathrm{d}y}{\mathrm{d}y}=1$$

按定义，$0\leqslant Y=F(X)\leqslant 1$，$Y$ 服从（0，1）区间的均匀分布。因此 $F(x)$ 是（0，1）区间内的均匀分布，且与 X 的分布特征无关，即 X 为任意分布时，$F(x)$ 的分布为 $U(0,1)$。

根据定理12.2，逆变法生成随机变量 x 的主要步骤：

（1）已知随机变量 x 的累积概率分布函数 $F(x)$，或由概率密度函数 $f(x)$ 求解 $F(x)$，即 $F(x)=\int_{-\infty}^{x}f(x)\,\mathrm{d}x$，令 $y=F(x)$。

（2）推导分布函数 $F(x)$ 的反函数，即 $x=F^{-1}(y)$。

（3）由 $y=U(0,1)$，生成［0，1］区间上服从于均匀分布的随机数 u_1，u_2，…，u_i，…，u_n。

（4）由 $x=F^{-1}(y)$，令 $x_i=F^{-1}(u_i)$，得到的 x_1，x_2，…，x_i，…，x_n 就是服从 $F(x)$ 分布的随机数。

12.3.2 卷积法

设随机变量 x 可表示为若干个独立同分布的随机变量 Y_1，Y_2，…，Y_m 之和，即：

$$x=Y_1+Y_2+\cdots+Y_m$$

则 x 的分布函数与 $\sum_{i=1}^{m}Y_i$ 的分布函数相同，此时称 x 的分布为 Y_i 分布的 m 重卷积，那么，为产生 x，可先独立地从相应分布函数产生随机变量 $Y_1,Y_2,\cdots,Y_m$，然后利用上式可得到 x，这就是卷积法。

由于均值为 β 的 m 维 Erlang(m,β) 的随机变量可表示为 m 个均值为 β/m 的独立的指数随机变量之和，故可以采用卷积法产生 x，步骤如下：

（1）独立的产生 m 个 U（0，1）随机数 u_i；

（2）推导均值为 β/m 指数分布的反函数，用逆变法分别产生 Y_i：

$$Y_i = -\frac{\beta}{m}\ln u_i (i = 1,2,\cdots,m)$$

（3）令 $x = \sum_{i=1}^{m} Y_i = Y_1 + Y_2 + \cdots + Y_m$，即得到爱尔朗分布的随机数。

本章习题

（1）物流管理系统可以分为哪些类别？

（2）什么叫排队系统，举例说明？

（3）排队系统主要由哪几个部分构成，有哪些基本指标？

（4）试阐述应用逆变法生成随机变量的原理。

13 Enterprise Dynamics 物流仿真软件应用

本章重点

⊙ 熟悉 Enterprise Dynamics 物流仿真软件的基本功能
⊙ 了解 Enterprise Dynamics 物流仿真软件的操作流程
⊙ 掌握 Enterprise Dynamics 仿真软件在物流系统设计中的应用方法

13.1 Enterprise Dynamics 物流仿真软件概述

Enterprise Dynamics 是荷兰 Incontrol 公司旗下的主要产品。Incontrol 公司总部位于荷兰马尔森市，是一家软件解决方案提供商，同时也是一家物流仿真和定量分析领域的咨询公司。Enterprise Dynamics 被认为是当今世界上最先进的仿真平台之一。Enterprise Dynamics 软件广泛应用于生产制造、物流管理、基础设施建设、运输和交通等领域。Enterprise Dynamics 支持多种格式 2D 图片及 3D 模型的导入，使仿真对象无论从功能上还是外观上都更加逼真。可对时间、成本、资源、可靠性、安全性、可持续性等指标建模进行统计分析。拖拽式建模及 2D 和 3D 模型同步生成，使得仿真建模更加简单、更加易懂、更加便于人们理念的沟通。Enterprise Dynamics Education 针对高校教学，设计了 13 个应用 Enterprise Dynamics 处理实际问题的小模型，便于学习如何应用 Enterprise Dynamics 软件对实际问题进行仿真建模。Incontrol 公司提供了学生版教学软件下载服务（http：//www. enterprisedynamic. com/downloads）。

Enterprise Dynamics－Logistics 模块主要应用于生产、仓储、库存、配送以及其他各种各样的物料处理系统优化仿真模块，系统提供了装配设备、操作员、机器人、输送器、货架、升降机、起重机、转车台、托车等丰富的资源对象类型。基于 Enterprise Dynamics 建模可以对复杂动态的物流配送中心、生产加工车间等相关系统进行仿真模拟。

Enterprise Dynamics 针对物流系统仿真的概念模型如图 13－1 所示。

13.1.1 ED 仿真软件的基本特点

（1）以对象为导向进行建模，而且建模与仿真过程及结果可视化。

（2）用户可用原子来建立自己的模型。ED 在建立每个模型时都是以概念的原子为基础。一个原子可以代表一台机器，一个柜台或一个产品，但它也可代表没有物理特征的物质，如图表。就原子的不同类型而言，可以分为基本原子（经常用到：产品、源、接收器、服务器和序列等），输送原子（与输送有关的原子）及实验原子等。

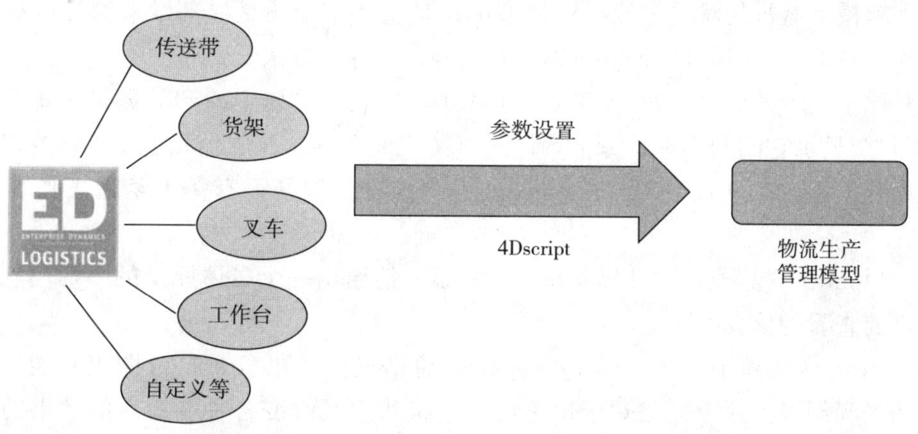

图 13－1 Enterprise Dynamics 物流系统仿真概念模型

(3) 由于ED的开放式结构，高级用户能建立并使用自己的原子，如建立一个有特殊用途的机器模型。现在ED包含100个标准原子，但是这个数字在不断增长。对于初学者而言，只需从使用最频繁的大约30个原子中选择足够的原子配合自己的实际建模应用即可。

(4) ED同时有一套内置的编程语言，称之为4DScript，可用于在模型中处理现实中的特殊情况。

13.1.2 ED仿真软件的基本概念

1. 原子

(1) 原子是用户从标准库中取用的可以用来建立模型的对象，也是建立模型最基本的单位。ED在建立每个模型时都是以这种概念原子为基础。

(2) 一个原子可以代表一台机器，一个柜台或一个产品，但它也可代表没有物理特征的物质，如图表。最常用的原子有：产品原子、源原子、服务器原子、序列原子、接收器原子、容器原子、打包原子、解包原子、多功能服务原子、锁定原子、解锁原子、可堆积传送带、不可堆积传送带。

2. 通道

(1) 通道的作用是沿着这一路径发送产品并传递信息，起到一个承上启下的作用，把所有的原子连成一个有机的整体。产品通过输入通道进入一个原子，并通过输出通道离开这一原子。一个输入通道通常需要连接到一个输出通道或一个中心通道，而一个输出通道也通常需要连接到一个输入或中心通道。每个输入或输出通道只能被连接到其他通道上。

(2) 虽然通道有很多用途，但是通道的基本功能是指示这个原子里的产品的下一个可能去处。因此，通道模型为产品提供了路径。

3. 结果分析

结果分析的作用是跟踪并测量仿真研究的结果。可以通过测量得到模型的各方面的数据，了解模型运行的状况，然后对模型无论是整体布局还是局部细节都可以有一个理性的认识。在 Enterprise Dynamics 中，有四种结果分析方法。

（1）原子显示的信息。每个 Queue（对列）会显示对列中的产品数量，每个 Server（服务器）会显示它的利用率，每个 Source（源）或 Sink（接收器）显示了多少产品已进入或已离开模型。这些信息对于在仿真过程中查看模型是否有条不紊地工作是极其有用的。

（2）Monitor（监控器）。Monitor（监控器）能给出一个具体原子的图形信息。用户可选择需要查看的信息。

（3）Results 菜单中的 Summary Report（总结报告）和 Graphs（图表）能显示仿真运行时的中间结果。这个方法对于快速浏览系统状态及改变各种参数后的效果的快速反馈是很方便的。

（4）实验。这种方法与前三种都不一样，它只用于实际研究中。测量周期的长度及模拟这一周期的频率（例如半年测量 10 次），都是预先设好的。

4. 4DScript

4DScript 是 ED 的编程语言。ED 中执行的所有命令均通过 4DScript 完成。软件中提供基本的逻辑语句模板，用户只需要根据自己要求修改相应的参数即可，对于复杂系统需自定义 4DScript 语句。

13.1.3 ED 仿真软件的操作界面（如图 13－2 所示）

1. ED 窗口

（1）快捷按钮：通过这几个快捷按钮，具体的原子就能被拖进模型中。点击快捷按钮，原子会自动出现在模型中，或者执行一个命令。

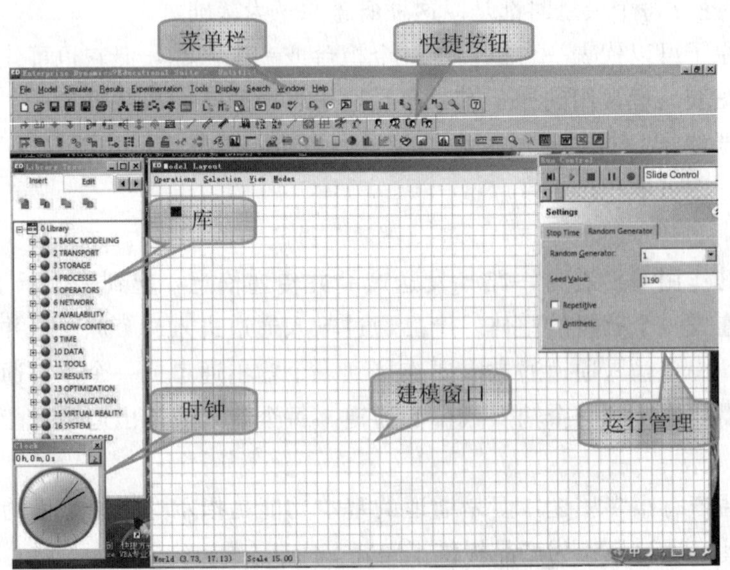

图 13－2　Enterprise Dynamics 物流仿真软件操作界面

（2）库：库中包含用户能置入模型中的所有原子。每个原子有特定的功能，将不同原子正确地绑定在一起，可以构建自己的 Enterprise Dynamics 业务流程或者模型。

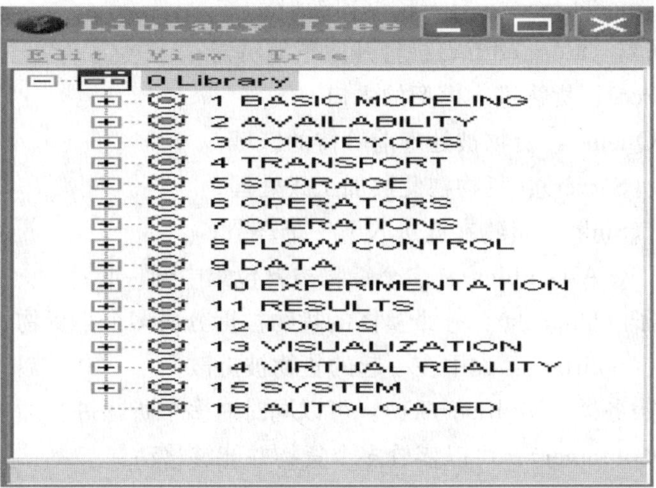

（3）建模窗口：在这个窗口里建立模型。建模窗口用于建立模型。点击快捷键中表示建模所需元件的按钮，元件即出现在建模窗口，或左键按住库中选择建模所需的元件，拖入建模窗口，下一步就可利用这些元件来建立仿真模型。

（4）运行管理：在此可重新设置参数，启动模型，控制执行速度。

（5）时钟：在仿真过程中显示模型所需的模拟时间，但不是真实时间。

2. ED 菜单

菜单（Menu）	功能
文件（File）	新建，打开或保存文件，或控制标准功能如打印或另存为
模型（Model）	创造、观察模型
仿真（Simulate）	实际运行单个仿真过程
结果（Results）	产生单个仿真运行报告和图表
实验（Experimentation）	通过多个仿真运行对实验进行设计、执行和评估
工具（Tools）	包含建立原子的工具如各种编辑器
显示（Display）	管理 2D（二维）或 3D（三维）模型的可视化
窗口（Window）	包括各种窗口，如 4DScript 或图标的概述
帮助（Help）	包括全套指南以及公司信息、版本信息

3. ED 工具栏

（1）模型视图（model layout）：打开模型视图；

（2）模型视图和库树（model layout & library tree）：同时打开模型视图和库树；

（3）二维模型视图（2D model view）：打开模型的二维视图；

（4）三维模型视图（3D model view）：打开模型的三维视图；

（5）图层管理器（show layer window）：打开图层管理器；

（6）库树（library tree）：打开库树窗口；

（7）模型树（model tree）：打开模型树窗口；

（8）原子编辑器（atom editor）：打开原子编辑器；

（9）源（Source）：货物进入模型的入口；

（10）序列（Queue）：货物被处理前等待的区域；

（11）服务器（Server）：货物在此被加工或处理；

（12）接收器（Sink）：货物在此进入下一个环节；

（13）打包原子（Assembler）：多个货物被打包集中到一起；

（14）拆包原子（Unpack）：一个整体的货物被拆分成多个小货物；

（15）分解器（Splitter）：集中在一起的货物被拆散；

（16）多功能服务器（Multiservice）：可以同时对多个货物进行加工处理；

（17）容器（Container）：可以盛放多个货物并能够移动。

13.1.4 ED 仿真软件的快捷键（如表 13－1、表 13－2 所示）

表 13－1　　ED 物流系统仿真软件的快捷键

快捷键	功能
Ctrl+A	选择所有原子
Ctrl+C	复制
Ctrl+D	俯视一个原子
Ctrl+L	锁定
Ctrl+U	仰视一个原子
Ctrl+V	粘贴
Ctrl+X	剪切
Ctrl+R	显示通道
Ctrl+G	显示栅格
Del	删除
F6	复制选择内容
F7	旋转
F8	移动
F11	全屏
Ins	插入新原子
Shift+Ctrl+F9	显示原子编辑器
Shift+Tab	选择前一项
Tab	选择后一项

续 表

快捷键	功能
Cursor Up	上移选中的原子
Cursor Down	下移选中的原子
Cursor Right	右移选中的原子
Cursor Left	左移选中的原子
+	放大
—	缩小
F7	定位至
F8	移动至
F11	全屏
W	向前移动
S	向后移动
A	向左移动
D	向右移动
Z	向上移动
X	向下移动
Q	向左滚动
E	向右滚动
Space	固定屏幕

表 13－2　　ED 物流系统仿真软件的快捷键

操作	功能
左击＋向上	将模型视图下移
左击＋向下	将模型视图上移
左击＋向左	将模型视图右移
左击＋向右	将模型视图左移
左击＋右击＋向上	以鼠标为中心放大视图
左击＋右击＋向下	以鼠标为中心缩小视图
向上滚动	放大视图

续 表

操作	功能
向下滚动	缩小视图
右击＋移动	如果在空白处右击并拖动鼠标会显示出选择的区域，放开鼠标后这个区域内的原子将被选中
右击	如果在原子上右击将会显示出原子的属性编辑器
双击	在原子上双击和在原子上右击效果一样
右击＋向上	将视图向上旋转
右击＋向下	将视图向下旋转
右击＋向左	将视图向左旋转
右击＋向右	将视图向右旋转

13.2 邮局排队系统仿真示例

假设邮局有一个服务台，每小时来到的顾客数和每位顾客接受服务时间因人因时而变。据统计，平均每小时有 40 位顾客来到，工作人员平均 2 分钟处理一位顾客的业务事件。邮局按先到先服务（FCFS）规则提供服务。由于顾客抱怨排队过长，邮局的经理希望通过仿真解决顾客抱怨的问题。

仿真的任务是：

(1) 邮局工作人员的办事效率多高？

(2) 预计平均队列长度是多少？

(3) 设计几个工作台比较合适？

应用 Enterprise Dynamics 物流仿真模块进行分析，具体步骤如下：

1. 通过点击快捷按钮或从库中将以上四个元件拖入分布窗口。

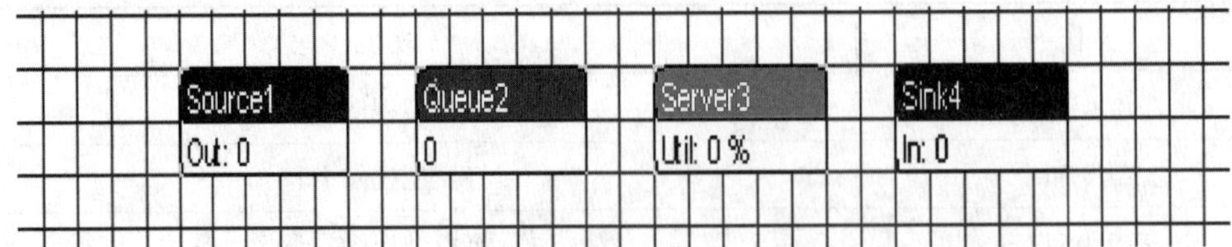

2. 利用 Channels/Enabled 打开连接通道将上图模型部件连接起来。

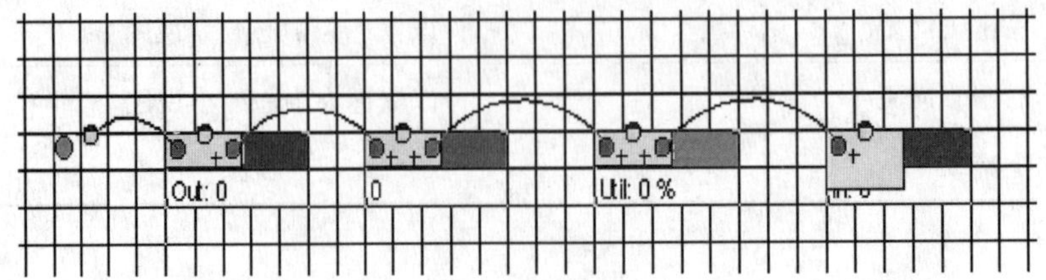

3. 运行管理窗口开启仿真过程，检测模型的逻辑结构。

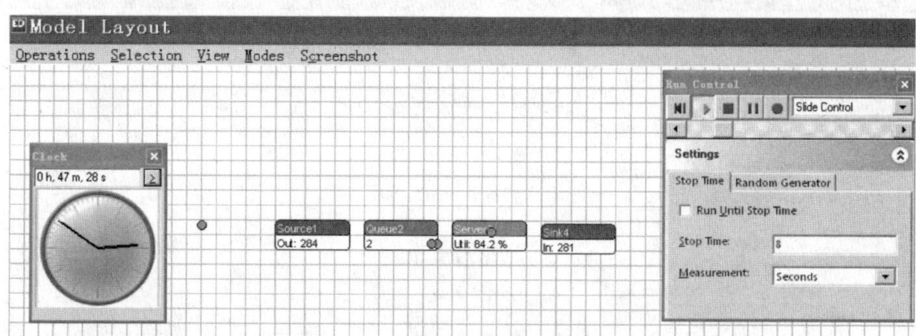

4. 输入相应参数。

(1) 顾客来到时间间隔。将到达邮局的平均顾客数 40 人/小时，转换为相邻两顾客到达邮局的时间间隔为 90 秒。

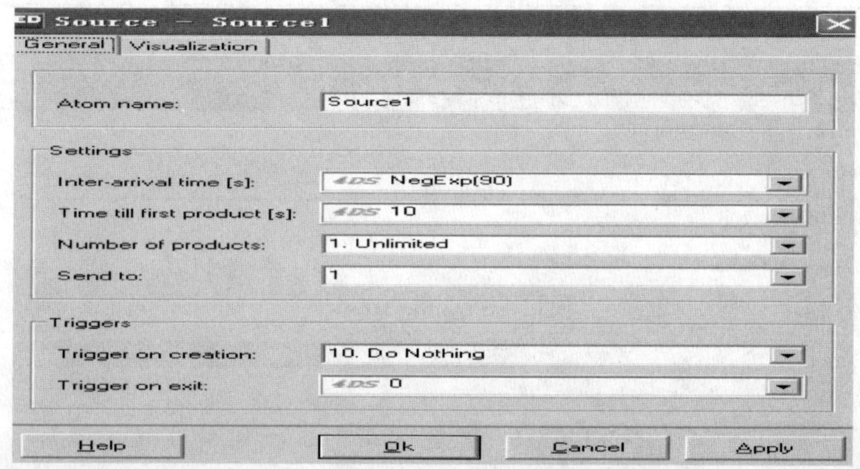

(2) 服务时间。调整周期时间（Cycletime），将服务时间平均每人 2 分钟改 120 秒。

(3) 选择特定图标来代表顾客。

(4) 运行模型，并在 Simulate 中设置 history 记录历史数据之后，通过 Results 中的 summary report 输出统计分析结果。

仿真结果表明：平均队长为 8.141 人，窗口工作效率达到 99.2%，一个服务台无法应对客流量。因此，经理决定开放 3 个服务台。经理希望能通过仿真了解新增服务台对队列及服务人员工作强度的影响。新增服务台后情况会怎样？

下面进行仿真模拟：

(1) 点击快捷键按钮，将服务台拖入 Model Layout 窗口，更改新增服务台的周期时间的参数。

使用 source，queue，server 和 sink 创建邮局模型。用 4 个基本原子，并按顺序将它们放入模型中，首先是源，其次是序列，再次是服务器，最后是接收器。通过点击快捷按钮或将原子从库中拖出可对原子进行选择。

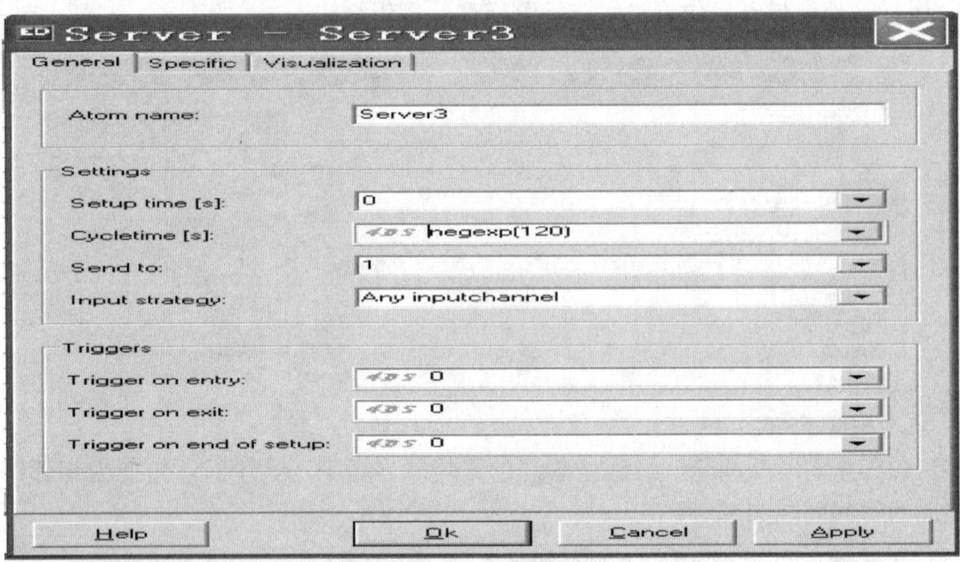

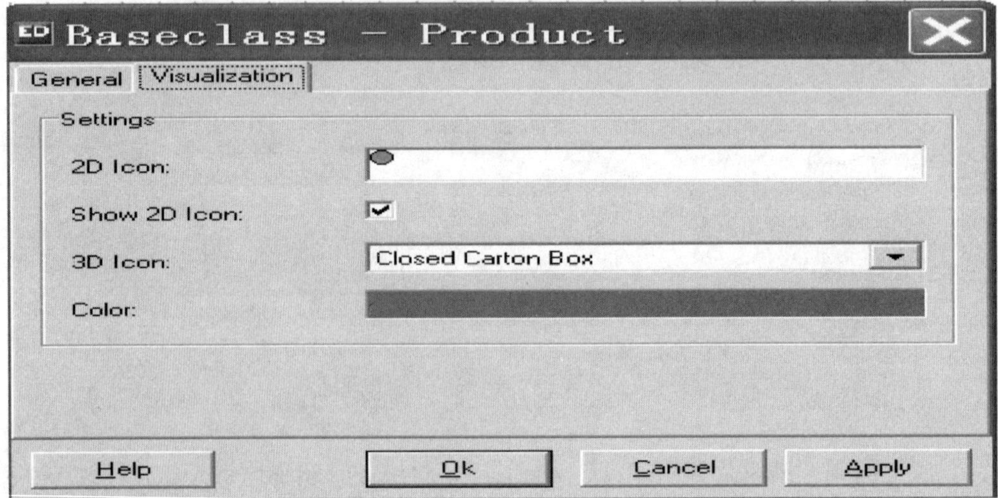

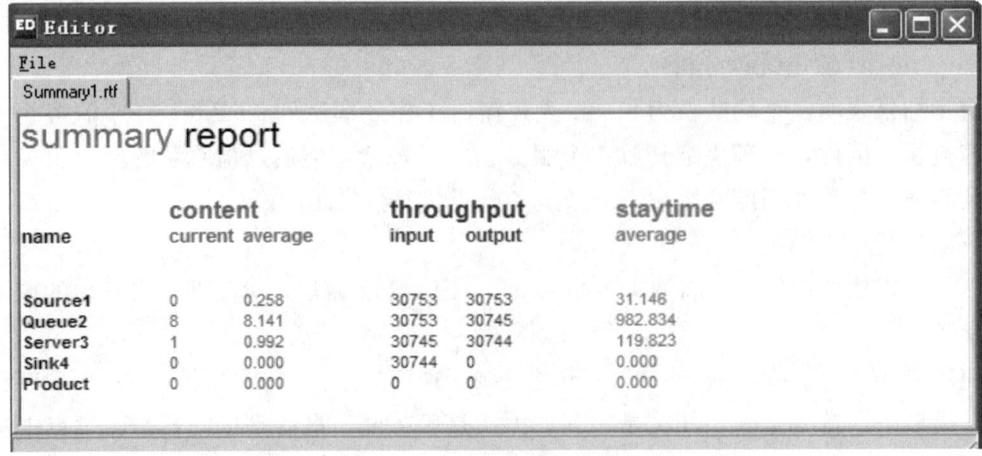

summary report

name	content current	content average	throughput input	throughput output	staytime average
Source1	0	0.258	30753	30753	31.146
Queue2	8	8.141	30753	30745	982.834
Server3	1	0.992	30745	30744	119.823
Sink4	0	0.000	30744	0	0.000
Product	0	0.000	0	0	0.000

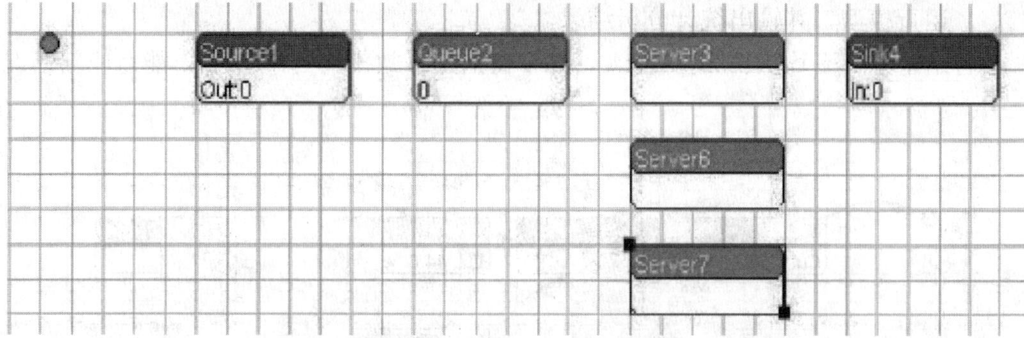

（2）利用 Channels/Enabled 打开连接通道将上图模型部件连接起来。在 Model Layout 窗口下的 View 下拉菜单中，选择 Channels/Enabled。这样，原子的通道就出现了。ED 中这些通道的作用是沿着这一路径发送产品并传递信息。

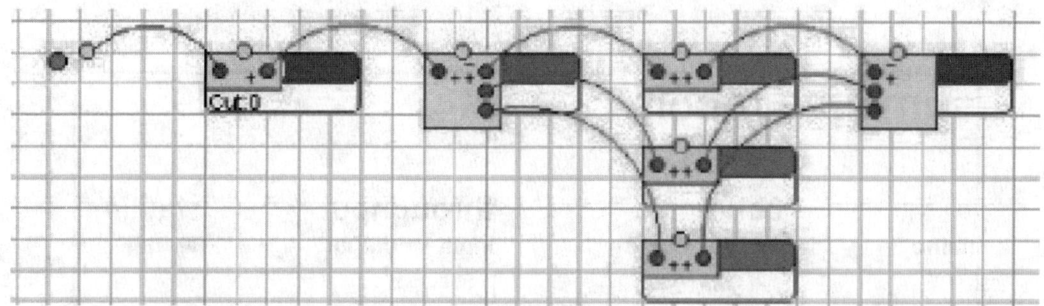

（3）双击 Queue（队列），选择 Send to（送到）栏，调整栏中的数值或点击右边的按钮，在下拉菜单选择输出策略。

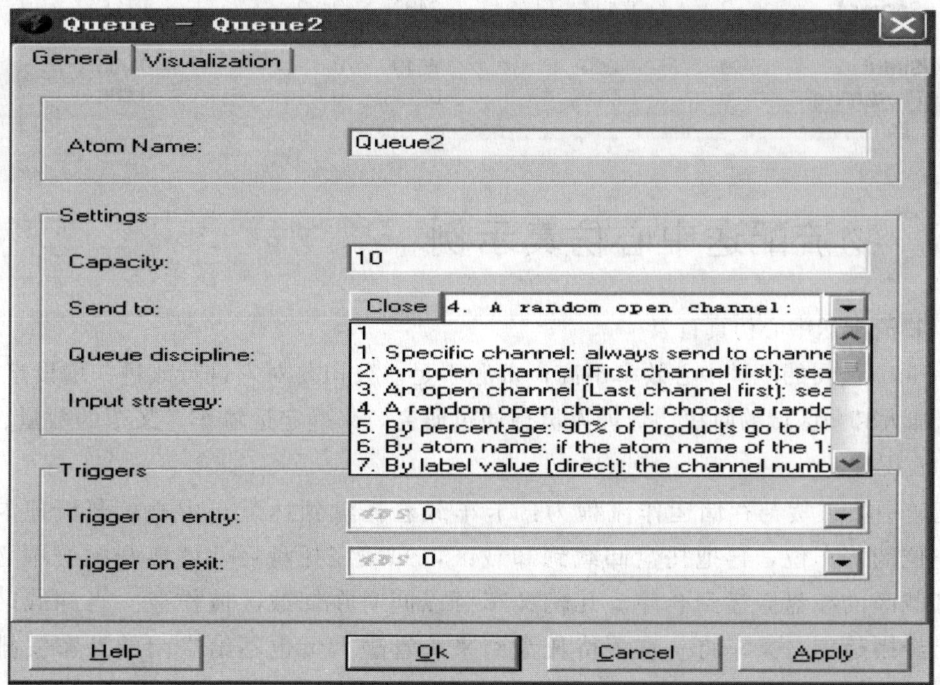

(4) 运行模型，并输出统计分析结果。

运行结果是：平均队长为 0.15 人，几个窗口工作效率均为 44.6%，能适应新情况。

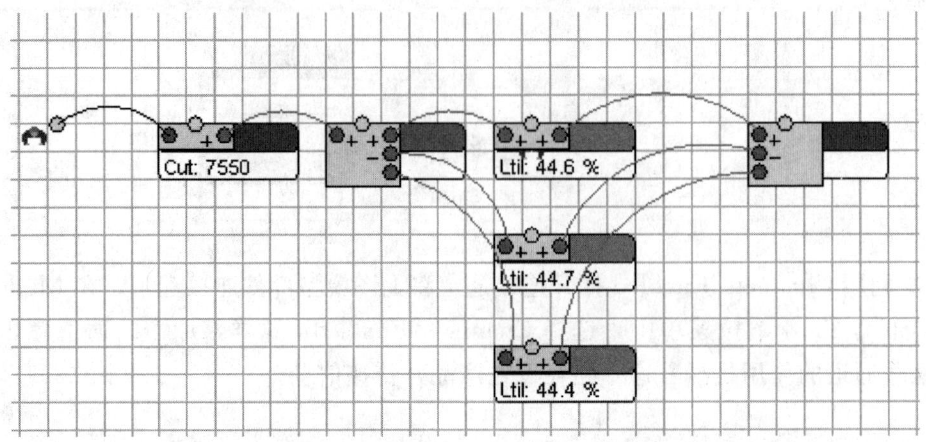

summary report

name	content current	content average	throughput input	throughput output	staytim average
Source1	0	0.000	7550	7550	0.000
Queue2	0	0.151	7550	7550	13.809
Server3	1	0.446	2513	2512	122.663
Server4	0	0.447	2482	2482	124.517
Server5	0	0.444	2555	2555	120.197
Sink6	0	0.000	7549	0	0.000
Product	0	0.000	0	0	0.000

13.3 物流配送中心仿真示例

1. 物流配送中心仿真背景

Neduco 公司的配送中心效率不高，资源不足。公司要对它进行改进，增设运输车、叉车，加大卸载区域的面积。管理人员想通过研究，来确定运输车、叉车的数量、卸载区域的面积。

配送中心进货与存储运作流程为：卡车载着托盘到达配送中心。司机把卡车停在有空位的停车位，再把托盘卸载到卸载区，卸载完托盘后，就离开配送中心。叉车把卸载区的托盘搬运到仓库。几辆叉车可以同时在卸载区域作业。当卸载区域的托盘已经搬运完，叉车将一直等待托盘到来，管理人员也不给空闲的叉车安排其他任务。流程描述：

(1) 卡车来到。没有空车位，则形成卡车队列。

(2) 如果有空闲的停车位，卡车队列中第一辆卡车就到达该停车位，开始卸载托盘。

(3) 托盘堆放在卸载区域，卸载完成后的卡车离开配送中心。

(4) 叉车来到卸载区域。

(5) 叉车把卸载区域的托盘搬运到仓库。

每天 8：00～16：00，到来的卡车数量符合平均值为 40 的负指数分布；每台卡车装载的托盘数量符合 6～16 的离散均匀分布，平均值为 11；那么平均每小时 55 只托盘到达配送中心（40×11÷8＝55）。每只托盘的卸载时间符合 2～3 分钟的平均分布，所以一个停车位每小时能卸载 24 只托盘（60/2.5）。每天 9：00 到 17：00，叉车把托盘从卸载区运输放置到仓库的时间，符合 2～4 分钟的均匀分布，那么一台叉车平均每小时搬运 20 只托盘（60/3）。实际上，卡车到来 1 小时后，叉车才开始工作，所以在这段时间内，托盘堆积在卸载区域。一天的工作结束时，叉车会把托盘全部搬运到仓库。如果单位时间内，卸载和搬运的托盘数量比来到配送中心的托盘数量少，那么卸载区域内的托盘将越积越多，因此停车位和叉车的数量不能少于 3（3×24＞55、3×20＞55）。配送中心作业流程如图 13 - 3 所示。

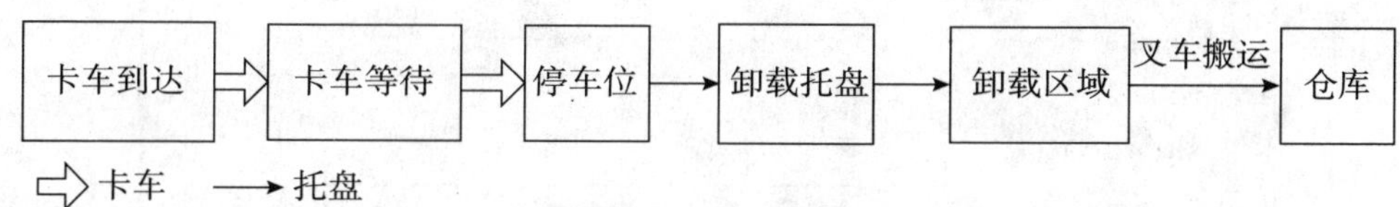

图 13 - 3 作业流程

主要仿真任务：

(1) 设计合适的停车位数量。增加停车位，可以节约司机的等待时间（要求卡车司机平均等待时间不超过 5 分钟），那么要设置多少停车位才合适呢?

(2) 设计合适的叉车数量。如果雇用太多叉车，将要支付额外的成本。相反，叉车数量太少就不能在规定的时间内完成工作。

(3) 设计合适的卸载区容量。卸载区域存放托盘的容量是多少只? 卸载区域的面积越大，存放的托盘就越多。停车位数量、叉车数量和卸载区域的面积是相互影响的。增加停车位的数量，可以减少卡车的等待时间，但是降低了卡车利用率；增加叉车的数量，可以提高托盘的搬运效率，还可以相应地减小卸载区域的容量。

(4) 分别研究 3×3、3×4、4×3、4×4 等情况下，卡车司机平均等待时间、叉车平均工作时间、卸载区域托盘数量的平均值、卸载区域托盘数量的最大值等指标，并进行比较分析。

2. ED 仿真操作步骤

(1) 生成原子

从原子库中拖出 1 个 Source 原子、3 个 Queue 原子、12 个 Server 原子、2 个 Availability Control 原子、2 个 Time Schedule Availability 原子、1 个 Monitor 原子，把各原

子按照概念模型中的位置摆好。

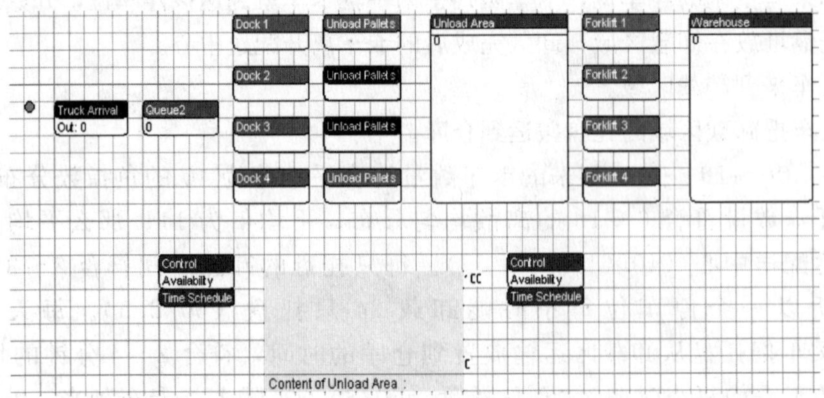

（2）定义各种原子

①Product 原子。双击 Product 原子，打开其参数视窗，改变其 Visualization 选项卡中的选项“3D icon”，选择“Cube”。

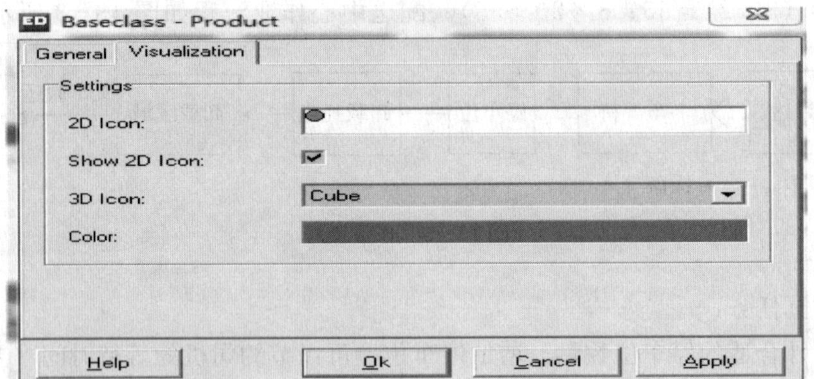

②表 13－3 为产生卡车的 Source 原子的设置，其他保持默认值。因为每小时 5 辆卡车到达，所以平均的到达间隔时间 12 分钟（60÷5＝12）。

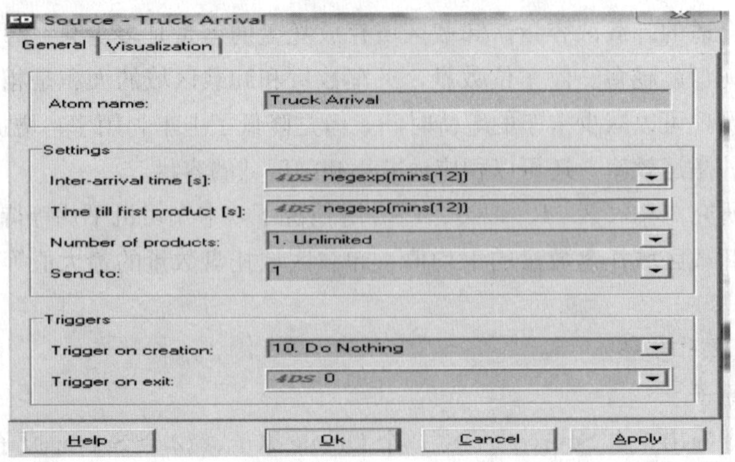

表 13-3　　　　产生卡车的 Source 原子的设置

Atom name	Truck Arrival
间隔时间	negexp（mins（12））
第一个到达时间	negexp（mins（12））

③表 13-4 为卡车队列、托盘队列、仓库的 3 个 Queue 原子的设置信息，其他为默认值。

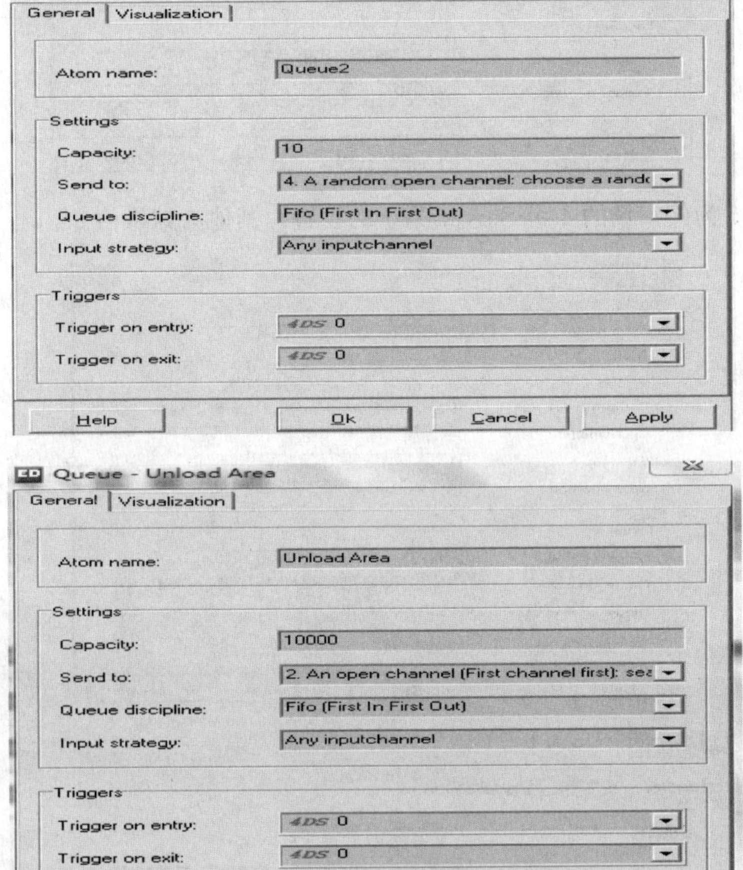

表 13-4　　　　Queue 原子的设置

Atom name	Queue2	Unload area	Warehouse
容量	10	100000	10
发送到	4. A random open channel	2. An open channel	1
进入时触发	0	0	Label（[lastarrival]，c）：=Time

注：An open channel，表示该原子产生的产品，尽量从第一输出通道离开，即卸载区域的托盘，尽量用第一台叉车搬运托盘，然后才可能用第二台叉车，再依次第三、四台叉车，使得这些叉车的利用率不同；Label（[lastarrival]，c）：=time 这个命令，表示每当托盘到达仓库，就把当前时刻记录到托盘的 LastArrival 标签中。一天的工作结束时，这个标签就记录了最后一只托盘进入仓库的时刻。

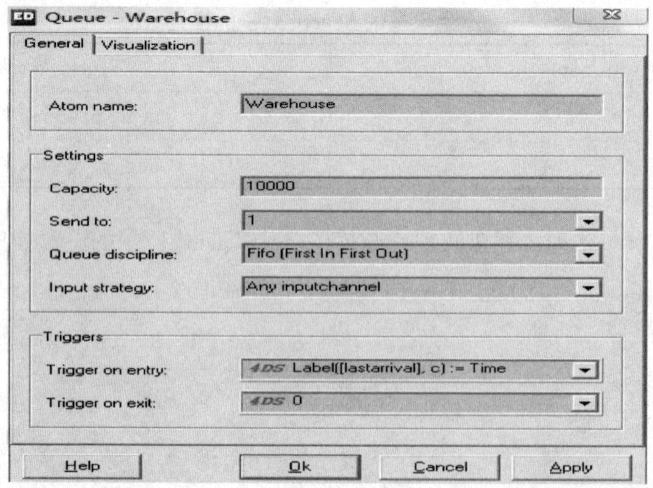

④表 13 - 5 为停车场的 4 个 Server 原子的设置，其他为默认值。

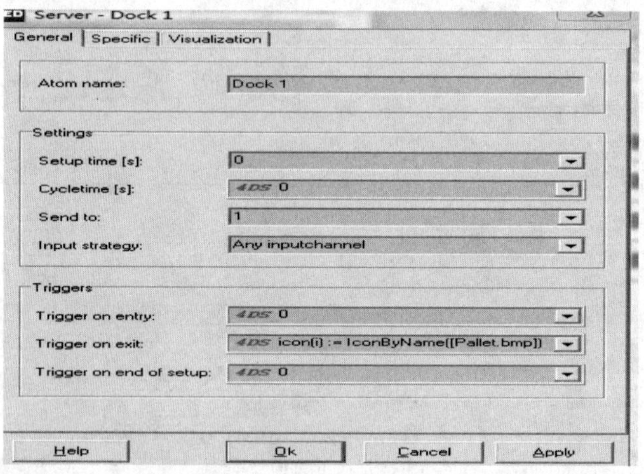

Server - Dock 1
General | Specific | Visualization
Batch
Batch (B): 4DS duniform(6,16)
Batch Rule: 1 in, B out (copies of in)

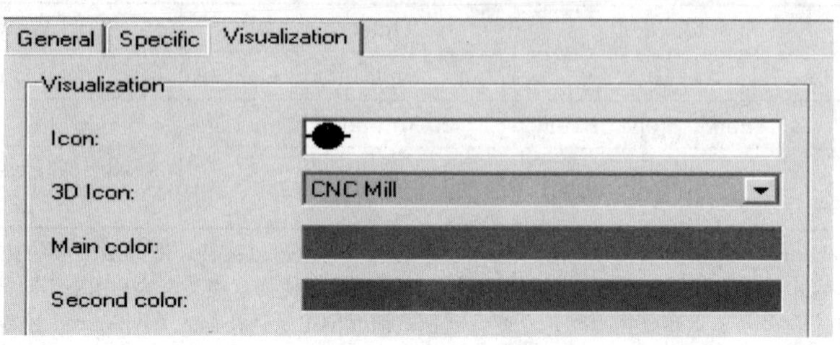

表 13-5 停车场 Server 原子的设置

Atom name	Dock 1、Dock2、Dock 3、Dock 4
预置时间	0
循环时间	0
离开时触发	icon（i）：=IconByName（［Pallet. bmp］）
分批	duniform（6，16）
分批规则	1 in B out

注：icon（i）：=IconByName（［Pallet. bmp］）表示 Dock 产生的托盘离开时，把图标设置成托盘的形状；duniform（6，16）表示 6～16 的随机离散分布；分批规则 1 in B out，模拟从卡车上卸载托盘的过程，使用服务器原子的分批处理功能（Batch）。

⑤表 13-6 为卸载托盘的 4 个 Server 原子的设置，其他为默认值。

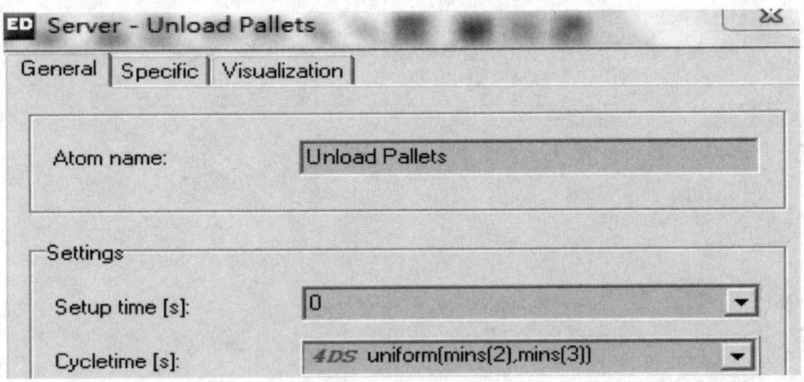

表 13-6 卸载托盘 Server 原子的设置

Atom name	Unload Pallets 1、Unload Pallets 2、Unload Pallets3、Unload Pallets 4
预置时间	0
循环时间	uniform（mins（2），mins（3））

⑥表 13-7 为叉车搬运托盘的 4 个 Server 原子的设置，其他为默认值。

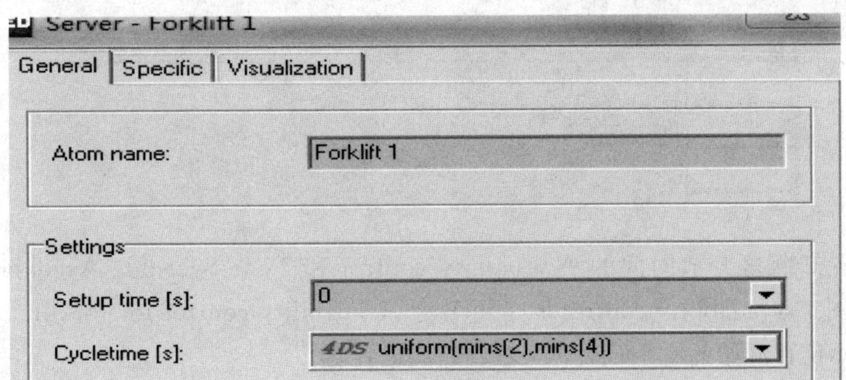

表 13-7　　叉车搬运托盘 Server 原子的设置

Atom name	Forklift 1、Forklift 2、Forklift 3、Forklift 4
预置时间	0
循环时间	uniform (mins (2), mins (4))

⑦设置停车位开放时间的 Availability control 和 Time Schedule Availability 原子。Availability control 原子更名为 Availability control for truck。下图中，卡车时间表 Down=1 的列，0 表示允许通过，1 表示禁止通过，即仿真开始的 0 时刻到 8 小时，Queue2 的输入通道允许，卡车送货到配送中心。

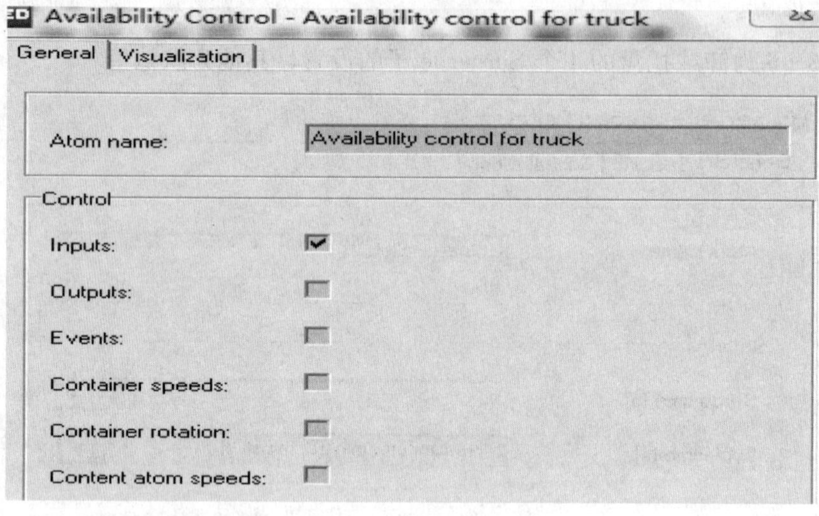

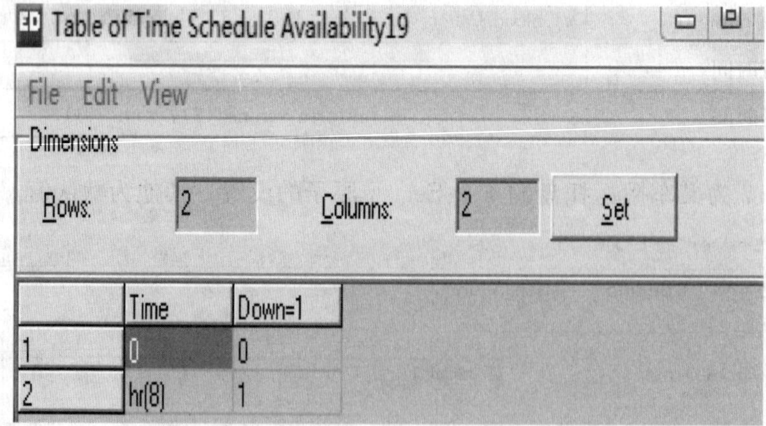

⑧设置卸载区开放时间的 Availability control 和 Time Schedule Availability 原子，设置如下图。Availability control 原子更名为 Availability control for forklift。图中卡车时间表表示仿真开始的 1 小时后，叉车开始运输托盘。

⑨表 13-8 为 Monitor 原子的设置。

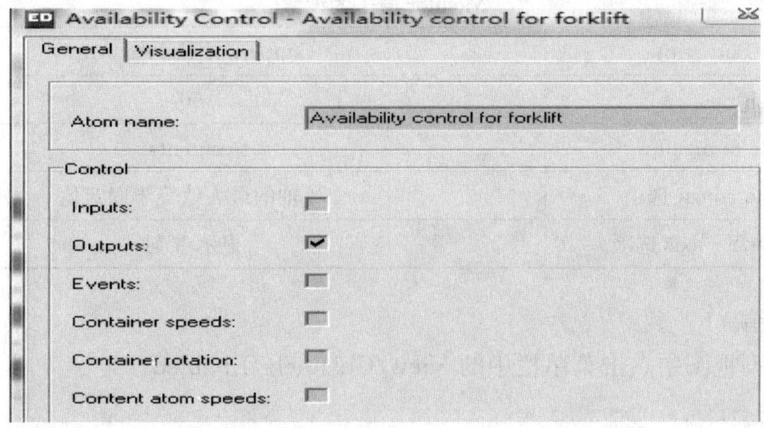
Availability Control - Availability control for forklift
General
Visualization
Atom name:
Availability control for forklift
Control
Inputs:
Outputs:
Events:
Container speeds:
Container rotation:
Content atom speeds:

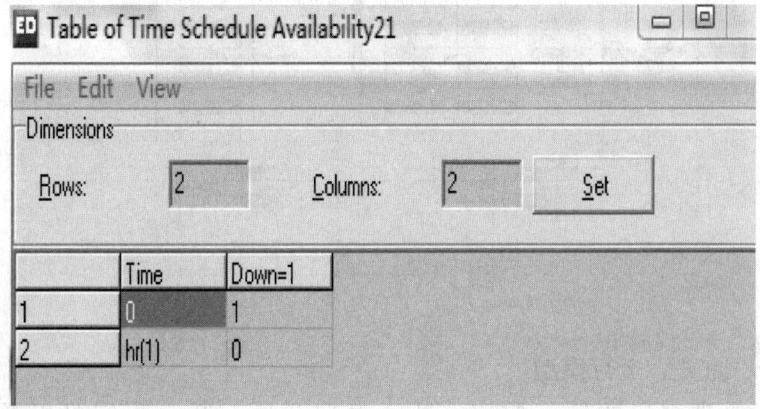
Table of Time Schedule Availability21
File Edit View
Dimensions
Rows:
2
Columns:
2
Set
Time
Down=1
1
0
1
2
hr(1)
0

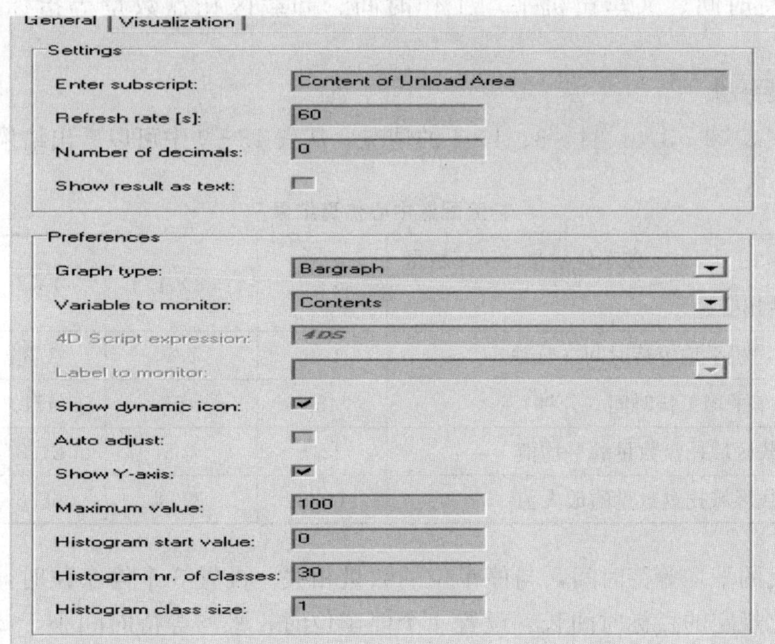
General
Visualization
Settings
Enter subscript:
Content of Unload Area
Refresh rate [s]:
60
Number of decimals:
0
Show result as text:
Preferences
Graph type:
Bargraph
Variable to monitor:
Contents
4D Script expression:
4DS
Label to monitor:
Show dynamic icon:
Auto adjust:
Show Y-axis:
Maximum value:
100
Histogram start value:
0
Histogram nr. of classes:
30
Histogram class size:
1

表 13-8 **Monitor 原子的设置**

Enter Subscript	Content of Unload Area
Refresh rate [s]	60
Variable to monitor	contents
取消 Auto adjust 选项	Y 轴的最大值等于固定值
勾选 Show Y-axis 选项	显示 Y 轴

(3) 连接端口

在 2D 模型视图中点击菜单栏中的 View/Channels/Enabled。

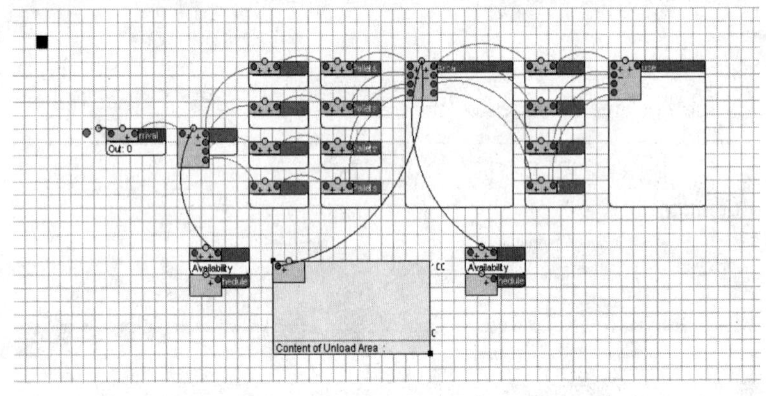

(4) 编译、重置、运行模型

点击运行管理窗口的运行按钮，整个模型开始运行，我们可以通过观察卡车司机平均等待时间、叉车司机平均工作时间、卸载区托盘数量等指标来分析模型性能。

(5) 结果分析

分别研究 3×3、3×4、4×3、4×4 的情况，从表 13-9 中可以看出结果：

表 13-9 **物流配送中心仿真结果**

停车位数量×叉车数量 / 输出变量	3×3	3×4	4×3	4×4
卡车司机平均等待时间（分钟）	9.0	7.9	1.3	1.5
叉车平均工作时间（分钟）	483	451	471	443
卸载区域托盘数量的平均值	22.5	4.5	21.8	7
卸载区域托盘数量的最大值	60.2	37.4	65.6	43

卡车司机的平均等待时间，与停车位的数量相关。设置 3 个停车位时，等待时间约为 8 分钟，比规定的目标时间长。设置 4 个停车位时，平均等待时间小于 2 分钟，达到了平均等待不超过 5 分钟的要求。

在所有组合的情况下，叉车的平均工作时间，达到了 480 分钟的要求。设置 4 个停车位与设置 3 个停车位的情况相比，叉车的平均工作时间减少 20 到 30 分钟。

只有 4×3 和 4×4 的设置才能满足要求（卡车司机等待时间不超过 5 分钟）。若设置 3 个叉车时，则叉车司机工作量太大。在高峰期时，为了满足托盘数量对卸载区域容量的要求，应提供 70 个托盘存位。4×3 设置的另一个优点是，将来业务增加时，可增设第四台叉车。

本章习题

1. 冷链物流系统产品检测仿真建模

某冷链物流配送中心要对三类生鲜农产品进行检测。这三类产品按照一定的时间间隔方式到达。随后，不同类型的产品被分别送往三台不同的检测机进行检测，每台检测机只检测一种特定的产品类型。其中，类型 1 的产品到第一台检测机检测，类型 2 的产品到第二台检测机检测，类型 3 的产品到第三台检测机检测。产品检测完毕后，由传送带送往货架区，再由叉车送到相应的货架存放。类型 1 的产品存放在第二个货架上，类型 2 的产品存放在第三个货架上，类型 3 的产品存放在第 1 个货架上。主要的系统数据如下：

（1）产品到达率：产品到达间隔时间服从均值为 20 秒、方差为 2 的正态分布；

（2）暂存区最大容量：25；

（3）检测机时间参数：准备时间是 10 秒，检测时间服从均值为 30 秒的指数分布；

（4）传送带参数：传送速度是 1 米/秒，传送带上同时最多传送 10 个产品。

基本系统流程的概念模型如图 13－4 所示：

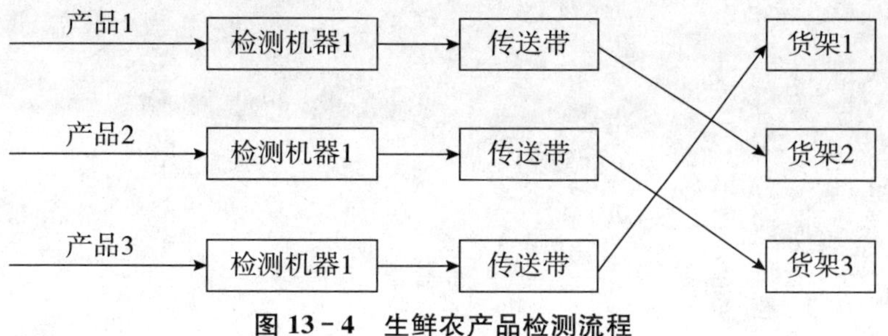

图 13－4　生鲜农产品检测流程

试通过仿真说明这个检测流程效率如何？是否存在瓶颈？如果存在，怎样才能改善整个系统的绩效呢？

2. 包装和密封作业

假设一个流通加工中心的包装与密封作业流程为：产品和托盘通过不同的传送带到达包装机，包装机将产品放到托盘上进行包装。包装完成之后托盘通过另外一个传送带运输到密封机，在这里密封机一次处理多个托盘。试用 ED 物流仿真软件对上述包装和密封物流运作流程进行仿真，并给出合理的设计方案。

相关作业参数如下：

（1）产品通过可堆积传送带运输到包装机，服从负指数分布，平均间隔时间是 5 秒。

（2）托盘也通过可堆积传送带运输到包装机，服从负指数分布，平均间隔时间是 40 秒。

（3）包装机一次包装 8 个产品到托盘上，同时它完成一个托盘的包装时间是精确的 2 秒。包装完后托盘通过不可堆积传送带运到密封机。

（4）密封机一次可最多同时处理 4 个托盘，处理一个托盘的时间是负指数分布，平均时间是 100 秒。

（5）所有的传送带默认长度为 10 米，平均速度为 1m/s。

参考文献

[1] 刘联辉，彭邝湘．物流系统规划及其分析设计［M］．北京：中国物资出版社，2007.

[2] 李浩，刘桂云．物流系统规划与设计［M］．杭州：浙江大学出版社，2011.

[3] 张中强，等．物流系统规划与设计［M］．北京：清华大学出版社，2011.

[4] 邵正宇，周兴建，等．物流系统规划与设计［M］．北京：清华大学出版社，北京交通大学出版社，2011.

[5] 丁立言，张铎．物流系统工程［M］．北京：清华大学出版社，2007.

[6] 沈祖志，等．物流系统分析与设计［M］．北京：高等教育出版社，2007.

[7] 刘刚，刘建香，李淑霞．物流系统规划与设计［M］．北京：科学出版社，2011.

[8] 蔡临宁．物流系统规划、建模及实例分析［M］．北京：机械工业出版社，2010.

[9] 彭扬，吴承健．物流系统建模与仿真［M］．杭州：浙江大学出版社，2009.

[10] 王槐林，刘明菲．物流管理学［M］．武汉：武汉大学出版社，2005.

[11] 张潜．物流运筹学［M］．北京：北京大学出版社，2009.

[12] 唐应辉，唐小我．基础与分析技术［M］．北京：科学出版社，2006.

[13] 马士华．供应链管理［M］．3版．北京：高等教育出版社，2011.

[14] 张照贵，鲁万波．决策模型、方法与应用［M］．成都：西南财经大学出版社，2006.

[15] 贺登才，刘伟华，等．中国物流管理优秀案例集（2010）［M］．北京：中国物资出版社，2011.

[16] 贺登才，刘伟华，等．中国物流管理优秀案例集（2011）［M］．北京：中国物资出版社，2012.

[17] 冯耕中．现代物流规划理论与实践［M］．北京：清华大学出版社，2005.

[18] 龙江，朱海燕．城市物流系统规划与建设［M］．北京：中国物资出版社，2004.

[19] 徐青青，缪立新．区域物流发展及研究综述［J］．物流技术，2006（4）：1－4.

[20] 解日红．区域物流对区域经济增长的研究［D］．北京：北京工业大学硕士学位论文，2006.

[21] 邹晓美，高泉，李爱华．物流法原理与实务［M］．北京：现代教育出版社，2009.

[22] 王长琼．物流系统工程［M］．北京：中国物资出版社，2004.

[23] 孟琪．物流法概论［M］．上海：上海财经大学出版社，2004.

[24] 邓聚龙．灰预测与灰决策［M］．武汉：华中科技大学出版社，2002.

[25] 左小德，梁云，张蕾．应急物流管理［M］．广州：暨南大学出版社，2011.

[26] 冯潇，杨翟婷．我国应急物流存在的问题及解决思路［J］．重庆理工大学学报，2010，24（11）：51－55.

[27] 赵振亚，张懿媛，董星奎．应急物流特殊性及对策分析 [J]．开发研究，2009 (3)：58-61.
[28] 黄运夏，秦华．层级应急物流系统及其运行的研究 [J]．物流工程与管理，2012，34 (12)：81-82.
[29] 高文军，陈菊红，胡飞虎．我国应急物流研究综述与展望 [J]．物流科技，2009 (8)：6-10.
[30] 刘宗熹，章竞．由汶川地震看应急物资的储备与管理 [J]．物流工程与管理，2008，30 (11)：52-55.
[31] 刘北林，马婷．虚拟应急供应链构建过程研究 [J]．物流科技，2007 (1)：109-112.
[32] 计国君，朱彩虹．突发事件应急物流中资源配送优化问题研究 [J]．中国流通经济，2007 (3)：18-21.
[33] 邹志云，宋程，等．基于灰色理论的应急物流最优路径选择 [J]．物流技术，2008，27 (1)：46-48.
[34] 潘淑清．从汶川地震谈我国应急物流管理体系建设 [J]．中国储运，2008 (12)：78-79.
[35] 欧忠文，王会云，姜大立，等．应急物流 [J]．重庆大学学报，2004，27 (3)：164-167.
[36] 谢如鹤，邱祝强．论应急物流体系的构建及其运作管理 [J]．物流技术，2005 (10)：78-80.
[37] 宋明安．紧急救灾物流输配送系统模式构建 [D]．台湾：台湾交通大学硕士学位论文，2005.
[38] 杨鸿台．构建物流法律体系保障物流产业发展 [J]．上海海事大学学报，2006 (4)：45-49.
[39] 邹晓美，高泉．第三方物流合同法律关系与法律适用 [J]．中国流通经济，2007 (4)：61-64.
[40] 宋玉萍．美国物流法律制度分析 [J]．中国物流与采购，2008 (20)：66-67.
[41] 陈金涛，颜南．美日物流法律制度比较及对我国的启示 [J]．中国市场，2008 (4)：16-17.
[42] 高泉．论物流合同争议的解决 [J]．商场现代化，2007 (4)：301-303.
[43] 唐秀丽．城市物流 [M]．北京：中国物资出版社，2011.
[44] 杨卫红．基于产品再制造的闭环供应链模型 [J]．统计与决策，2008 (6)：171-174.
[45] 杨广芬．由零售商负责回收的闭环供应链超网络优化 [J]．系统工程，2009，27 (6)：42-47.
[46] 达庆利，黄祖庆，张钦．逆向物流系统结构研究的现状及展望 [J]．中国管理科学，2004，12 (1)：131-138.
[47] 徐滨士，马世宁，刘世参，等．21世纪的再制造工程 [J]．中国机械工程，2000，11 (1)：36-39.
[48] 马祖军，代颖，刘飞．再制造物流网络的稳健优化设计 [J]．系统工程，2005，23

(1)：74-78.
[49] 顾巧论，陈秋双．再制造/制造系统集成物流网络及信息网络研究［J］，计算机集成制造系统，2004，10（7）：721-727.
[50] 晏妮娜，黄小原．基于第3方逆向物流的闭环供应链模型及应用［J］．管理科学学报，2008，11（4）：83-93.
[51] 邱若臻，黄小原．具有产品回收的闭环供应链协调模型［J］．东北大学学报：自然科学版，2007，28（6）：883-886.
[52] 周敏，师源，徐祯炜，等．基于物联网的供应链管理应用研究［J］．价值工程，2010，26（2）：37-38.
[53] 樊雪梅，王龙昭．SLP方法在粮食物流中心内部规划布局中的应用［J］．物流技术，2012，31（7）：354-356.
[54] 肖丹，倪梅，李伊松．物流需求分析指标研究［J］．铁道物资科学管理，2003，21（2）：33-34.
[55] 何国华．区域物流需求预测及灰色预测模型的应用［J］．北京交通大学学报：社会科学版，2008，7（1）：33-37.
[56] 陈森，周峰．基于灰色系统理论的物流需求预测模型［J］．统计与决策，2006，（2）：59-60.
[57] 刘俐．现代仓储运作与管理［M］．北京：北京大学出版社，2004.
[58] 田源．仓储管理［M］．北京：机械工业出版社，2009.
[59] 邬星根．仓储与配送管理［M］．上海：复旦大学出版社，2005.
[60] 李文锋，袁兵，张煜．物流系统建模与仿真［M］．北京：科学出版社，2010.
[61] 徐滨士．再制造与循环经济［M］．北京：科学出版社，2007.
[62] 常香云，钟永光，王艺旋等．促进我国汽车零部件再制造的政府低碳引导政策研究——以汽车发动机再制造为例［J］．系统工程理论与实践，2013，33（1）：1-11.
[63] Stock J R. Reverse logistics［M］. Oak Brook Illinois，IL：Council of Logistics Management，1992：1-10.
[64] Guang-fen Yang，Zhi-ping Wang，Xiao-qiang Li. The optimization of the closed-loop supply chain network［J］. Transportation Research Part E，2009，45（1）：16-28.
[65] Hsiao-Fan Wang，Hsin-WeiHsu. A closed-loop logistic model with a spanning-tree based genetic algorithm. Computers & Operations Research，2010，37（2）：376-389.
[66] Mir Saman Pishvaee，Masoud Rabbani，Seyed Ali Torabi. A robust optimization approach to closed-loop supply chain network design under uncertainty［J］. Applied Mathematical Modelling，2011，35（2）：637-649.
[67] Shen-Lian Chung，Hui-Ming Wee，Po-Chung Yang. Optimal policy for a closed-loop supply chain inventory system with remanufacturing［J］. Mathematical and Computer Modelling，2008，48（5-6）：867-881.
[68] Jean-Pierre Kenne，Pierre Dejax，Ali Gharbi. Production planning of a hybrid manufactur-

ing - remanufacturing system under uncertainty within a closed - loop supply chain [J]. International Journal of Production Economics, 2010, 135 (1): 81 - 93.

[69] Chun - Jen Chung, Hui - Ming Wee. Short life - cycle deteriorating product remanufacturing in a green supply chain inventory control system [J] . Int. J. Production Economics, 2011, 129 (1): 195 - 203.

[70] Jing Chen, Peter C. Bell. Coordinating a decentralized supply chain with customer returns and price - dependent stochastic demand using a buyback policy [J] . European Journal of Operational Research, 2011, 212 (2): 293 - 300.

[71] Jianmai Shi, Guoqing Zhang, Jichang Sha. Optimal production and pricing policy for a closed loop system [J] . Resources, Conservation and Recycling, 2011, 55 (6): 639 - 647.

[72] Kung - Jeng Wang, Y. S. Lin, Jonas C. P. Yu. Optimizing inventory policy for products with time - sensitive deteriorating rates in a multi - echelon supply chain [J] . Int. J. Production Economics, 2011, 130 (1): 66 - 76.

[73] Yasutaka Kainuma, Nobuhiko Tawara. A Multiply Attribute Utility Theory Approach to Lean and Supply ChainManagement [J] . International Journal of Production Economics, 2006, 101 (1): 99 -108.

[74] Wei - min Ma, Zhang Zhao, Hua Ke. Dual - channel closed - loop supply chain with government consumption - subsidy [J] . European Journal of Operational Research, 2013, 226 (2): 221 - 227.

[75] Brojeswar Pal, Shib Sankar Sana, Kripasindhu Chaudhuri. A stochastic inventory model with product recovery [J] . CIRP Journal of Manufacturing Science and Technology, 2013, 6 (2): 120 - 127.